北京大学
中国考古学教材书系

旧石器时代埋藏学

曲彤丽 著

北京大学出版社
PEKING UNIVERSITY PRESS

图书在版编目（CIP）数据

旧石器时代埋藏学/曲彤丽著.—北京：北京大学出版社，2022.10
ISBN 978-7-301-33455-3

Ⅰ.①旧… Ⅱ.①曲… Ⅲ.①旧石器时代考古—研究—中国
Ⅳ.①K871.114

中国版本图书馆 CIP 数据核字(2022)第 184000 号

书　　　名	旧石器时代埋藏学
	JIUSHIQI SHIDAI MAICANGXUE
著作责任者	曲彤丽　著
责 任 编 辑	刘书广
标 准 书 号	ISBN 978-7-301-33455-3
出 版 发 行	北京大学出版社
地　　　址	北京市海淀区成府路 205 号　100871
网　　　址	http://www.pup.cn　　新浪微博：@北京大学出版社
电 子 信 箱	pkuwsz@126.com
电　　　话	邮购部 010-62752015　　发行部 010-62750672
	编辑部 010-62755217
印 刷 者	三河市博文印刷有限公司
经 销 者	新华书店
	650 毫米×980 毫米　16 开本　18 印张　266 千字
	2022 年 10 月第 1 版　2022 年 10 月第 1 次印刷
定　　　价	68.00 元

目 录 | Contents

绪　论

一、导　言

埋藏学原本是古生物学中的概念，用于化石的形成与古生态复原研究，后来在考古学中得到应用，成为分析考古遗址形成及其受到扰动、破坏的重要视角与方法。在考古研究中，我们常常在地层学基础上聚焦于文化遗存的发现与分析。地层的叠压、打破关系为判断堆积的相对早晚关系、建立考古学文化序列奠定基础，为解读人类文化和社会发展过程提供框架。然而，遗址堆积的形成、遗址环境背景的变化及其与人类活动的关系、对人类活动遗存的影响，是认识遗址的重要组成也是准确复原人类行为与文化的前提，而这些内容很难通过地层学得到揭示。遗址是人类活动与自然因素共同作用的结果，其形成过程包括了一处地点或一个区域被占用、被废弃、被掩埋以及被掩埋后发生变化的过程。占用过程包括人类对活动地点或居住地点（后文中用"地点"泛指一处具体的地点或一个区域）的选择、活动的内容、占用模式——长期或短期占用、是否反复占用、占用强度、是否存在人类与动物交替占据的情况等。占用过程与该地点的环境背景、人群流动模式、人口与社会等密切相关。资源的丰富程度、分布、可获取性、稳定性尤其影响着人类对活动地点的选择以及栖居模式。由于气候变化、环境和资源的改变，或者人口密度与社会关系的改变等因素，人们可能会放弃原来生活的地点，迁居他处。一处地点被人类占用期间主要形成由人类带入或原地活动形成的堆积物，被废弃后自然作用成为主要堆积动力，形成地质作用堆积物、生物活动堆积物等非文化作用堆积物，将人类占用期间堆积的物质掩埋、与其混合在一起，或者造成已形成的堆积物消失或被带走。堆积形成以后，地质作用、生化作用可能继续对遗址环境和遗存进行改造①，也就是说，我们发掘的遗址或发现的考古材料都不是未经改变的，也通常不是完整的，文化遗存被发现时的样貌并不一定代表古代人类行为的原貌。埋藏学可以帮助我们揭示这些过程，从更多角度丰富我们对遗址内涵的认识，例如遗址的形成环境、遗址形成过程中的自然作用与人类活动，可以使我们在动态和细化的背景下认识人类行为特点，为尽可能准确、全面地复原人类的过去奠定基础。

当今埋藏学研究的核心是遗址形成过程，可以理解为堆积形成过程（depositional process）与堆积后过程（post-depositional process）。堆积形成过程指一处地点被占用、废弃和掩埋过程中堆积物的形成，包括流水、风力、滑坡、崩塌、生物活动、人类活动等作用下堆积物的形成，也包括在这些作用过程中物质的消失。② 通过对堆积物的组成、特征和结构进行分析，我们能够判断堆积物的来源或搬运动力、不同类型堆积物共同构成的堆积环境以及堆积过程。需要注意的是，同一环境中的堆积物可能是很多次堆积过程的产物③，既可能发生在自然动力的堆积过程中，也可能发生在人类活动的过程中。因此，对堆积形成过程的分析既要从人类活动成因的堆积物中提取信息，也必须从自然作用堆积物中提取信息，在准确可靠的年代数据的基础上识别高分辨率的堆积单位、堆积环境，准确判断堆积的形成与人类活动或占用事件的关系。

---

① Schiffer, M., *Behavioral Archaeology*, New York: Academic Press, 1976.

② Weiner, S., *Microarchaeology: Beyond the Visible Archaeological Record*, New York: Cambridge University Press, 2010, p. 43.

③ Schiffer, M., *Formation Processes of the Archaeological Record* (*1st ed.*), Albuquerque, NM: University of New Mexico Press, 1987, p. 266.

堆积形成以后或者活动地点被掩埋之后，堆积物通常会在不同作用因素下发生变化，这一变化过程被称为堆积形成后的变化过程，简称堆积后过程。流水、冻融、泥石流、地震等地质活动，环境的干湿变化、生物活动、人类在已经形成的堆积上的活动（例如踩踏、反复用火、挖坑等）以及成岩作用都可以造成原有堆积的改变，表现为堆积物的组成成分、保存状况、空间结构、分布密度等方面不同程度的变化。谨慎分析一个堆积单位形成后经历的任何形式的改变是十分必要的。[①] 水流对遗址的扰动和破坏是最为常见的。高能水流作用能够搬运遗址中的堆积物，改变其原始分布位置和分布状态，有些甚至搬运很远的距离。水流作用还会造成遗物的磨损。在低能水流作用下，或者在被火山灰迅速掩埋的情况下，遗址相对容易得到原地保存。此外，在饱水环境或干旱的环境中遗址通常会得到较好的保存。严格意义上的原地掩埋遗址很难形成，但遗存微小程度的改造和短距离的位移不影响遗址整体上原地埋藏的性质。通常所说的原地埋藏遗址指废弃后在短时间内（几周或几个月）被掩埋，并且在被考古工作者发现以前一直处于被掩埋状态。冻融作用也会使自然堆积物与文化遗物受到破坏、空间分布发生改变。冻融作用是寒冷气候条件下特有的地貌营力，可以使岩石遭受破坏，松散堆积物受到分选和扰动，冻土层发生变形，并形成各种类型的冻土地貌。在冻融作用下，大的石块、砾石或其他类型遗物会被抬升到地面，然后集中到边缘，并呈环状分布，细粒堆积物或碎石则位于中间[②]。

如果人类在不同季节或不同时期多次占用一处地点，那么在占用间隔期，微生物的活动，食肉动物、啮齿动物、猫头鹰等动物的活动可以使此前人类留下的遗物发生不同形式和程度的变化。例如，人类曾占用一处洞穴，此后很长时间（例如几年时间）洞

① Courty, M., Goldberg, P., and Macphail, R., *Soils and Micromorphology in Archaeology*, Cambridge; New York: Cambridge University Press, 1989.

② 潘树荣、伍光和、陈传康等编：《自然地理学》，北京：高等教育出版社，1985年，第250—251页。

内无人类活动，那么洞穴很可能成为食肉动物的巢穴，它们对人类活动留下的遗物进行踩踏，使得一些微小、易碎的遗存变得更加破碎。穴居的食肉动物也可能啃咬已经被掩埋（被掩埋位置较浅）的骨骼，并带入更多的骨骼在遗址上堆积起来。蚯蚓、老鼠、狐狸、獾、兔子等动物可以使地层间的结构或界限消失或被打破，也可以使遗物发生水平或垂直位移，造成不同地层中的堆积物的混合。蝙蝠粪、鸟粪、钻洞动物粪便的氧化可以降低埋藏环境的PH值，破坏灰烬、贝壳、动物骨骼等物质的保存。植物根系的生长也可以使上层的堆积物漏入或被带入到下层堆积中，破坏堆积的原始结构（比如层状结构），使得地层关系变得混乱复杂。

　　成岩作用也在堆积后过程中扮演重要角色。成岩作用是地质学中的术语，指的是沉积物在压实、胶结等作用下转变为岩石的过程。这个概念也应用于考古学与古生物学等研究之中。在考古学中，成岩作用特别指在堆积后过程中造成堆积物原有化学和结构特性发生改变的作用，比如堆积中矿物的溶解与再结晶。成岩作用与水文环境、沉积物孔隙、有机物分解、矿物的溶解度有关[1]，是堆积后过程中发生最普遍，有时最为强烈但却最不容易被发现与识别的作用，需要借助科学仪器设备进行分析。在成岩作用下，骨骼、牙齿、贝壳等遗存可能会部分溶解或全部"消失"，灰烬体积会减小、燃烧遗迹结构可能瓦解[2]，堆积物还可能发生胶结。因此，成岩作用影响着遗物的保存，进而影响考古资料的完整性；导致堆积物原始体量改变，例如遗址内某个区域或某个堆积单位的堆积物比其他区域显著减少，堆积物组成特征与其他区域存在区别，或者造成遗存出现特定的空间分布模式。

　　综上，为准确判断遗址的性质、全面认识遗址内涵，并对人类

---

① Weiner, S., *Microarchaeology: Beyond the Visible Archaeological Record*, New York: Cambridge University Press, 2010.

② Bar-Yosef, O., "Site formation processes from a Levantine viewpoint," In: Goldberg, P., Nash, D., and Petraglia, M., (eds.), *Formation Processes in Archaeological Context* (*Monographs in world archaeology*; no. 17), Madison: Prehistory Press, 1993, pp. 13–32.

行为和社会文化信息进行充分挖掘，我们必须根据堆积物的构成、特征、来源对遗址形成和变化过程进行综合研究。

二、 国外埋藏学发展简史

20 世纪 40 年代，苏联古生物学家埃弗雷莫夫（Efremov）根据希腊语 Taphos（埋葬、墓葬）和 nomos（法则、规律）创造出埋藏学（Taphonomy）一词，指研究生物体死亡后经历改造、移动、被掩埋以及最终保留下来成为化石的过程的学科。埃弗雷莫夫的研究兴趣主要在于早期陆生脊椎动物，他当时提出的埋藏学概念对于地质古生物学具有重要意义。[1] 此后这一概念被应用到第四纪人类活动和动物化石的研究中，并逐渐成为考古学的重要组成，为人类的体质与文化演化研究提供关键证据。事实上，早期埋藏研究理念的出现可以追溯至 19 世纪。蒙特留斯（Montelius）曾指出，"历史上曾经存在的遗存只有很小一部分被掩埋起来，而这其中的大部分却又随着时间的流逝而被破坏"[2]。这个时期出现了对遗物保存状况、遗物改造痕迹成因的分析以及相关实验工作。例如，观察鬣狗对动物骨骼的啃咬和破坏过程，把现代实验标本与出土的史前标本进行对比；注意到骨密度对于骨骼的保存有所影响等。20 世纪初，这些方面的工作继续开展并得到更多补充，地质作用和动物活动对遗物的改造得到了较多探讨：有学者观察分析水流对遗址中动物遗存分布的影响，也有学者依据民族学材料比较食肉动物和人类活动对骨头造成破坏的差异。[3] 尽管这段时期埋藏学理念主要应用在动物遗存分析方面，或者集中于区分某类堆积物在遗址上的出现源于人类活动还是自然作用，但这些工作表明考古学者已经注意到遗址中物质遗存堆积有可能来自人类活动以外的

---

① 尤玉柱：《史前考古埋藏学概论》，北京：文物出版社，1989 年。

② Montelius, O., *The Civilization of Sweden in Heathen Times*, London：Macmillan，1888, p. 5

③ Lyman, R. L., *Vertebrate Taphonomy*, Cambridge：Cambridge University Press, 1994.

其他作用力，出土的遗存可能经过改造、发生过变化，遗址中发现的物质材料并不能完全地，甚至不一定能够反映当时人类活动的情况。这些认识对考古学研究产生了重要影响，并依然存在于当今的埋藏学研究之中。

20世纪50年代达特（R. Dart）对南非马卡旁斯盖特（Makapansgat）洞穴进行分析。该遗址含有南方古猿化石和丰富的动物化石。他认为洞穴中的动物骨骼堆积是人类活动形成的——南方古猿把动物的骨头、角、牙齿当作武器和工具杀死猎物，甚至杀死同伴，由此提出早期人科是强悍的猎人并且当时存在着"骨牙角器文化"的观点[1]。这一观点引发了热烈讨论，刺激了埋藏学研究的发展。后来，布瑞恩（C. K. Brain）结合洞穴发育和环境演变过程、骨头的破裂模式、痕迹特征以及对猎豹、猫头鹰、鬣狗的行为观察，对南非斯特克方丹（Sterkfontein）、施瓦特克朗（Swartkrans）、克罗姆戴依（Kromdraii）洞穴遗址做了详细的埋藏学分析，发现动物活动是这些遗址中骨骼堆积的动力。[2] 他的研究推翻了此前达特的结论，指出马卡旁斯盖特等遗址不是南方古猿生活的场所，而是他们被食肉动物吃掉的地方。这项研究为很多旧石器时代遗址的分析与解读发出了警示。对动物骨骼堆积成因与堆积过程的认识直接影响到我们对早期人类获取肉食的方式、狩猎行为的出现等问题的认识。[3] 埃萨克（Isaac）认为人类在演化的很早期阶段就存在着狩猎以及在营地分享食物的行为，但并不排除拣剩和采集在生计活动中

---

[1] Dart, R., *The Osteodontokeratic Culture of Australopithecus Prometheus*, Pretoria：Transvaal Museum, 1957.

[2] Brain, C. K., *The Hunters or the Hunted? An Introduction to African Cave Taphonomy*, Chicago：University of Chicago Press, 1981.

[3] Binford, L. R., "Butchering, sharing, and the archaeological record," *Journal of Anthropological Archaeology* Vol. 3. 3 (1984)：pp. 235-257; Bunn, H. T., Kroll, E. M., "Systematic butchery by Plio/Pleistocene hominids at Olduvai Gorge, Tanzania," *Current Anthropology* Vol. 27 (1986)：pp. 431-452; Potts, R., *Early Hominid Activities at Olduvai*, New York：Aldine de Gruyter, 1988.

占有重要地位。① 非洲发现的上新世晚期到更新世早期石器和动物骨骼共存的现象常常被看作早期人类狩猎、制造和使用工具的证据，其中有些遗址被视为家庭营地。例如，东非奥杜威峡谷和库比·福拉遗址中存在一定数量的带有切割痕和砍砸痕的骨头，被视为距今200万—150万年前早期人类屠宰动物、敲骨取髓的重要证据。② 然而，民族考古与实验考古分析显示，骨骼堆积的形成存在多种可能原因以及复杂过程③，动物骨头与石器的共存可以在多种不同的作用过程中形成，其中包括非人为因素或作用过程。宾福德（Binford）认为，早更新世人类主要通过挑拣食肉动物吃剩的部分而获得少量肉食（主要是骨髓和脑子），石制品和动物骨骼的共存并不一定是人类活动的结果④，他的观点也得到当时其他一些研究的支持。⑤ 总之，20世纪七八十年代，学者们围绕非洲早期人类遗址反映的是人类狩猎并进行选择性搬运或先于食肉动物发现并利用了动物尸体⑥，还是人类的拣剩行为⑦而展开热烈讨论，并且这个问题在很长一段时间里没有定论。

---

① Isaac, G., "The food-sharing behavior of protohuman hominids", *Scientific American* Vol. 238. 4 (1978): pp. 90-109.

② Ibid.

③ Binford, L., *Nunamiut Ethnoarchaeology*, New York: Academic Press, 1978; Binford, L., *Bones: Ancient Men and Modern Myths*, New York: Academic Press, 1981.

④ Binford, L., *Bones: Ancient Men and Modern Myths* (Studies in archaeology), New York: Academic Press, 1981.

⑤ Blumenschine, R. J., "Percussion marks, tooth marks, and experimental determinations of the timing of hominid and carnivore access to long bones at FLK Zinjanthropus, Olduvai Gorge, Tanzania", *Journal of Human Evolution* Vol. 29. 1 (1995): pp. 21-51; Blumenschine, R. J., Bunn, H. T., Geist, V., et al., "Characteristics of an early hominid scavenging niche", *Current Anthropology* Vol. 28. 4 (1987): pp. 383-407.

⑥ Domínguez-Rodrigo, M., Pickering, T. R., "Early hominid hunting and scavenging: A zooarcheological review", *Evolutionary Anthropology* Vol. 12. 6 (2003): pp. 275-282; Bunn, H. T., "Archaeological evidence for meat-eating by Plio-Pleistocene hominids from Koobi Fora and Olduvai Gorge", *Nature* Vol. 291. 5816 (1981): pp. 574-577.

⑦ Blumenschine, R. J., "Hominid carnivory and foraging strategies, and the socio-economic function of early archaeological sites", *Philosophical Transactions-Royal Society of London*, B, Vol. 334. 1270 (1991): pp. 211-221.

20 世纪 80 年代中后期以来，围绕动物骨骼开展的埋藏学研究进一步深入，向系统化方向发展，实验考古与民族考古方法在研究中得到广泛应用。利曼（L. Lyman）出版的 *Vertebrate Taphonomy* 一书非常系统地介绍了脊椎动物骨骼埋藏研究的视角和方法，对出土动物遗存的分析具有重要指导意义。这一时期有学者在实验观察、动物行为观察与比较研究基础上总结出多种改造痕迹的规律性特征，为出土动物骨骼改造痕迹的准确识别和骨骼堆积成因分析提供可靠的证据。有些研究是对不同种类动物的各骨骼部位的密度进行测定，使骨密度参考数据尽可能精准，在此基础上分析骨密度对骨骼保存以及骨骼部位构成的影响。也有学者结合狩猎采集部落的民族学资料分析出土动物遗存的骨骼部位构成特点，进而提取人类获取、搬运、屠宰与利用动物资源行为的信息。这些工作为考古材料的形成过程和早期人类适应生存行为研究奠定重要基础①，并大大推动了对早期人类获取肉食资源方式的再研究与再认识。越来越多的研究指出，上新世晚期到更新世早、中期，人类可以通过狩猎或者在食肉动物消费猎物之前将其驱赶走的方式获得动物资源（起初主要是中型和小型动物，后来也包括大型动物）、屠宰动物尸体、获取充分的肉和骨髓。这种生计行为对于早期狩猎采集群体的生存、体质演化、

---

① Lupo, K., "Butchering marks and carcass acquisition strategies: distinguishing hunting from scavenging in archaeological contexts", *Journal of Archaeological Science* Vol. 21. 6 (1994): pp. 827–837; Lupo, K., "Archaeological skeletal part profifiles and differential transport: Ethno-archaeological example from Hadza bone assemblages", *Journal of Anthropological Archaeology* Vol. 20. 3 (2001): pp. 361–378; O'Connell, J. F., Hawkes, K., Blurton Jones, N., "Hadza hunting, butchering and bone transport and their archaeological implications," *Journal of Anthropological Research* Vol. 44. 2 (1988): pp. 113–61; Domínguez-Rodrigo, M., "Meat-eating by early hominids at the FLK 22Zinjanthropussite, Olduvai Gorge (Tanzania): an experimental approach using cut-mark data," *Journal of Human Evolution* Vol. 33. 6 (1997): pp. 669–690; Domínguez-Rodrigo, M., Yravedra, J., Organista, E., et al., "A new methodological approach to the taphonomic study of paleontological and archaeological faunal assemblages: a preliminary case study from Olduvai Gorge (Tanzania)", *Journal of Archaeological Science* Vol. 59 (2015): pp. 35–53; Stiner, M. C., Bar-Yosef, O., Belfer-Cohen, A., *The Faunas of Hayonim Cave, Israel: A 200 000-year Record of Paleolithic Diet, Demography, and Society (No. 48)*, MA: Harvard University Press, 2005.

分享与合作行为的发展具有至关重要的意义。[1]

20世纪70年代，以西佛尔（Schiffer）为代表的考古学者提出并倡导"形成过程"的研究理念。这一理念与新考古学的发展融合在一起，强调形成过程对于准确、合理解读器物或物质文化遗存的人类行为、文化和社会组织内涵具有十分重要的意义，是推断人类过去的前提条件，提倡对考古材料如何在人类行为过程中形成进行系统分析和回答，倡导识别自然作用与文化作用过程对考古材料形成的影响[2]（考古材料形成的文化作用指遗物或人工制品如何被获取或生产、利用或使用、维护或再利用以及被废弃的行为，也包括使考古材料或遗址中的行为"标识"被改变、破坏或变模糊的人类行为。自然作用指使特定环境背景下堆积物形成、被保存或发生改变的非文化因素）。西佛尔（1983：676）曾指出："考古工作者所面对的物质遗存绝大多数情况下并不是存在于完好的、规律性的环境背景中的，这些物质在人类适应行为体系下形成并堆积但同时经受着其他文化和自然作用的影响。"[3] 因此，想要从遗存中获取人类行为方面的信息，考古工作者必须考虑到它们的形成过程。形成过程研究的理念在这一时期也发生了变化，研究的焦点从最初通过器物或遗物组合生命史复原人类行为的过程，逐渐转变为对遗址中的现

---

① Domínguez-Rodrigo, M., "Hunting and scavenging by early humans: the state of the debate", *Journal of World Prehistory* Vol. 16. 1 (2002): pp. 1-54; Lieberman, D., *The Story of the Human Body: Evolution, Health, and Disease*, New York: Pantheon Books, 2013; Domínguez-Rodrigo, M., Barba, R., "New estimates of tooth mark and percussion mark frequencies at the FLK Zinj site: the carnivore-hominid-carnivore hypothesis falsified", *Journal of Human Evolution* Vol. 50. 2 (2006): pp. 170-194; Domínguez-Rodrigo, M., Bunn, H. T., Yravedra, J., "A critical re-evaluation of bone surface modification models for inferring fossil hominin and carnivore interactions through a multivariate approach: Application to the FLK Zinj archaeofaunal assemblage (Olduvai Gorge, Tanzania)", *Quaternary International* Vol. 322-323 (2014): pp. 32-43.

② Schiffer, M. B., "Archaeological context and systemic context", *American Antiquity* Vol. 37. 2 (1972): pp. 156-165.

③ Schiffer, M. B., "Toward the identification of formation processes", *American Antiquity* Vol. 48. 4 (1983): pp. 675-706.

象或空间结构的形成以及导致其发生变化的所有作用的分析上。① 埋藏研究的对象扩展为人类活动形成的遗存以及自然作用下形成的堆积物。正如西佛尔（1987：302-303）所言："这一视角……促使我们将堆积物本身视为一类特别的'遗存'，是包含着研究所需各类证据的一个整体，我们必须在文化作用和非文化作用的形成体系中对它们的来源和特征进行研究。"② 可以说，对各类堆积物特征及其形成环境和空间背景的整合分析成为了埋藏学研究的新体系以及解答考古学问题的必要基础。然而事实上，即使我们对遗址中的各种证据进行了分析，在很多情况下想要清楚判断在多种动力过程中所形成的复杂堆积的来源仍然是非常困难的。

地质考古③也在遗址形成研究中发挥了十分重要的作用。尽管从20世纪四五十年代起地质学便开始与考古学紧密结合，但随着埋藏学的新发展，地球科学的方法更为广泛地应用于考古遗址的研究中④，不仅常常用于考古遗址的地层和年代判断，还特别用于遗址环境背景的复原方面。"环境背景"在不同研究层面或者研究方向中有着不同的含义。一件遗物的出土环境背景通常指它出自怎样的自然堆积物构成之中、它在这个环境中的平面和纵向位置分布，以及它与处于同一堆积环境中的其他考古遗存之间的关系。⑤ "环境背景"的这一含义对于认识遗物的形成、遗物之间的关联非常重要。"环境背景"也指遗址所在地区及周边的古地貌、古代环境景观乃至更大

---

① Stein, J. K., "A review of site formation processes and their relevance to geoarchaeology", In: Goldberg, P., Holliday, V. T., Ferring, R., (eds.) *Earth Sciences and Archaeology*, New York: Kluwer Academic/Plenum Publishers, 2001, pp. 37-51.

② Schiffer, M. B., *Formation Process of Archaeological Record*, Albuquerque: University of New Mexico Press, 1987, pp. 302-303.

③ 地质考古是伦福儒（Collin Renfrew）在20世纪70年代创造的名词。他指出，考古学中的一切问题首先都是地质考古学的问题。

④ Rapp, G. R., Hill, C. L., Hill, M. C. L., *Geoarchaeology: the Earth-science Approach to Archaeological Interpretation*, New Haven and London: Yale University Press, 2006, p. 17.

⑤ Renfrew, C., Bahn, P. G., *Archaeology Essentials: Theories, Methods, and Practice*, New York: Thames & Hudson, 2007, p. 290.

范围的区域性古环境。① 史前时期的人类行为在一定程度上反映了人类对环境变化的应对策略，而同时人类的行为也影响着广义的生存环境。对古代地貌环境的分析是我们认识遗址形成、遗址间关系②，解读遗址占用过程中不同层面的文化行为过程，即人类在某个地点或地区活动的内容和行为特点、人群流动和栖居系统的重要基础。

20 世纪 80 年代地质考古对于埋藏学研究的突出贡献体现在以微形态、矿物学为代表的微观方法的应用上。考古遗址中的很多现象和信息超出了肉眼所能发现和识别的范围，例如非常破碎的骨头、木炭、人工制品，骨头、陶器、岩石、灰烬以及自然堆积物中的矿物等，必须进行微观观察和研究。微形态与矿物学等方法可以帮助我们发现和识别遗址堆积的物质组成、物质颗粒的特征、堆积结构，进而对遗址形成环境背景和形成过程进行复原③，全面、深入地认识遗址内涵。科蒂（Courty）、古德伯格（Goldberg）、麦克菲尔（Macphail）、维纳尔（Weiner）等学者通过微观方法分析了世界不同地区诸多考古遗址的形成过程，为解读史前人类空间利用行为、用火行为、人类占用遗址的方式和活动细节、史前人群栖居模式提供了重要证据。④

对遗址形成过程的研究需要综合运用多种方法，除地质考古、动物考古外，还包含实验考古、民族考古、石器分析、空间分析等，这样才能为解答多层面、多角度的考古学问题提供充分依据。20 世

---

① Butzer, K., *Environment and Archeology: an Ecological Approach to Prehistory* (2d ed.), Chicago: Aldine-Atherton, 1971.

② Goldberg, P., Berna, F., "Micromorphology and context", *Quaternary International* Vol. 214 (1-2) (2010): pp. 56-62.

③ Weiner, S., *Microarchaeology: Beyond the Visible Archaeological Record*, New York: Cambridge University Press, 2010.

④ Courty, M. A., Goldberg, P., Macphail, R., *Soils and Micromorphology in Archaeology*, Cambridge: Cambridge University Press, 1989; Macphail, R. I., Goldberg, P., "Recent advances in micromorphological interpretations of soils and sediments from archaeological sites", In: Barham, A. J., Macphail, R. I., (eds.), *Archaeological Sediments and Soils: Analysis, Interpretation and Management*, London: Institute of Archaeology, 1995, pp. 1-24.

纪 80 年代以来多学科团队在西亚黎凡特地区以科巴拉（Kebara）和哈约尼姆（Hayonim）洞穴为代表的遗址所开展的工作是旧石器时代遗址埋藏学研究的经典案例。在这些项目中具有多学科研究背景（包括地质考古、动物考古、植物考古、石器分析等方面）的学者共同参与遗址的发掘，根据堆积特点在遗址现场讨论并制定能够充分、有效提取关于遗址成因、遗址年代序列、遗物保存状况以及堆积物与人类关系的信息的取样方案和研究计划。这些工作使得遗址得到了全面的剖析，洞穴被占用的过程、人类的空间利用行为、人类的适应生存策略得到了详细而深入的解读，为探讨该地区旧石器时代中晚期人类行为、社会与文化的发展变化奠定了坚实的基础。

三、 埋藏学在我国的发展与现状

20 世纪八九十年代是我国旧石器时代遗址埋藏学研究的早期阶段，以周口店遗址第一地点的工作为代表。研究人员采用了多种地球科学的方法对自然堆积物进行测定分析，着重探讨遗址的地质背景、古气候环境和年代。同时，任美锷、林圣龙等对遗址形成过程进行了讨论。任美锷等分析了周口店地区洞穴的发育过程并复原了洞穴发育演变与古人类活动的关系，提出第一地点的形成包括了洞穴深埋阶段、向东开口—洞穴填充阶段、古人类在鸽子堂集中活动的阶段、鸽子堂洞顶崩塌和住地西迁阶段、洞穴被填满以及人类迁居他处的阶段。这项研究以地貌和环境演变、洞穴内部自然沉积物构成和特点以及人类活动的堆积物——石制品、灰烬的综合信息为依据。[①] 林圣龙从埋藏学角度分析了第一地点的大型哺乳动物化石。该研究突破了以往从系统分类、古气候环境复原的角度对动物遗存

---

① 任美锷、刘泽纯、金瑾乐等：《北京周口店洞穴发育及其与古人类生活的关系》，《中国科学》，1981 年第 3 期，第 330—336 页。

的解读，对不同层位大型哺乳动物遗存的种类构成、食肉类和食草类动物的比例、遗物共存关系和保存状况进行了分析，揭示出遗址被穴居食肉类动物和古人类占据的过程，即中下部地层堆积形成期间洞穴主要被鬣狗占据，第四层堆积以上所属时期人类成为洞穴的主要占据者。研究特别指出由于食肉类动物和人类都曾占用过洞穴，因此遗址中动物遗存的来源很复杂，它们与人类活动的关系需要做具体分析①。此后，宾福德（Binford）等学者从埋藏学角度对动物骨骼堆积、植物遗存以及用火遗存与人类活动的关系提出质疑②，认为该地点的动物骨骼是人类拣剩的结果，或者是食肉动物消费猎物后留下的，植物遗存也很可能不是人类带入的，遗址不具有基本营地的性质。20世纪90年代，周口店第一地点又经历了微形态与矿物学的研究。研究人员在西剖面进行了取样，微观视野下的分析结果显示该地点不存在原地用火的证据，周口店第一地点不能为旧石器时代早期人类控制性用火行为提供可靠证据。③ 这项研究随即引起学术界激烈的争论。尽管宾福德等学者的研究以及微形态分析存在局限性（例如微形态样品的取样位置、微形态分析与发掘记录资料和宏观分析的整合认识），但这些工作是微观与宏观视野结合下的遗址形成过程研究在我国旧石器时代遗址中的重要应用。21世纪以后，我国研究人员又对周口店遗址第一地点展开新的发掘与研

---

① 林圣龙：《周口店第一地点的大型哺乳动物化石和北京猿人的狩猎行为》，见吴汝康、任美锷、朱显谟等著：《北京猿人遗址综合研究》，北京：科学出版社，1985年，第95—101页。

② Binford, L. R., Ho, C. K., Aigner, J. S., et al., "Taphonomy at a distance: zhoukoudian, the cave home of Beijing Man?", *Current Anthropology* Vol. 26. 4 (1985): pp. 413-442; Binford, L. R., Stone, N. M., Aigner, J. S., et al., "Zhoukoudian: a closer look", *Current Anthropology* Vol. 27. 5 (1986): pp. 453-475.

③ Weiner, S., Xu, Q., Goldberg, P., et al., "Evidence for the use of fire at Zhoukoudian, China", *Science* Vol. 281. 5374: pp. 251-253; Goldberg, P., Weiner, S., Bar-Yosef, O., et al., "Site formation processes at Zhoukoudian, China", *Journal of Human Evolution* Vol. 41. 5 (2001): pp. 483-530.

究，并通过微观方法识别出原地用火的新证据。① 总之，周口店遗址的埋藏学研究历程推动了我们对旧石器时代遗址形成、遗址功能以及人类适应生存行为的不断讨论和再认识。

1989 年尤玉柱出版了我国第一部埋藏学专著——《史前考古埋藏学概论》。该书介绍了埋藏原理、埋藏类型、生态学和动物考古学视角下的埋藏问题以及埋藏学在史前考古工作中的一些应用，例如根据埋藏规律调查发现遗址和化石、对不同类型遗址（居址和非居址）的结构进行研究等。② 该书大大推动了中国考古学者对埋藏学及其重要性的认识。20 世纪 90 年代以来，埋藏学在我国旧石器时代遗址的研究中得到越来越多的关注。有些发掘报告把埋藏特征专门作为一部分进行介绍和讨论，主要是根据石制品和动物骨骼的风化、磨损、产状、自然堆积物构成特点及其所反映的地质作用强弱判断遗址是否具有原地埋藏的性质，在少数遗址，拼合情况也是判断依据。泥河湾盆地一系列旧石器时代遗址是这一时期埋藏学分析的重要案例，其中飞梁和岑家湾遗址石制品的拼合研究开启了该方法在我国旧石器时代考古研究与埋藏学研究中的应用③。

近十多年来，埋藏学在我国进入了初步发展阶段，更多遗址得到了埋藏学视角的观察和分析。主要的方法仍然是透过石制品和动物骨骼的产状、风化与磨损特征、拼合情况，对其原地埋藏性质和遗址总体功能进行判断，例如陕西龙牙洞遗址④、宁夏水洞沟遗址第 7 地点⑤、内蒙古乌兰木伦遗址⑥等。重要的变化在于拼合方法在这一时

① 高星、张双权、张乐等：《关于北京猿人用火的证据：研究历史、争议与新进展》，《人类学学报》，2016 年第 4 期，第 481—492 页。

② 尤玉柱：《史前考古埋藏学概论》，北京：文物出版社，1989 年。

③ 谢飞、李珺、刘连强：《泥河湾旧石器文化》，石家庄：花山文艺出版社，2006 年。

④ 陕西省考古研究院、洛南县博物馆编著：《花石浪（Ⅱ）——洛南花石浪龙牙洞遗址发掘报告》，北京：科学出版社，2008 年，第 33—38 页；第 132—200 页。

⑤ 裴树文：《旧石器时代旷野遗址形成过程研究综述》，《人类学学报》，2019 年第 1 期，第 1—18 页。

⑥ 刘扬、侯亚梅、杨泽蒙等：《鄂尔多斯乌兰木伦旧石器时代遗址埋藏学研究》，《考古》，2018 年第 1 期，第 79—87 页。

期得到更多的应用。在龙牙洞遗址，研究者根据自然堆积物和人类活动遗存对洞穴发育演变过程及其对人类在洞穴中活动的影响进行了探讨，并根据系统的石制品拼合研究揭示出遗物在埋藏过程中发生的变化，对导致变化发生的人为因素与自然因素进行评判。[1] 此外，这一时期还出现了针对动物骨骼堆积的形成及其与人类活动关系的专门研究与讨论，例如河南灵井遗址[2]、河南老奶奶庙遗址[3]、黑龙江阎家岗遗址[4]等，还包含对特殊结构或堆积现象成因的分析与讨论，例如福建船帆洞遗址[5]、安徽毛竹山遗址[6]，以及通过自然堆积物特征指标从微观视角下揭示遗址堆积与改造过程的工作，例如河南灵井遗址与湖南伞顶盖遗址[7]。然而，尽管目前埋藏学在我国旧石器时代考古研究中的应用有所增加，但是观察与分析主要集中在判断遗址是否为原地埋藏、自然作用对遗址的改造程度、遗物的人工性质等方面。通过自然作用堆积物与文化作用堆积物的综合分析，对遗址环境背景、堆积物形成过程及其与人类的关系、人类行为过程以及遗址变化过程的深入研究与全面解读还存在着很大空间。

---

① 陕西省考古研究院、洛南县博物馆编著：《花石浪（II）——洛南花石浪龙牙洞遗址发掘报告》，北京：科学出版社，2008 年，第 33—38 页；第 132—200 页。

② Zhang, S. Q., Gao, X., Zhang, Y., et al., "Taphonomic analysis of the Lingjing fauna and the first report of a Middle Paleolithic kill-butchery site in North China", *Chinese Science Bulletin* Vol. 56. 30（2011）：pp. 3213-3219.

③ Qu, T. L., Chen, Y. C., Bar-Yosef, O., et al., "Late middle palaeolithic subsistence in the central plain of china: A Zooarchaeological View from the Laonainaimiao Site, Henan Province", *Asian Perspectives* Vol. 57. 2（2018）：210-220.

④ 于汇历：《哈尔滨阎家岗遗址动物骨骼圈状结构的再研究》，《考古》，2011 年第 7 期，第 52—60 页；黄可佳：《哈尔滨阎家岗遗址动物骨骼圈状堆积的初步研究》，《考古学报》，2008 年第 1 期，第 1—14 页；魏屹、陈胜前、高星：《试论阎家岗遗址动物骨骼圈状堆积的性质》，《人类学学报》，2012 年第 3 期，第 238—249 页。

⑤ 福建省文物局、福建博物院、三明市文物管理委员会编著：《福建三明万寿岩旧石器时代遗址：1999—2000、2004 年考古发掘报告》，北京：文物出版社，2006 年。

⑥ 房迎三、黄蕴平、梁任又等：《安徽宁国毛竹山发现的旧石器早期遗存》，《人类学学报》，2001 年第 2 期，第 115—124 页。

⑦ 李浩、张玉柱、李意愿等：《沉积物特征与旧石器遗址的形成过程》，《人类学学报》，2021 年网络版，第 1—16 页。

四、小 结

遗址的形成经历了物质的搬运、堆积与改造过程，通常发生在多种作用因素下。因此，遗址堆积的形成与人类活动存在不同形式的关系，也不一定都与人类活动有关。堆积形成以后还会不断发生变化，我们所发现的考古材料严格地说都不是完整或完好的，即使是在发生火山爆发、大洪水等自然灾害时被整体迅速掩埋的遗址，在埋藏过程中也会发生改变，更何况这类遗址是非常罕见的。因此，我们对遗址性质进行判断、对遗址内涵进行解读时应避免直观的、常识性的推断，须充分考虑到遗址形成过程的复杂性，认识考古材料的"来龙去脉"。

遗址形成过程中的文化作用和非文化作用共同记录了古代环境与社会。尽管文化遗存可以为我们解读人类行为和文化提供最为直接的依据，但是地质作用、生物活动、成岩作用等自然因素下形成的堆积物，对于遗址的形成与变化以及一处地点被人类占用的历史、人类活动的环境背景和行为细节同样能够提供至关重要的信息。因此，各类堆积物及其关系都是遗址形成过程的研究对象。我们可以通过地质考古、动物考古、实验考古、民族学、拼合研究等多种研究视角或方法对堆积物的构成、特征、来源、堆积物之间的关联展开分析，提取有关堆积的形成环境和过程，以及人类活动过程的信息，例如人类对活动地点和场所的选择，人类活动的细节和空间利用特点，地点被人类占用的时长、强度、连续性与反复性等；判断遗址的堆积后过程，特别关注文化遗存构成、数量、尺寸分布、密度、空间结构等是否以及如何发生变化。研究时，既要对堆积物宏观特征进行分析，也应尽可能发现与提取微观信息。在这些研究的基础上，我们可以对旧石器时代遗址的性质、遗址堆积与人类活动的关系作出可靠的判断，尽可能全面解读特定时期，特定环境中人群的生存行为。

值得注意的是，尽管遗址的形成存在总体的规律或模式，比如洞穴发育形成、洞穴堆积形成、由于环境改变洞穴被人类废弃与再占用等，但是由于遗址形成的环境背景、被占用的具体过程存在差异，没有任何两个遗址的形成过程是完全相同的。此外，"形成过程"的差异性不仅存在于遗址之间，还存在于遗址内部不同区域或空间之间，不同区域在堆积后过程中经历的变化更有可能不同。因此，对遗址形成过程的研究需要具体问题具体分析。

总之，埋藏学的目标在于把遗址放在立体和动态的"背景"中进行分析，帮助我们在细微的"时—空"格局中更加可靠和全面地认识遗址性质与内涵，为史前人类行为、社会与文化发展，例如狩猎行为的出现与发展、用火行为的出现与发展、现代人行为起源、农业起源与发展以及复杂社会的出现与发展等问题的探讨奠定坚实基础。

本书重点对旧石器时代遗址的埋藏学研究进行介绍并展开讨论。第一章介绍旧石器时代遗址中常见的不同类型堆积物以及如何通过这些堆积物认识遗址的形成；结合国内外研究案例探讨不同类型遗址的形成过程研究，以及如何分析遗址结构、遗址功能与人类占用过程。第二章至第四章重点关注旧石器时代遗址中常见的、与人类活动关系尤为密切的堆积物的形成过程，探讨如何透过这些堆积物认识遗址性质，并准确、充分地获取人类行为与文化方面的信息；将分别介绍动物骨骼、石制品、用火遗存的埋藏学研究内容与方法及其在考古学研究中的重要意义，并结合案例进行讨论。从考古材料和研究对象的完整性、研究认识与结论的准确性和全面性来说，埋藏学一方面需要对宏观考古信息或材料的宏观特征进行全面分析，另一方面不能忽视微观信息和微观特征。本书第五章将对当前微观视野下埋藏学研究的必要组成部分——微形态方法及其应用展开介绍和讨论。

第一章
不同类型遗址的形成过程研究

　　遗址是废弃的古代人类生活或从事某种活动的场所，被我们发现时的面貌特征和状态取决于它的形成和变化过程，包括被占用、被废弃—掩埋、保存和改变①，人类行为与非文化动力均在其中发挥作用。"考古工作者的任务不仅在于解读文化遗存、认识人类活动，还在于认识文化遗存的出处——自然堆积物及其形成环境和形成条件。"② 因此，遗址形成过程研究的对象包含构成遗址的各类堆积物，即由人类活动带入或产生的堆积物、地质活动与生物活动等自然作用形成的堆积物，以及这些堆积物共同构建的环境和空间。下面首先介绍遗址中常见的不同类型堆积物以及如何透过堆积物认识遗址形成过程，然后讨论不同地貌环境中旧石器时代遗址堆积物的构成和形成特点，最后重点围绕人类活动堆积物分析遗址结构、遗址功能与人类的占用行为。本章亦结合国内外旧石器时代遗址研究案例及相关问题展开讨论。

---

① Butzer, K. W., *Archaeology as Human Ecology: Method and Theory for a Contextual Approach*, Cambridge University Press, 1982.

② Rapp, G. R., Hill, C. L., Hill, M. C. L., *Geoarchaeology: the Earth-science Approach to Archaeological Interpretation*, New Haven & London: Yale University Press, 2006, pp. 17-18.

一、 堆积物类型与特点

1. 地质作用堆积物

地质作用堆积物来自岩石的风化、侵蚀、搬运和堆积。冲积—洪积沉积、湖泊沉积、风成沉积、冰川沉积、洞穴中崩塌的岩石都属于这一类。地质作用堆积物的具体构成与古地貌部位以及气候变化密切相关。通过堆积物的构成、粒度、分选、颗粒形态、颜色、结构等特征我们可以了解遗址的形成、保存和改变状况。[①] 沉积物按粒度划分为砾石、粗砂、中砂、细砂、极细砂、粉砂、黏土，粒度大小能够反映搬运动力的强弱。高能动力可以导致大的、沉重的物质被搬运、堆积。此外，含黏土的沉积物中，黏粒含量越大，透水性越小；不含黏土的碎屑物中，颗粒越大，透水性越强。这些不同环境对遗物的保存有着重要影响。分选指物质颗粒大小的均一程度，是水流等搬运作用的指示。分选性好的堆积中物质粒大小比较一致或接近，分选差的堆积中颗粒尺寸的分布范围大。一般而言，风力堆积物、海滩堆积物的分选较好，冰川堆积物的分选差。然而，如果搬运—堆积作用力的强弱经常发生波动，沉积物没有经过持续不断的改造，那么即使在风力堆积和海滩堆积环境下物质的分选也不好。泉、湖泊环境中分选好或差的情况都有可能出现。[②] 碎屑物形态，例如棱角的磨圆程度、颗粒表面的光滑程度可以用来评估搬运动力，区分冲积物和崩积物。例如，河流相堆积中，砾石具有相对较好的磨圆。沉积物颜色取决于母岩矿物的颜色、风化作用和成岩作用，与有机物含量和铁的氧化物含量密切相关，也会受到沉积物

[①] Goldberg, P., Macphail, R., *Practical and Theoretical Geoarchaeology*, Malden, MA: Blackwell Publishing, 2006, p. 221.

[②] Rapp, G. R., Hill, C. L., Hill, M. C. L., *Geoarchaeology: the Earth-science Approach to Archaeological Interpretation*, New Haven & London: Yale University Press, 2006, p. 51.

湿度和粒度的影响。① 遗址中常常见到深色的堆积物，其形成存在以下几种可能的原因：堆积中富含有机物、锰的氧化物，堆积中包含深色基岩或岩石碎屑、燃烧事件形成了较多富集的炭屑等。层理是很多堆积模式的标志特征，例如风力堆积、水流堆积、崩积、冰川堆积、海浪堆积等。薄层理是遗址中常见的一种堆积结构，通常厚度小于1cm，反映的是搬运和沉积过程中的微小动力差异。②

2. 化学作用堆积物

化学作用堆积物是指在化学作用下形成的矿物和盐，遗址中常见碳酸盐、磷酸盐、铁和锰的氧化物等。水文环境、有机物的降解对化学作用堆积物的形成和分解尤为重要。化学作用堆积物对于埋藏环境以及生物活动的判断具有指示意义。

3. 生物活动堆积物

生物活动堆积物包括动物活动和植物生长活动形成的堆积物，前者在遗址中更常见。动物活动堆积物主要指动物消费食物所留下的骨骼堆积、动物自然死亡形成的骨骼堆积以及动物粪便等。例如，鬣狗经常把猎物带入洞内消费，形成骨骼堆积；豹子在裂隙附近的树上进食猎物，动物尸骨掉入裂隙中堆积起来；猫头鹰捕食小型动物可以形成大量骨骼堆积；洞熊在洞穴里冬眠的过程中自然死亡③，形成骨骼堆积；蝙蝠、鸟类、食肉动物在遗址上活动时留下粪便。此外，在人类定居的地方，松鼠、老鼠、狐狸与人类共栖，它们的骨骼有可能出现在遗址中。骨骼所属的动物种类及所占比例，骨骼堆积的密度、尺寸分布、破裂与痕迹等改造特征，骨骼部位构成等，为判断堆积成因与堆积过程提供依据。

---

① 北京大学地质地理系地貌教研室：《环境与沉积》，1977年，第63—64页。

② Rapp, G. R., Hill, C. L., Hill, M. C. L., *Geoarchaeology: the Earth-science Approach to Archaeological Interpretation*, New Haven & London: Yale University Press, 2006, pp. 53-54.

③ Brothwell, D., Higgs, E., *Science in Archaeology: a Survey of Progress and Research*, New York: Praeger, 1970.

4. 人类活动堆积物

人类活动堆积物主要指人类活动过程中形成或被人类有意带入活动地点的物质，包括作为食物或原料被带入的动物骨骼、贝壳，作为食物、燃料、制作物品的材料、为了铺垫子或搭建居所而被带入的植物，人类在活动地点用火所产生的物质等[1]，还包括人类生产活动中产生的各种人工制品，例如石制品、陶器（碎片）、骨角器、装饰品、艺术品等。与人类活动相关的动物遗存和植物遗存的种类构成、数量、保存状况、空间分布（密度、聚集特点），人工制品的构成、组合特点和空间分布；用火遗存的组成和保存状况，用火遗迹的结构特征及其与不同种类遗物的空间关系等，是我们分析不同类型遗址的形成环境与形成过程[2]、分析人类对地点的占用过程和占用特点（例如空间利用行为、占用强度、占用时长和反复性）的关键依据。

总之，遗址通常由多种来源的堆积物构成，形成过程复杂、不单一（图1-1）。地质作用堆积物、化学作用堆积物、生物活动堆积物以及人类活动堆积物共同指示着遗址形成的环境背景与文化背景。堆积物的形成可能与人类活动存在复杂的关系，在有的堆积环境中也可能与人类活动没有关联。遗址还会经历不同作用，例如地质作用、成岩作用、动物活动的扰动与破坏。这些因素可以使堆积物发生变化，或者形成新的堆积物，为观察分析考古材料并做出人类学阐释带来困难和限制[3]。人类活动场所被掩埋之前，堆积物最容易受

---

① Butzer, K. W., *Archaeology as Human Ecology: Method and Theory for a Contextual Approach*, Cambridge University Press, 1982.

② Goldberg, P., Macphail, R., *Practical and Theoretical Geoarchaeology*, Malden, MA: Blackwell Publishing, 2006.

③ Macphail, R. I., Goldberg, P., "Recent advances in micromorphological interpretations of soils and sediments from archaeological sites", In: Barham, A. J., Macphail, R. I., (eds.), *Archaeological Sediments and Soils: Analysis, Interpretation and Management*, London: Institute of Archaeology, 1995, pp. 1-24.

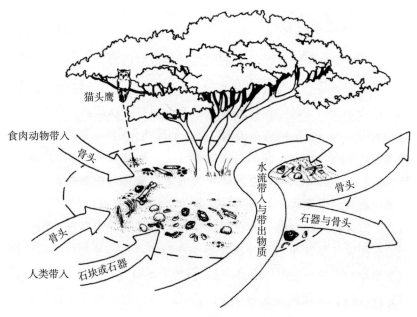

猫头鹰

食肉动物带入

骨头

水流带入与带出物质

骨头

石器与骨头

骨头

人类带入　石块或石器

图 1-1　遗址堆积形成示意图①

生破裂或破碎、显著位移或分散开。最常见的改造动力来自水流。在高能水流环境下，文化遗存很可能会被带出遗址，甚至被完全冲走，在远离原始堆积环境的地点重新堆积。如果水流动力较弱，遗址受到的改造相对较小，即使空间位置发生一些变化，但遗存基本上能够保存在原始的堆积环境中。此外，风力作用容易造成细小的文化遗存被搬运。崩塌作用也会使得堆积物在被掩埋前受到破坏。冻融作用可以使堆积物在埋藏过程中受到扰动、发生位移②，形成特殊堆积结构或现象。动物来到废弃的人类活动地点，它们的啃咬、踩踏、钻洞等行为会使原来的堆积物受到破坏、堆积物空间分布发生改变。人类的再占用也是导致遗址发生变化的重要力量：例如挖坑、重新搭建建筑等活动可能使早期遗物混入晚期地层，再次用火

① Schick, K. D., Toth, N. P., *Making Silent Stones Speak: Human Evolution and the Dawn of Technology*, New York: Simon and Schuster, 1994.

② Goldberg, P., Macphail, R., *Practical and Theoretical Geoarchaeology*, Malden, MA: Blackwell Publishing, 2006.

会使已被掩埋的遗物受到破坏，当然这通常只发生在用火地面以下较浅的位置（比如 10cm 以内）[①]。

　　几乎所有考古遗址都会在埋藏过程中发生变化，我们发掘出来的人类的"过去"都不是完好、不曾改变的。即使活动地点被迅速地整体掩埋，生物活动和成岩作用也可能在接下来的阶段改变遗址结构和遗物、遗迹的保存，这取决于遗址形成过程中的环境变化。有的遗址在堆积形成后受到的扰动和破坏非常微弱，遗存形成的环境背景基本没有发生改变；有些遗址中的部分堆积物受到扰动，但总体的形成背景没有发生改变。还有一种情况是堆积受到了很大程度的破坏或搬运，考古材料存在的原始环境严重改变。

　　综上，根据堆积物特征及其存在环境对考古材料进行解读时，我们不能凭借经验盲目地把遗物和人类行为直接关联起来。旧石器时代遗址中常见石器和动物骨骼共存且集中分布的现象。造成这些堆积物共存的原因可能有很多，它们可能在多次或多种动力事件中形成，例如（1）人类狩猎到动物，带到营地后使用工具对其进行屠宰消费，剩下的骨头后来被食肉动物拣食破坏；（2）食肉动物捕杀消费猎物，或者自然死亡的动物的尸骨被人类拣拾利用形成堆积，骨骼被废弃后可能还经过自然作用的扰动；（3）人类和大型食肉动物在不同时期分别在靠近水源的地方活动，他们分别留下的石器工具和动物骨骼堆积在了一起；（4）石器和骨头被水流搬运到某个地点堆积在一起等。以上是相对理想化的可能堆积过程，实际情况可能更为复杂。如果不考虑堆积形成的复杂过程，我们对人类过去的复原就会远离真实的情况。因此，对于堆积的形成与保存应当以认识遗址所在区域地貌和环境的变化为前提，根据堆积物的构成、来源，以及各类堆积物的特征与关系进行分析和判断。

　　从过去人类活动或生活的地貌位置来看，旧石器时代遗址的类

---

① Stiner, M. C., *The Faunas of Hayonim Cave（Israel）: A 200 000-Year Record of Paleolithic Diet, Demography and Society*, American School of Prehistoric Research, Bulletin 48, Harvard University, Cambridge: Peabody Museum Press, 2005.

型可分为洞穴遗址和露天遗址，露天遗址类型还可做进一步划分。不同类型遗址的堆积物组成、来源、特征有所不同，被占用特点以及埋藏过程中发生的变化也会存在差异。下面结合具体案例介绍不同地貌环境中遗址形成的研究视角、研究方法以及相关问题。

二、 洞穴遗址形成过程研究

1. 概述

洞穴具有遮风避雨、温暖、视野好等特点，是史前人类生活、活动的理想场所。人类的活动经常发生在洞内相对靠近洞口的区域，而不是较深的洞穴后部，因为靠近洞口的地方相对干燥、明亮，能够及时、清楚地观察到洞外的情况。在有些情况下洞穴深处也会被人类利用，比如举行仪式活动、在洞壁上绘画等。

洞穴所在山体的岩性包含很多种，主要分为可溶性岩石和不易溶岩石两类，取决于其所处的地质环境。可溶性岩石常见碳酸盐类，主要包含石灰岩、白云岩、硅质灰岩和泥质灰岩。这类洞穴的形成机制是以地下水为主、地表水为辅，以化学过程（溶解与沉淀）为主、机械过程（流水侵蚀和沉积、崩塌）为辅的对可溶性岩石的破坏和改造。[①] 我国洞穴遗址以石灰岩洞穴居多，例如北京周口店第一地点、河南织机洞、福建船帆洞等遗址，也存在其他岩性，如花岗岩洞穴，以新疆通天洞和内蒙古金斯太遗址为代表。花岗岩洞穴的形成机制与可溶岩洞穴有所不同，可能主要与岩体崩塌作用有关。

与大多数露天遗址相比，洞穴属于一种半封闭的环境，其中的遗物和遗迹相对更容易得到保存，甚至可以得到很好的保存，骨头保存下来成为化石的概率更高。因此，洞穴中相对更容易发现内容丰富的考古材料。然而，洞穴遗址的埋藏历史其实是非常复杂的，复杂程度甚至超过露天遗址。洞穴遗址中包含外源性和内源性两大

---

① 杨景春、李有利编著：《地貌学原理》，北京：北京大学出版社，2012 年。

类堆积[①]（图1-2）。外源性堆积可以由水流、泥流、风力从洞口、洞壁或洞顶的裂隙、地下河带入；也可以由人类和动物带入，这些作用在洞穴中可以形成水流沉积物、风成沉积物、动物活动堆积物以及人类活动堆积物。[②] 内源性堆积来自洞穴内部的活动，例如洞顶滴水形成的堆积、崩塌形成的大石块和碎石堆积以及化学作用下形成的石笋和钟乳石等。[③]

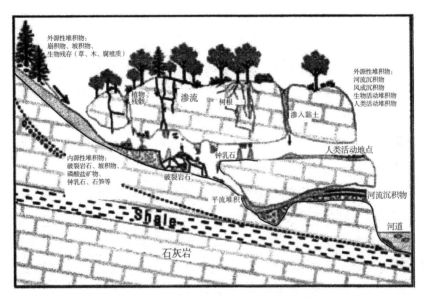

图1-2　洞穴遗址堆积物来源示意图[④]

①　Butzer, K. W., *Environment and Archeology: An Ecological Approach to Prehistory*, Chicago: Aldine-Atherton Publishing Co., 1971.

②　Goldberg, P., Bar-Yosef, O., "Site formation processes in Kebara and Hayonim Caves and their significance in Levantine prehistoric caves," In: Akazawa, T., Aoki, K., Bar-Yosef, O., (eds.), *Neandertals and Modern Humans in Western Asia*, Boston: Springer, 1998, pp. 107–125.

③　Bar-Yosef, O., "Site formation processes from a Levantine viewpoint", In: Goldberg, P., Nash, D., Petraglia, M., (eds.) *Formation Processes in Archaeological Context*, Madison: Prehistory Press, 1993, pp. 13–32.

④　Goldberg, P., Macphail, R., *Practical and Theoretical Geoarchaeology*, MA: Blackwell Publishing, 2006, p. 185.

从堆积动力的角度来看，洞穴中包括地质作用、生物活动、人类活动和化学作用形成的堆积物。地质作用形成的堆积物包括地下河沉积的小砾石和砂，地表河流在洪水期带到洞中的具有层理的泥砂堆积，地下湖中沉积的具有极薄层理的黏土、粉砂，从洞顶、洞壁崩塌下来的碎屑堆积物——碎石、黏土和岩块等（洞穴的崩塌可由反复的冰冻作用、化学风化作用以及生物风化作用等引起[①]），在风力作用下从洞口、洞顶或洞壁裂隙搬运至洞内堆积的黄土等。在洞穴被人类占用的间隔期，或者洞穴被人类废弃后，生物活动通常很活跃，形成丰富的堆积。[②] 生物活动堆积物最常见的是食肉类动物和鸟类在洞中消费食物后留下的动物骨骼、在洞穴中自然死亡的动物的骨骼、动物粪便，还可能存在鸟类的胃石。鬣狗常把洞穴当做巢穴占据，形成动物骨骼堆积，它们还会对既有的地层堆积造成扰动。熊在洞穴中活动、冬眠，有些会在洞穴中自然死亡，骨骼堆积在洞内。实验观察发现，食肉动物特别是熊可以对燃烧遗迹或人类活动遗存之间的原始空间关联造成很大的破坏。它们可以使所有遗物离开原始的位置，分散开来，甚至可以消除一处特定功能空间中的所有证据。熊的活动也可以形成看上去与人类活动成因相似的空间结构或物质遗存。[③] 猫头鹰经常栖息在洞穴顶部，以爬行类、鸟类、非常小型的哺乳动物为食，它们可以把动物整个吞下，再把骨头、毛发吐出来。遗址中若发现大量成层的微小型哺乳动物、鸟类

---

① 张英骏：《崩塌在喀斯特洞穴和地貌发育中的作用》，见中国地理学会地貌专业委员会编：《喀斯特地貌与洞穴》，北京：科学出版社，1985 年，第 96—101 页。

② Butzer, K. W., *Archaeology as Human Ecology: Method and Theory for a Contextual Approach*, Cambridge: Cambridge University Press, 1982.

③ Camarós, E., Cueto, M., Teira, L., et al., "Bears in the scene: Pleistocene complex interactions with implications concerning the study of Neanderthal behavior", *Quaternary International* Vol. 435（2017）: pp. 237-246.

骨骼堆积，则需要考虑其在猫头鹰等猛禽活动下形成的可能性。[1] 蝙蝠和鸽子在洞穴中的活动经常留下粪便，这些物质使得遗址中出现更多的磷和有机物，促使埋藏环境改变、堆积物在成岩作用下发生变化。洞穴中的动物粪便有的保存较好，但大多不易被肉眼发现。在微观视野下，不同种类动物的粪便，例如蝙蝠粪、鸟粪或食肉动物粪便是有可能被识别的。我国周口店遗址第一地点、法国多尔多涅地区的岩厦遗址，西亚、非洲等很多旧石器时代遗址中都发现有动物粪便遗存。鸟类胃石也是一类特殊的且不易被识别的洞穴遗址堆积物。胃石是鸟类吃进胃里，帮助研磨和消化食物的小石子，这些石子在鸟死亡后随着尸体的分解被保留在遗址中。如果洞穴里发现胃石，在排除自然作用力带入与堆积之后，我们可以据此并结合鸟骨以及其他文化遗存解读人类对鸟类资源的开发利用。[2]

人类活动堆积物是解读洞穴被占用过程和史前文化尤为关键的材料。旧石器时代洞穴遗址中常见石制品、人类搬运和消费利用的动物和植物资源的遗存以及用火遗存等。石制品包括人类使用的石锤、石砧，在洞内打制和使用的石片、工具以及打制过程中产生的碎屑、断块。与人类活动有关的动物遗存中以骨骼、牙齿最为常见，可能是人类狩猎或者拣剩活动的反映。在狩猎的情况下，动物尸体有可能被相对完整地带回洞内处理和消费，或者在获取地点经过初步屠宰后，被人类选择性地搬回洞内进行消费和利用。不同的获取、搬运和处理方式所形成的动物骨骼部位构成、骨骼表面的改造痕迹及其出现率有所不同。人类活动留下的动物遗存还包含有机物，

---

① Weissbrod, L., Dayan, T., Kaufman, D., "Micromammal taphonomy of el-Wad Terrace, Mount Carmel, Israel: distinguishing cultural from natural depositional agents in the Late Natufian", *Journal of Archaeological Science* Vol. 32. 1 (2005): pp. 1-17.

② Conard, N. J., Kitagawa, K., Krönneck. P., et al., "The importance of fish, fowl and small mammals in the paleolithic diet of the swabian jura, southwestern germany", In: Clark, J., Speth, J. (eds.) *Zooarchaeology and Modern Human Origins. Vertebrate Paleobiology and Paleoanthropology*, Dordrecht: Springer, 2013, pp. 173-190.

但这种物质对于环境非常敏感，通常难以保存，即使保存下来，也只能在微观视野中被发现。人类活动留下的植物遗存包括作为食物被带入洞内的植物，也包括作为燃料、制作衣物的材料、铺垫材料被带入洞内的植物，例如树干、树枝、草等。植物遗存还可能以木炭的形式存在。用火遗存通常由灰烬、炭屑、烧土、烧骨、烧石及其构成的灰堆或火塘代表。除了上述几种由人类活动带入洞穴或者在洞内活动形成的堆积物，碎屑物（如粉砂、砂质黏土）、土壤等也可由人类走路带入遗址，或者由于附着在人类带入遗址的物体上，例如动物尸体或贝壳上而被带入。研究表明如果一处洞穴在一千年内反复被小规模人群占用，那么这些人群可以"携带"相当多的"土"进入到遗址中。[①]

洞穴中化学作用堆积物常见溶蚀作用形成的碳酸盐堆积物，包括钟乳石、石笋、胶结形成的角砾岩[②]，以及成岩作用下形成的矿物。成岩作用是导致洞穴堆积发生变化的主要作用，与堆积物中的矿物成分、气候、堆积环境密切相关。这一作用过程中，不稳定的、结构简单的矿物会发生溶解，结构稳定、复杂、相对难溶的矿物形成。遗址中常见的矿物构成是石英、黏土、碳酸盐矿物，前两者属于稳定的矿物，而碳酸盐矿物不稳定，容易发生溶解。碳酸盐和磷酸盐在洞穴遗址中很常见。碳酸盐矿物，例如方解石和霰石，主要来自洞穴中的石灰岩、白云岩、贝壳、灰烬等。磷酸盐矿物，例如羟基磷灰石、磷铝镁钙石、磷钾铝石等，主要来源于有机物的分解、蝙蝠粪和鸟粪、大型哺乳动物的粪便、骨头等，这类矿物相对难溶。[③] 在酸性环境中方解石可以转变为多种磷酸盐矿物，矿物溶解度

① Butzer, K. W., *Archaeology as Human Ecology: Method and Theory for a Contextual Approach*. Camridge: Cambridge University Press, 1982, p. 80.

② 在靠近洞壁的区域，由于富含碳酸盐的溶液容易移动，角砾碎屑会被胶结形成角砾岩。

③ Weiner, S., *Microarchaeology: Beyond the Visible Archaeological Record*, New York: Cambridge University Press, 2010.

逐渐下降，稳定性越来越高。在特定环境下，方解石溶解后堆积中会形成新的矿物——碳酸羟基磷灰石。当 PH 值高于 7 时，碳酸羟基磷灰石稳定，而 PH 值低于 7 时就会形成更加难溶的磷酸盐矿物[①]。化学作用堆积物的形成记录了洞内环境的变化以及成岩作用造成的遗址变化（例如组成成分、体积、空间分布格局的改变）。

岩厦是外观上与洞穴相似的一种遗址类型，但它与洞穴形成的机制有所不同。岩厦通常发育在石灰岩和碎屑岩上，主要在差异风化作用下形成：一般来说，基岩上比较细腻脆弱的部分会发生比较强烈的风化，在基岩上形成内凹（通常宽大于深）、顶部伸出的结构，在持续的强风化作用下，较为坚硬的部分发生崩塌[②]，待到顶部完全崩塌，岩厦结构便不存在。在冲积环境中岩厦也可以在河流下切和海浪侵蚀作用下形成。由于在地面上暴露得较多，岩厦的环境相对干燥，而洞穴发育规模更大、更潮湿，适合各种生物活动以及化学作用的发生。岩厦中的地质作用堆积物主要由风成堆积物、崩塌物、水流沉积物构成[③]，生物活动堆积物以及人类活动堆积物的构成和成因与洞穴遗址相似。

2. 研究案例

（1）北京周口店遗址第一地点

周口店遗址位于北京市西南房山区周口店镇西的龙骨山上。这一带在岩溶作用下形成许多裂隙和溶洞，第一地点是其中一处石灰岩溶洞，堆积厚约 40 米。洞穴最初深埋于山体内，没有洞口与外界相通。在岩溶作用下，洞穴不断扩大。龙骨山濒临周口河，河流的

① Schiegl, S., Goldberg, P., Bar-Yosef, O., et al., "Ash deposits in Hayonim and Kebara caves, Israel: macroscopic, microscopic and mineralogical observations, and their archaeological implications", *Journal of Archaeological Science* Vol. 23. 5 (1996): pp. 763-781.

② Goldberg, P., Macphail, R., *Practical and Theoretical Geoarchaeology*, Malden, MA: Blackwell Publishing, 2006.

③ ibid.

侧蚀摆动使山坡发生蚀退。在山坡风化并被蚀退到一定程度后，洞穴东壁被破坏，洞内与洞外连通。古周口河河水进入洞内，泥砂和小砾石在洞底堆积。在多次泛滥沉积之后，洞穴下部的主支通道被阻塞。洞内汇集的地下水流渗流缓慢，溶蚀速度也比较慢，不能将堵塞的泥砂带走或开出新的通道，同时地面风化物质、洞壁风化崩解的角砾填充洞内。洞穴自此进入填充堆积过程：最下部为砂砾堆积。随着洞穴逐渐被填高、填平以及东洞口逐渐扩大，洞内环境和地形变得适合人类居住。人类进入洞穴活动后形成了第 10 层堆积。此后随着人类的反复占用，洞内形成了更多的堆积物[1]（图 1-3）。第 10 层—第 3 层总体上以细颗粒堆积物为主。第 10 层由粉砂组成，包含石制品和烧骨；第 9 层—第 8 层包含角砾岩，原始堆积物受到水流扰动；第 7 层包含来自洞外流水搬运的具有水平层理的粉细砂堆积，以及可能主要由流水作用带入洞内的动物骨骼；第 6 层堆积时期东部洞顶大规模崩塌，堆积物包含大量大块角砾岩、洞外冲入的细颗粒沉积物、大量食肉动物粪化石；第 5 层为比较坚硬的钟乳石层。第 5 层以下的堆积中常见粪化石，例如第 13 层和第 6 层中粪化石密集、成层分布。第 6 层堆积形成之后，人类活动集中在洞穴西部，形成了第 4 层堆积。第 4 层中包含细颗粒沉积物，有成岩作用发生。本层底部发现有石制品、动物骨骼、烧骨。第 10 层与第 4 层是否存在人类原地用火遗存是一个具有争议的问题[2]。第 3 层包含具有层理的粉砂黏土、角砾以及骨骼与植物遗存；碎屑物具有很高程度的磨圆与胶结，显示很强的坡面流水冲刷。最终洞穴因被大量崩塌的岩块填满而被废弃（图 1-4）。

---

[1] 吴汝康、任美锷、朱显谟等：《北京猿人遗址综合研究》，北京：科学出版社，1985 年，第 182—183 页。

[2] Goldberg, P., Weiner, S., Bar-Yosef, O., et al., "Site formation processes at Zhoukoudian, China", *Journal of Human Evolution* Vol. 41. 5（2001）: pp. 483-530.

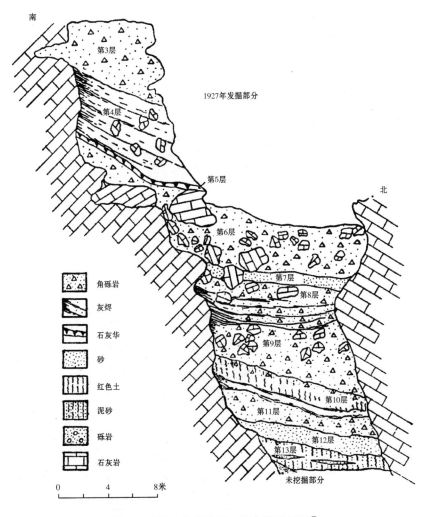

图例：
- 角砾岩
- 灰烬
- 石灰华
- 砂
- 红色土
- 泥砂
- 砾岩
- 石灰岩

南

第3层

1927年发掘部分

第4层

第5层

北

第6层

第7层

第8层

第9层

第10层

第11层

第12层

第13层

未挖掘部分

0   4   8米

图1-3　周口店遗址第一地点地层剖面①

　　① 贾兰坡：《中国猿人化石产地 1958 年发掘报告》，《古脊椎动物与古人类》，1959 年第 1 期，第 41—45 页。

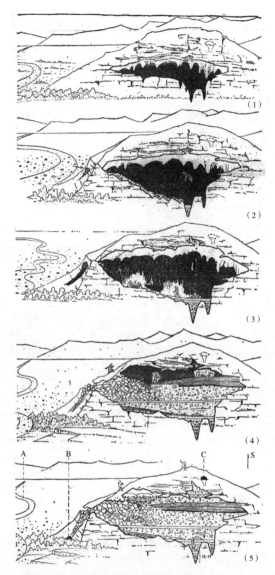

图 1-4　周口店第一地点洞穴演化及地层堆积形成过程示意图①

（1）洞穴深埋阶段；（2）向东开口阶段；（3）人类主要占据猿人洞东部阶段；（4）鸽子堂洞顶崩塌，人类住地西迁阶段；（5）洞被填满、废弃阶段。

---

① 任美锷、刘泽纯、金瑾乐等：《北京周口店洞穴发育及其与古人类生活的关系》，《中国科学》，1981 年第 3 期，第 330—336 页。

（2）陕西龙牙洞遗址

龙牙洞位于洛南盆地，是一个发育在石灰岩山体上的溶洞。洞前地势比较开阔，南洛河及其两条较大支流在洞穴前方附近汇聚。遗址堆积较厚，包含丰富的石制品、动物骨骼以及烧骨和烧石等燃烧遗存。[①] 文化遗存集中分布在遗址下部堆积的第2—4层（注：该遗址地层编号顺序由下自上）（图1-5）。第2层下部为小型砾石层，砾石分选度较高，磨圆度较好，上部为砂层。砂砾堆积应当是洪水期时被带入洞中的。这一时期龙牙洞雏形已现，但洞内空间十分有限，并不适于人类居住活动。从堆积环境和堆积动力看，这一层所含石制品应该不代表人类原地的活动，动物遗存可能与人类活动没有关系。第3层堆积包含松散的黄色粉砂，其中夹杂角砾，局部存在钙板层，表明洞穴仍在发育之中，但这时洞内空间已能满足小规模群体的生活，堆积中还包含丰富的石制品、动物遗存以及燃烧遗存。第4层自然堆积物由粉砂质亚黏土组成，洞内大部分区域堆积物颜色为黑色，研究者认为与人类用火有关。第4层中部堆积物形成时期，洞内的平面面积最大，第4层上部所包含的人类活动遗存最为丰富，石制品数量非常多。在这一时期之后，龙牙洞洞内面积越来越小，被长期形成的堆积物填充。[②]

（3）福建船帆洞遗址

船帆洞遗址是福建省岩前盆地北侧一座孤立的石灰岩小山——万寿岩中的一处溶洞。中更新世晚期结束时，洞内大部分空间堆积了沙砾和黏土，由流水从抬升后的上层洞穴或山上带入。晚更新世开始，大量地表水开始进入洞内，洞内发生较大规模的冲刷，原有堆积物被冲走，仅在洞穴东壁残存角砾、细砾、粗砂和黏土。晚更新世晚期起，洞内出现文化遗存，自然作用堆积物主要在水流作用

① 陕西省考古研究院、洛南县博物馆编著：《花石浪（Ⅱ）——洛南花石浪龙牙洞遗址发掘报告》，北京：科学出版社，2008年，第1页。

② 同上书，第33—37页。

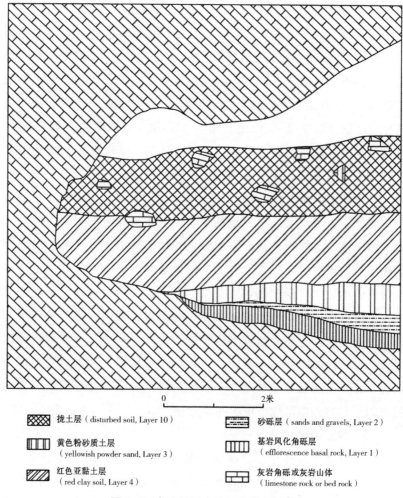

<table>
<tr><td>⊠⊠</td><td>扰土层（disturbed soil, Layer 10）</td><td>▤</td><td>砂砾层（sands and gravels, Layer 2）</td></tr>
<tr><td>▥</td><td>黄色粉砂质土层
（yellowish powder sand, Layer 3）</td><td>▥</td><td>基岩风化角砾层
（efflorescence basal rock, Layer 1）</td></tr>
<tr><td>▨</td><td>红色亚黏土层
（red clay soil, Layer 4）</td><td>▦</td><td>灰岩角砾或灰岩山体
（limestone rock or bed rock）</td></tr>
</table>

图 1-5　龙牙洞洞内地层堆积剖面①

下形成，洞口处包含文化遗物的地层呈现向洞内方向微倾斜的状态，反映了由洞外向洞内的漫灌堆积。② 船帆洞遗址有四个层位包含文化

① 陕西省考古研究院、洛南县博物馆编著：《花石浪（Ⅱ）——洛南花石浪龙牙洞遗址发掘报告》，北京：科学出版社，2008 年，第 17 页。

② 福建省文物局、福建博物院、三明市文物管理委员会编著：《福建三明万寿岩旧石器时代遗址：1999—2000、2004 年考古发掘报告》，北京：文物出版社，2006 年，第 34 页。

遗存，其中第 6 层和第 7 层为下文化层，第 5A 层和第 5B 层为上文化层（图 1-6）。第 7 层的自然堆积物主要由褐色黏土组成，含有角砾。靠近底部的堆积中包含石制品和少量动物遗存。石制品类型丰富，包括石核、石片、断块、碎片和工具。石制品尺寸不一，以大型和中型为主，小型（该遗址指长度小于 50mm 的石制品）占 20%左右。动物遗存的种类包括有蹄类、灵长类、食肉类、啮齿类等，以鹿类为主。啮齿类动物遗存数量多、破碎严重，有些动物骨骼受到了啮齿类的啃咬破坏。由于缺少对动物遗存详细埋藏特征和埋藏历史的分析，我们无法判断动物遗存与人类行为的关系，以及洞穴被人类和动物占用的具体过程。此外，该层底部存在由大小不一的石块构成的一个平面。石块的岩性为石灰岩、石英岩和砂岩等。石块长轴方向不一致，表面基本平齐，石块表面有长时期铁、锰质浸染留下的痕迹。研究者认为这些石块构成的平面代表了人类有意铺设的地面。该层上部洞口处含大量大块灰岩角砾，反映了大规模的洞顶崩塌。第 6 层自然堆积物为亚黏土和粗砂互层，说明这一时期存在水流作用的影响，水流强度在该时期存在明显变化。第 6 层下部含有极零星的石制品和动物遗存。由于石制品和动物遗存数量很少，并且埋藏特征信息有限，我们对石制品和动物遗存的堆积原因和过程难以做出判断。上文化层——第 5B 层主要由黏土和少量角砾组成，包含丰富的石制品、骨器、烧骨、灰烬、炭屑、动物骨骼。燃烧遗存保存较好，动物骨骼的保存状况良好，动物啃咬痕迹少，石制品的风化特征不明显。各类堆积物特征显示：上文化层被人类废弃后有可能在短时间内被掩埋，而且掩埋的动力不强。第 5A 层主要由砂质黏土、大量大块角砾组成，所含石制品和动物遗存极少。这一时期堆积形成的动力因素包括地表水流，也包括大规模洞顶崩塌，崩塌影响了人类对洞穴的利用。①

---

① 福建省文物局、福建博物院、三明市文物管理委员会编著：《福建三明万寿岩旧石器时代遗址：1999—2000、2004 年考古发掘报告》，北京：文物出版社，2006 年，第 154 页。

上述现象表明，流水作用和洞顶崩塌在船帆洞遗址堆积的形成过程中扮演了重要角色，这些作用如何影响遗物的保存、导致洞内堆积物发生了怎样的变化，如何影响人类占用洞穴的过程或者占用模式是需要进一步思考的。此外，洞穴内不同区域的堆积特征有所区别，如何根据文化遗存的埋藏特征和空间分布判断人类的空间利用行为仍有待研究。

在上述研究案例中，我们对自然堆积物所反映的堆积环境及其对石制品、动物骨骼、燃烧遗存保存状况的影响的认识尚比较有限，对于遗址空间结构与人类空间利用行为的认识也存在很大空间。未来在旧石器时代洞穴遗址的研究中，应当对堆积单位进行更细致的识别，透过动物骨骼、石制品、燃烧遗存的埋藏特征、空间分布与空间关系的综合视角，分析遗存的堆积过程以及它们在堆积后过程中的变化，从而准确、全面地揭示人类利用洞穴的过程和行为特点。

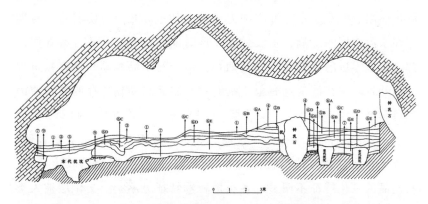

图 1-6　船帆洞遗址 T8—T12 东壁剖面①

（4）法国派西·拉泽 IV（Pech de l'Azé IV）遗址

派西·拉泽 IV 位于法国西南部的皮里戈底地区，是一处旧石器

---

① 福建省文物局、福建博物院、三明市文物管理委员会编著：《福建三明万寿岩旧石器时代遗址：1999—2000、2004 年考古发掘报告》，北京：文物出版社，2006 年，第 26 页。

时代中期的洞穴遗址。遗址的最早期堆积——第 8 层主要是人类活动形成的。人类活动直接发生在暴露的基岩表面。堆积物中包含人类活动遗存，例如骨骼、石制品、木炭、灰烬，以及由砂、粉砂组成的自然堆积物。灰烬存在于若干个薄层之中，反映了短暂用火遗迹或清扫灰烬的事件。灰烬堆积形成之后，有一部分灰烬快速胶结。第 7 层存在冻融结构，反映了当时寒冷的气候。该层中包含丰富的石制品，但绝大多数磨损严重，还有很多破裂的石制品，但没有发生分选，石制品应当没有经过流水作用的搬运。第 6 层堆积时期发生了首次大规模的洞顶崩塌，大量石灰岩大石块的堆积反映了这一过程，自此，洞顶进入不稳定的状态。这些现象应与气候变化有关，反映了干冷的气候，但是由于遗址以粗颗粒物质（砂到砾石大小）为绝对主体，缺少细颗粒物质，因此气候变化过程的宏观特征很难保存下来，也很难据此作出更具体和明确的解释。大石块堆积在一定程度上使得燃烧遗迹没有进一步受到踩踏破坏。这次崩塌事件可能改变了洞穴的形状，使其变得更加开放，自然作用更可能造成当时地面上物质的位移。第 5 层代表了洞口处洞顶的最后崩塌时期。洞顶不断后缩，这种变化使得滴水线位置移动，遗址不同堆积阶段的遗存与洞穴滴水线的位置关系不断发生着变化。同时，水流以及渗流作用促使了物质的风化，导致了堆积中红色富铁的黏土包膜的形成。[1]

（5）以色列科巴拉（Kebara）遗址

科巴拉洞穴位于黎凡特地区卡莫山（Mt. Carmel）的西坡。遗址中包含流水作用形成的砂砾堆积、洞口处片流作用下形成的黏土堆积，散布的风成黏土和砂质黏土，以及山体崩塌的石灰岩石块。[2] 人

---

[1] Goldberg, P., McPherron, S., Dibble, H., et al., "Strategraphy, deposits, and site formation", In: Dibble, H., McPherron, S., Goldberg, P., et al., (eds.), *The Middle Paleolithic Site of Pech de l'Azé IV, Cham*: Springer, 2018, pp. 21–74.

[2] Goldberg, P., Bar-Yosef, O., "Site formation processes in Kebara and Hayonim caves and their significance in Levantine prehistoric caves", In: Akazawa, T., Aoki, K., Bar-Yosef, O., (eds.), *Neandertals and Modern Humans in Western Asia*, Boston: Springer, 1998, pp. 107–125.

类活动成因的堆积物是遗址的主要构成，特别是大量透镜体状的用火遗迹。遗址最下部的堆积比较贫乏，由分选很差的、棱角分明的细小砂砾、层理清晰的灰黄色和浅褐色粉砂组成。这一层之上是具有水平层理的大量粉砂堆积，其中含有厚几厘米的可能富含有机质的深色条带。这部分堆积可能在水环境中形成。地层堆积以不同的角度向落水洞倾斜。上部地层堆积则大体上呈现水平状。上部地层中莫斯特文化时期的堆积（旧石器时代中期）由一系列相互叠压的富含有机质的淤泥层组成，其中包含了层状、透镜体状和盆状的用火遗迹、保存良好的灰烬以及成岩作用改造后的灰烬。① 成岩作用造成了洞穴南部区域动物骨骼的消失，改变了动物遗存的数量和空间分布。② 这一时期的堆积受到了生物活动的改造，包括啮齿类钻洞。洞口区域莫斯特时期的最上部堆积同样由包含火塘的淤泥层组成，堆积的厚度较其下边的文化层薄。这部分地层之上覆有均质的钙质黏土，其中包含有大量洞顶崩塌的石块，这种现象尤其出现在靠近洞壁的位置和洞口位置。

旧石器时代晚期洞内的堆积由致密或胶结的、具有薄层理或层理结构的粉砂、淤泥组成。火塘的数量与中期相比显著减少，可能是低能量流水从洞口向洞内流动抹除了一些证据。旧石器时代晚期堆积形成后同样受到了改造，例如磷酸盐胶结、特定区域的骨骼受到破坏；地层堆积中存在大量动物钻洞等③，蚯蚓的大量扰动使得堆积之间的界限变得模糊。

---

① Schiegl, S., Goldberg, P., Bar-Yosef, O., et al., "Ash deposits in Hayonim and Kebara caves, Israel: macroscopic, microscopic and mineralogical observations, and their archaeological implications", *Journal of Archaeological Science* Vol. 23. 5 (1996): pp. 763-781.

② Weiner, S., Goldberg, P., Bar-Yosef, O., "Bone preservation in Kebara Cave, Israel using on-site Fourier transform infrared spectrometry", *Journal of Archaeological Science* Vol. 20. 6 (1993): pp. 613-627.

③ Goldberg, P., Bar-Yosef, O., "Site formation processes in Kebara and Hayonim caves and their significance in Levantine prehistoric caves", In: Akazawa, T., Aoki, K., Bar-Yosef, O., (eds.), *Neandertals and Modern Humans in Western Asia*, Boston: Springer, 1998, pp. 107-125.

（6）以色列哈约尼姆（Hayonim）遗址

哈约尼姆遗址位于黎凡特上加利利地区，是一处石灰岩洞穴。洞口处的堆积以地质作用堆积物为绝对主体，来自径流作用、崩塌作用、风力作用。洞穴内部的堆积主要是人类活动成因的，包括用火、清扫火塘、踩踏等。洞口和洞内区域的堆积都受到了生物扰动，发生了碳酸盐和磷酸盐的胶结。堆积物的原始特征、地层结构关系由此受到破坏或消失。洞穴内部旧石器时代中期堆积的厚度超过4.5m，与洞口堆积相比，这个区域更多地受到人类活动和成岩作用的影响。底部的自然堆积物由褐色或红色的粉砂黏土组成，其中混杂着炭屑和碎骨，还包含层状结构的灰烬与火塘。堆积物特征记录了人类用火的活动以及钻洞动物对堆积的扰动。E层和F层中发现有旧石器时代中期人类在同一个地方反复用火留下的灰烬。E层下部的一些火塘规模较大，保存状况良好，灰烬没有发生溶解和改变，只是存在轻度胶结。E层上部灰烬中原始的方解石在成岩作用下转变为磷酸盐。同时，这部分堆积中骨骼的保存状况也很差。相比于碳酸盐成分的灰烬，蜗牛壳（主要成分为霰石）更不稳定，更易溶。洞内的一些区域保存有原始方解石成分的灰烬，共存的蜗牛壳有些得到了较好的保存，有些区域的蜗牛壳中的霰石转变成了方解石，有些甚至转变为碳酸羟基磷灰石。[1] 成岩作用的加强与洞穴环境变得潮湿有关。相比之下，晚于旧石器时代晚期的堆积中不存在钙华和角砾，说明洞穴环境变得干燥。[2]

综上，洞穴是史前人类生活的理想空间，经常能够保存下来丰

---

[1]　Bar-Yosef, O., Arensburg, B., Belfer-Cohen, A., et al., "Hayonim Cave", In: Enzel, Y., Bar-Yosef, O., (eds.), *Quaternary of the Levant: Environments, Climate Change, and Humans*, Cambridge: Cambridge University Press, 2017, pp. 231-240.

[2]　Goldberg, P., Bar-Yosef, O., "Site formation processes in Kebara and Hayonim caves and their significance in Levantine prehistoric caves", In: Akazawa, T., Aoki, K., Bar-Yosef, O., (eds.), *Neandertals and Modern Humans in Western Asia*, Boston: Springer, 1998, pp. 107-125.

富的文化遗存。然而，洞穴遗址的堆积物来源多样，堆积形成过程复杂，堆积形成后经常在物理作用、生化作用下发生变化，变化过程与区域气候波动、洞内环境变化有关。此外，洞穴遗址形成过程研究中需要注意的是：洞穴中不同区域，例如洞口和洞穴内部、洞穴后部（深处）、靠近洞壁或远离洞壁区域的堆积物特征、形成原因、堆积物的变化存在差异，与洞内不同区域的环境特点及其变化、被人类或动物占用的方式等有关。此外，洞穴的顶部经常发生崩塌，崩塌会造成滴水线位置的变化，会导致一些区域与外界的关联更大，其中的物质堆积可能受到更多地质作用更大程度的扰动破坏；有些区域由于洞顶的后缩，滴水线向后移动促使物质及其微结构在流水作用、化学作用下发生改变。因此，我们发掘和研究洞穴遗址时，应当详细观察、记录洞穴内不同区域堆积物的构成和特征，不同堆积单位之间的区别，分析堆积形成和变化的局部环境，通过微观和宏观相结合的方法解读洞穴整体或局部环境的改变对人类活动的影响，复原洞穴被占用的过程。

三、 露天遗址形成过程研究

旧石器时代人类露天活动的地貌部位包括河漫滩、湖滨、海滨、阶地、黄土台地等，其中河漫滩和湖滨由于靠近水源、视野开阔、便于食物资源的获取和及时的处理加工而成为这个时期最常见的人类活动场所。露天遗址一般主要由地质作用堆积物（来自流水、风力搬运、滑坡等作用）、生物活动堆积物以及人类活动堆积物等组成。一般来说，旧石器时代狩猎采集人群的流动性比较强，对露天地点的占用时间通常相对较短，但有可能对某个地点反复利用。在特定时期或环境背景下，人群可能会在较长时间里占用某个地点。因此，有些露天遗址是在单一的人类占用事件后形成的，有些则是多次占用事件的结果。与洞穴遗址不同，人类在露天地点活动的空间更大①，由此形成的堆积可能分布得更广、更分散。露天遗址更容易受到流水、风力等地质作用的影响而被扰动，造成遗存的空间分散程度更高，遗址甚至被完全破坏。一般来说，湖滨和河漫滩活动场所容易受到高能作用力的影响，遗址被较大程度地破坏和扰动，可能造成不同成因的堆积物堆积在一起。受到高能作用力搬运的遗物，例如石制品、动物骨骼、陶片等通常具有磨圆或磨光特征，并且可能发生分选。② 此外，海滨遗址很有可能被今天的海水淹没，因而难以被发现。我们对史前人类活动地域、迁徙或文化交流路径等问题的讨论也需要考虑到这种具有特殊埋藏过程的遗址。如果露天活动场所废弃后短时间内在低能作用力下被掩埋，那么遗物和遗址结构则有可能得到原地的、相对较好的保存。

河漫滩是河流相的一部分，是河流洪水期淹没的河床以外的谷底部分。河漫滩具有二元沉积结构——下层由河床侧方移动沉积的粗砂和砾石等粗颗粒物质组成，称为河床相冲积物；上层通常由细颗粒物质组成，例如细砂、粉砂或黏土，是洪水期河漫滩上水流流速较小，环流从河床中带到河漫滩上的物质，称为河漫滩相冲积物。③ 河漫滩相冲积物具有水平层理，常见厚度在几毫米到几厘米之间的薄层理结构；沉积物的分选中等；沉积中还常见波痕和变形，变形与沉积物质地较软、水饱和有关。水饱和导致河漫滩堆积物中常见铁的浸染。

河漫滩地势低平、植物茂盛，由于靠近河床，常有动物来此饮水和寻觅食物。在平水期，河漫滩上的天然堤或沙坝是最适宜人类栖居的部位。这些位置靠近河道，水动力大，排水好，相比于河漫

---

① Enloe, J. G., "Geological processes and site structure: Assessing integrity at a Late Paleolithic open-air site in northern France", *Geoarchaeology: An International Journal* Vol. 21. 6 (2006): pp. 523-540.

② Petraglia, M. D., Potts, R., "Water flow and the formation of Early Pleistocene artifact sites in Olduvai Gorge, Tanzania", *Journal of Anthropological Archaeology* Vol. 13. 3 (1994): pp. 228-254.

③ 杨景春、李有利编著：《地貌学原理》，北京：北京大学出版社，2012年，第31页。

滩盆地或洼地来说相对干燥①（图1-7）。河漫滩水文环境的稳定性影响着人类的栖居模式，包括占据时间的长短和反复性。当然文化、人口和资源的稳定性也是重要的影响因素。河漫滩上的堆积物很容易受到流水作用，或其他物理作用以及生物活动的影响，我们在研究河漫滩环境中形成的文化遗存或活动层面时，需要考虑到自然堆积物与人类活动堆积物被带入与带出的可能过程。

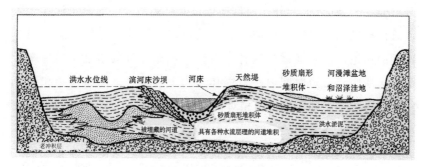

图1-7　河漫滩示意图②

判断一处遗址是否形成于河漫滩环境及其受到搬运和破坏的程度可以从以下方面进行：（1）通过地貌调查，分析遗址所在区域的古地貌演化特点。需要注意的是，曾经的河漫滩在现今的地貌中埋藏于阶地之中或黄土之中，或者埋藏在地下很深的位置。例如，河南老奶奶庙遗址所在区域的地貌调查显示：在MIS3阶段，当时河道的走向和位置与现今该地区贾鲁河较为一致。遗存埋藏在河漫滩相堆积中。MIS2阶段，气候变干冷，早期河流消失，遗址所在地区大规模沉降黄土，遗址被深埋在黄土层之中。因此，该遗址是埋藏在黄土中的河流相夹层中的③（图1-8）。北京东方广场遗址是距今2万多年前人类在古永定河的河漫滩上生活的记录。活动地点在废弃

①　Goldberg, P., Macphail, R., *Practical and Theoretical Geoarchaeology*, Malden, MA: Blackwell Publishing, 2006.

②　Ibid.

③　夏正楷编著：《环境考古学：理论与实践》，北京：北京大学出版社，2012年。

图 1-8　老奶奶庙遗址地层堆积①

后被不断加积的河流沉积物掩埋，伴随这个地区不断的地壳下沉运动，遗址被埋在今天地表以下很深的位置（图 1-9）。② （2）根据自然堆积物特征判断。黏土粒级的碎屑物反映了能量很低的沉积环境，例如低能量湖滨；具有片状层理结构的黏质粉砂和粉（细）砂粒级的碎屑物也反映低能沉积环境，例如低能量河漫滩。由粗颗粒碎屑物组成的堆积，例如中砂、粗砂、砾石，则指示高能水流沉积环境，这种环境中的遗物很可能是二次堆积，甚至是多次不断堆积的结果。（3）通过石制品、动物骨骼等遗存的产状、磨损特征、遗物组合和空间分布判断堆积动力以及遗存受到改造的程度。以石制品为例，如果石制品的产状分布存在定向性，说明它们有可能埋藏在高能动力环境中。如果石制品埋藏在细颗粒沉积物中，产状分布没有规律、没有经过分选，大多数石制品没有显著磨损特征，并且组合中存在

---

①　陈宥成：《嵩山东麓 MIS3 阶段人群石器技术与行为模式——郑州老奶奶庙遗址研究》，北京大学博士论文，2015 年。

②　夏正楷编著：《环境考古学：理论与实践》，北京：北京大学出版社，2012 年。

大量微小、细碎的石制品，那它们很可能埋藏在低能堆积环境中，受到搬运和破坏的程度比较小。需要注意的是，石制品若存在集中分布的现象，即使埋藏在细颗粒沉积物中，也要考虑二次堆积的可能性。[1] 这种情况下，我们需要结合石制品类型组合以及拼合做进一步分析和判断。

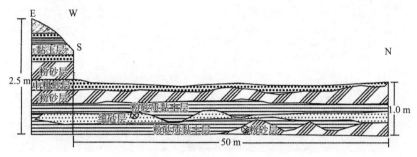

图 1-9　东方广场遗址南北向探沟剖面[2]

（⊗表示文化遗存；文化遗存埋藏在河漫滩的细砂层中，其上覆盖了很厚的河流相冲积物）

举例来说，老奶奶庙遗址的 3F 层和 3B 层中所含遗物种类最为丰富、数量最多。3F 层的自然作用堆积物主要为黄色黏质粉砂，较疏松，包含零星钙结核。3B 层为灰褐色、较致密的黏质粉砂，包含少量钙结核，层表有薄层状分布的炭屑。石制品产状分布没有规律，磨蚀程度低，石制品组合涵盖了剥片、修理和加工各个生产阶段的不同类型产品。小于 20mm 的石制品在 3F 层和 3B 层中分别占 87% 和 58% 。这两层中均发现若干石制品拼合组。具有拼接关系的不完整石片和断块都位于同一层位的同一探方或相邻探方。动物骨骼的产状、尺寸分布也呈现出和石制品相似的特征。除了石制品和动物骨骼，这两层还包含多处用火遗迹。有些小规模灰堆受到了水流的

①　Rapp, G. R., Hill, C. L., Hill, M. C. L., *Geoarchaeology: the Earth-science Approach to Archaeological Interpretation*, New Haven & London: Yale University Press, 2006.

②　夏正楷编著：《环境考古学：理论与实践》，北京：北京大学出版社，2012 年，第 62 页。

搬运和改造，发生了灰烬和炭屑的位移，但程度有限。有些较大的灰堆结构保存相对完整。[1] 综合以上特征以及前述遗址所在区域的地貌特征，我们可以判断遗物是人类在河漫滩上活动形成的（图1-10）。遗物被低能流水掩埋，没有受到显著搬运和破坏。

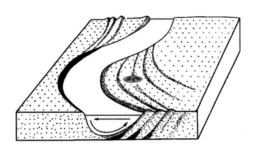

图1-10　老奶奶庙遗址地貌部位示意图，椭圆阴影标识表示人类活动的位置[2]

湖泊是被静止或弱流动水所填充而且不与海洋直接沟通的盆地。湖泊可以为人类提供丰富的水资源，湖滨平原上土地肥沃，各种动物、植物资源丰盛，因此湖滨也是史前人类理想的活动空间。世界各地都发现有丰富的旧石器时代湖滨遗址。在构造运动、气候变化、季节变化的背景下，湖泊在不同时间尺度里发生涨退[3]，湖滨环境经常受到湖水涨退的影响。当湖泊扩展时，湖滨堆积物可能会被湖水掩埋，埋藏在湖盆之中。当湖泊缩小时，湖盆边缘的一些位置就会出露成为湖滨的一部分，可以被人类占用，形成新的遗址。湖泊的沉积动力通常相对较弱，沉积物以细颗粒物质为主，但是水面的波动会形成不同粒级碎屑物的混合，特别是在湖岸。湖岸线的沉积物比较粗、均质性差，而湖盆中越向湖心靠近沉积物越细腻且越均一。

---

① 陈宥成：《嵩山东麓 MIS3 阶段人群石器技术与行为模式——郑州老奶奶庙遗址研究》，北京大学博士论文，2015 年。

② 陈宥成：《嵩山东麓 MIS3 阶段人群石器技术与行为模式——郑州老奶奶庙遗址研究》，北京大学博士论文，2015 年；杨景春、李有利编著：《地貌学原理》，北京：北京大学出版社，2012 年，第 32 页。

③ Morton, A. G. T., *Archaeological Site Formation: Understanding Lake Margin Contexts* (Vol. 1211), British Archaeological Reports, 2004.

此外，湖泊中还包含丰富的生物堆积物（湖盆较浅的边缘和湖滨会生长大量植物，植物死亡后形成生物堆积物）和化学堆积物。湖泊沉积物通常具有较平的层理或微层理。尽管湖岸适合人类活动，可以形成丰富的文化遗存，但是在水动力较强的湖滨、湖岸线环境下（波浪较强），遗存很可能受到改造，发生磨损或位移。[①]

东非奥杜威峡谷地层堆积很厚，记录了该地区更新世地貌景观的变化，其中包括湖泊的变化。奥杜威峡谷第一层（2.0-1.7Ma）包含火山堆积物、湖泊和湖滨沉积物、冲积扇堆积物、冲积平原堆积物，当时盆地中存在着宽广的浅湖。目前所知的奥杜威峡谷第一层考古遗址均位于湖滨地带，堆积物在湖水的扩张和后退过程中形成，细颗粒物是自然堆积物的主要组成，遗址中受到磨损的动物骨骼所占比例很低，反映了低能动力环境。第二层（1.7-1.2Ma）下部包含湖泊和湖滨沉积物、冲积扇堆积物，当时湖泊依然存在，但在这一阶段风成沉积物形成，湖泊缩小。第二层上部的古地貌和沉积物显示湖泊消失，由此奥杜威峡谷湿地减少、草地扩张。第三层（1.2-0.8Ma）和第四层（0.8-0.6Ma）主要由河流沉积物组成，此时盆地变成了冲积平原，这两层之上的马塞克层（Masek）（0.6-0.37Ma）也主要由河流沉积物组成。[②] 此后形成了杜图层（Ndutu），由河流和风力堆积物组成。奥杜威峡谷的堆积物记录了湖泊大小和深度发生变化，后来湖泊消失，平原上分布着河流的过程。[③] 在这个过程中景观环境发生着改变，对人类活动以及遗址的形成与保存产生影响。

我国泥河湾盆地在更新世期间曾被湖泊占据。湖泊在早更新世

---

① Rapp, G. R., Hill, C. L., Hill, M. C. L., *Geoarchaeology: the Earth-science Approach to Archaeological Interpretation*, New Haven & London: Yale University Press, 2006.

② Klein, R., *The Human Career: Human Biological and Cultural Origins* (3rd ed.), Chicago: The University of Chicago Press, 2009, pp. 157-159.

③ 克里斯·斯特林格、彼得·安德鲁著，王传超、李大伟译，王重阳校：《人类通史》，北京：北京大学出版社，2016年，第84页。

形成，此后发生过至少两次大规模扩张和三次大规模收缩。[①] 中更新世中期湖泊逐渐消亡。[②] 泥河湾古湖形成和演变过程中形成了非常厚的湖相沉积物。湖相层中发现有丰富的旧石器时代遗址，地层堆积的变化记录了湖泊的多次进退。[③] 飞梁遗址位于泥河湾盆地东部，时代为早更新世晚期。文化层厚约50cm，其中自然堆积物为灰黄色粉砂或灰绿色黏土，由灰黄色粉砂构成的层位中存在清晰的水平层理，反映了水动力不强的湖泊堆积环境。遗址中动物骨骼和石制品的风化程度均较轻，棱角锋利，磨损程度不强；中型石制品与小型、微型石制品共存，以小型为主；石制品组合包含石核、石片、工具和废品；石制品存在四个集中分布区；石制品的拼合率为17.59%，大部分拼合石制品的平面距离不大，拼合组与石制品集中分布区在空间上较为紧密关联。[④] 这些特征以及自然堆积物特征指示遗物可能没有经过显著的搬运。需要注意的是，该遗址中小于20mm的石制品的比例仅为14.81%，小于20mm的动物骨骼占17.5%。另外，有些拼合石制品垂直距离在20cm左右，甚至超过20cm。因此，埋藏过程中遗物受到扰动的程度和作用因素还有待进一步思考与分析。

德国北部的薛宁根13Ⅱ（Schöningen13Ⅱ）（文中简称薛宁根遗址）是中更新世的一处湖滨遗址。大部分文化遗存发现于富含有机物的层位——第4层（包括4a，4b，4b/c以及4c的顶部），少量发现于第5层。这些层位中发现有保存良好的木质标枪，因而也被统称为"标枪层"。"标枪层"发现有一万多件动物遗存、一千多件燧石石制品以及740件木质工具遗存。遗存埋藏在颗粒很细的沉积物之中，其中几乎不包含天然砾石和粗砂。遗存的分布区域（长60m、

① 夏正楷：《大同—阳原盆地古泥河湾湖的岸线变化》，《地理研究》，1992年第2期，第52—59页。

② 谢飞、李珺、刘连强：《泥河湾旧石器文化》，石家庄：花山文艺出版社，2006年，第8—10页。

③ 夏正楷编著：《环境考古学：理论与实践》，北京：北京大学出版社，2012年，第62页。

④ 谢飞、李珺、刘连强：《泥河湾旧石器文化》，石家庄：花山文艺出版社，2006年，第67—80页。

宽 10m 的带状分布区）位于古湖滨潮湿的环境中，湖泊水位曾经发生不同程度涨落变化。标枪层的大量动物遗存，燧石石制品和木质工具在空间上有着密切关系。遗物存在不同尺寸等级，倾向非常随机，没有分选现象。石制品组合中包含一定比例的小于 20mm 的碎片，但是缺少非常细碎的骨骼。从上述特征看，遗存总体上为原地埋藏。尽管可能发生了小尺度的位移，但遗存受水流改造的程度非常有限。[1] 关于遗址保存状况的判断可以进一步从石制品类型构成、不同类型所占比例以及拼合状况中寻找线索。

河流阶地是过去不同时期的河谷底部，由于河流下切侵蚀，被抬升至一般洪水期水面以上，呈阶梯状分布在河谷谷坡上的地貌（图 1-11）。分布在阶地面上的遗址反映河流下切之后人类在阶地上的活动。阶地面平坦开阔，一般洪水无法到达将其覆盖，为人类提供生活空间，特别适于定居且从事农业耕种的人群。我国新石器时代诸多遗址分布在阶地上，例如青海喇家地区齐家文化遗址、中原地区伊洛河流域的遗址等。[2] 然而，在异常大洪水事件中，阶地有可能被淹没，例如青海喇家遗址。[3] 旧石器时代的人群以狩猎采集为生，流动性强。与阶地比较，河漫滩、湖滨、海滨离水源更近，便于人类取水，并且这些地方动物和植物资源丰富，更适合狩猎采集活动。目前所发现的旧石器时代露天遗址大多数处于河漫滩或湖滨。然而，旧石器时代人群出于某些原因也有可能在阶地上短暂生活、活动，在阶地面上留下遗存。在地貌调查和研究中我们特别要注意区分遗址是位于阶地面上，还是埋藏在阶地内的河漫滩沉积物中。前者代表了河流下切、阶地形成之后人类在阶地上的活动，而后者则代表人类在阶地形成之前的河漫滩上的活动。

---

[1] Böhner, U., Serangeli, J., Richter, P., et al., "The Spear Horizon: First spatial analysis of the Schöningen site 13 II-4", *Journal of Human Evolution* Vol. 89 (2015): pp. 202-213.

[2] 夏正楷编著：《环境考古学：理论与实践》，北京：北京大学出版社，2012 年，第 58—62 页。

[3] 夏正楷、杨晓燕：《我国北方 4kaB. P. 前后异常洪水事件的初步研究》，《第四纪研究》，2003 年第 6 期，第 667—674 页。

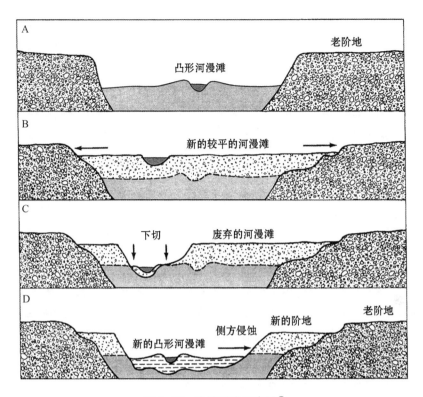

图 1-11　阶地形成示意图①

　　综上，对于旧石器时代露天遗址形成和变化过程的认识，我们首先要认识过去人类活动的地貌部位。在野外调查和发现过程中，特别要关注河流阶地中的河漫滩相堆积物（代表过去人类在河漫滩上的活动）、台地或裂谷中的湖相堆积物。然后，可以从以下方面寻找证据，就堆积过程、遗址的保存状况或改变以及人类占用遗址的特点进行分析②：（1）根据自然堆积物的粒度、均质性、是否存在层理结构等判断堆积物形成的作用因素、堆积动力的强弱等；（2）观察石制品的原料、类型构成、不同类型石制品磨损程度、动物骨骼

　　① Goldberg, P., Macphail, R., *Practical and Theoretical Geoarchaeology*, Malden, MA: Blackwell Publishing, 2006.

　　② Schick, K. D., Toth, N. P., *Making Silent Stones Speak: Human Evolution and the Dawn of Technology*, New York: Simon and Schuster, 1994.

的保存状况、改造痕迹、骨骼部位构成等特征；（3）观察遗物是否存在分选现象，较大尺寸遗物和微小遗物的存在比例及其空间关系。需要注意的是，如果较大尺寸遗物和微小遗物分布在不同区域，那么有可能反映人类行为和空间利用的本来面貌，也有可能是高能流水作用对遗物进行分选、再堆积造成的；（4）在细微的堆积单位和具体的埋藏环境中，观察遗物的分布密度与空间关系；（5）可拼合遗物在平面和垂直方向上的距离以及详细的分布位置。

四、 人类行为过程分析

1. 概述

人类对地点的占用是遗址形成过程研究的重要组成。"占用"在广义上包含对地点的选择利用、人类活动的内容、空间利用特点、占用时长、占用频率、占用强度等。遗址功能与占用过程是解读人群栖居模式、人群规模的前提 。[1]

旧石器时代人类对活动地点或营地的选择首先受到环境资源的影响。营地和屠宰地通常不会离水源太远，有可能位于动物季节性迁徙的路线上。然而，对于早期人类来说营地可能也不会太靠近水源，至少他们不会在这种地方过夜，因为这里虽然吸引有蹄类动物饮水、吃草，但常常也是食肉动物出没、捕食的地方。[2] 石器制造场可能位于某种石料的产地附近或者石料数量丰富的地方。总的来说，如果一处地点附近存在相对稳定的水源，存在丰富的、适合打制石器的原料，食物资源的可预测性和可获取性高，那么这个地点对于狩猎采集人群而言是比较理想的生活场所，人群有可能在这个地点

---

① Clark, A. E., "Time and space in the middle paleolithic: Spatial structure and occupation dynamics of seven open-air sites", *Evolutionary Anthropology: Issues, News, and Reviews* Vol. 25. 3 (2016): pp. 153-163.

② Binford, L. R., *In Pursuit of the Past: Decoding the Archaeological Record*, University of California Press, 2002.

或区域相对较长时期活动或多次反复活动。他们也会根据水资源和环境资源的（季节性）变化而流动，在特定区域内变换生活地点，也可能进行远距离迁移。

旧石器时代人类的活动包括狩猎、屠宰动物、处理和利用各类资源、打制石器、休息、举行仪式等。不同的占用目的和活动内容可以形成具有不同特点的遗址，例如营地、狩猎—屠宰点、石器打制加工场等。[①] 我们可以根据遗物类型组合、遗物特征、遗址空间结构判断遗址功能与人类活动的特点。

空间利用特点可以指对一个地点的利用。通过遗址大小与遗址结构（例如是否存在不同功能空间，如果存在的话不同功能空间如何关联）反映出来。占用时长指短暂栖居（几天）、临时栖居（几周）、季节性栖居（几个月）或半定居（一两年）、定居。遗址可能是在单次的长期占据事件后形成，也可能是多次短期占据事件的集合。占用频率由特定时间范围中人类占用一个地点次数的多寡来反映。占用时长与占用频率是人类与环境关系、人群流动特征的重要指示。对这两个方面的认识都需要尽可能准确、详细的年代以及对占用季节的判断作为支撑。占用强度与特定时期遗址占用时长或占用频率密切相关，同时也与人群规模有关。占用时间长或占用频率高通常表明较高的占用强度。占用时长与占用强度可以通过遗物的数量与密度、遗存类型组合、用火遗迹的数量与特征，遗存受到改造的情况以及遗存空间分布模式（例如是否存在明确的功能分区、是否存在分离的生活区与垃圾堆放区、遗物的空间分布模式是否一致、是否混乱）进行判断。火塘对于解读遗址结构和占用强度或反复性具有尤为重要的指示意义。在通过火塘提取栖居信息的时候，需特别注意分析同一个活动面或属于同一占用事件的火塘的功能或

---

① Isaac, G., "The food-sharing behavior of protohuman hominids", *Scientific American* Vol. 238. 4 (1978): pp. 90-109; Binford, L. R., *Nunamiut: Ethnoarchaeology*, New York: Academic Press, 1978.

关联。如果同时存在多个火塘，且不同火塘的功能存在差别，那么可能反映了在人群规模较小的情况下的活动方式以及相对简单的社会组织。如果同一占据事件中的多个火塘具有相同或相似的功能，则要考虑存在不同家庭或社会生活单位的人群共同生活的可能，可能与相对复杂的群体组织结构有关。如果遗址中同时存在建筑物，可以区分出室内与室外空间，或者区分出小的家庭活动单元与大的集体活动单元，则也可能反映较为复杂的社会组织。空间利用也可以指人类对一个活动区域的选择利用以及在这个区域内的流动，例如迁移营地或者后勤移动。考古学上，可以由遗址的占用过程反映出来，我们可以通过遗物数量、类型组合以及遗物特征，区域内不同功能或类型遗址的共存，以及遗址间关系进行分析讨论。受限于旧石器时代遗址同时性判断的难度，遗址埋藏过程的差异，考古学上对人群流动模式更多地依赖于遗物数量与密度、遗物组合与特征（例如石器技术组织），资源丰度、资源分布、人类的生计策略进行推断。[1]

遗物组合与遗物空间分布是判断遗址功能与占用过程最常用的依据。东非发现的很多早更新世露天遗址中石器和动物遗存共存，有的遗址中还存在较多石块。在过去的研究中，有学者根据动物骨骼与石器的共存及其组合特征把更新世遗址分成：（1）石器加工场，含有密集分布的石制品，动物遗存相对缺乏。（2）狩猎—屠宰点，包含大型动物尸骨，骨架的完整程度因遗址而异。动物骨骼附近存在石器。石器数量、石器与动物骨骼的距离因遗址而异。（3）基本营地，含有数量大、密集分布的石制品和动物遗存，是人类在短时

---

① Clark, A. E., "Time and space in the middle paleolithic: Spatial structure and occupation dynamics of seven open-air sites", *Evolutionary Anthropology: Issues, News, and Reviews* Vol. 25. 3 (2016): pp. 153-163.

间内多次、反复占用遗址的结果。① 营地中的动物骨骼所属的动物种类通常比较多样，包含多个个体，通常不见较为完整的骨架②；石制品组合包含成型工具和大量打制过程中的副产品，工具种类丰富。然而，地质作用、生物作用等影响着考古材料的堆积和保存。石制品和动物骨头的共存可以在很多原因下形成，不一定与狩猎、屠宰等人类活动有关。流水可以把石制品、动物骨头搬走，把它们堆积到能量低的地方，它们可以在偶然的情况下聚集在一起。动物骨骼很容易在食肉动物或鸟类捕食活动中堆积起来，特别是在水源附近，食肉动物经常捕杀和啃食猎物，鬣狗还会把其他地方的骨骼拖拽到一起啃咬。大型食肉动物还会排泄出小骨头，经过一段时间，也可以形成骨骼堆积。如果食肉类动物在人类曾经打石器的地方消费了猎物，形成了骨骼堆积，那么石器和骨骼之间并不能够反映或者不能够全部反映原地的人类行为，因此不能根据石器和骨骼的共存判断某个地点是人类生活的营地。此外，屠宰地点、垃圾丢弃区都可以产生动物骨骼与石器的组合。屠宰地点中，可能既发生屠宰活动，也发生消费和分享食物、制作工具等活动。另一方面，同一个遗址中的不同占用事件会形成不同类型的遗存组合，比如民族学资料显示同一个地点可能在不同季节或不同时期出于不同目的被占用，比如现代狩猎人群在夏季为了充分捕获鱼类而栖居在一个湖滨地点，秋季在这个地点进行狩猎瞭望活动，而冬季为了获得燃料资源再次居住在那里。③ 两个整体上具有相同或相似功能的地点也可能由于不同的占用模式而形成不同的内部堆积结构。以色列哈约尼姆（Hay-

① Isaac, G., "The food-sharing behavior of protohuman hominids", *Scientific American* Vol. 238. 4 (1978): pp. 90-109.

② Chazan, M., Horwitz, L. K., "Finding the message in intricacy: the association of lithics and fauna on Lower Paleolithic multiple carcass sites", *Journal of Anthropological Archaeology* Vol. 25. 4 (2006): pp. 436-447.

③ 路易斯·宾福德等，陈胜前译：《追寻人类的过去：解释考古材料》，上海：上海三联书店，2013年，第122页。

onim）和科巴拉（Kebara）洞穴遗址中旧石器时代中期堆积的研究表明：前者曾被反复占用，并且堆积速率较慢（大约 10000—15000年的时间堆积 1m³ 的堆积物），但是从较低的遗物分布密度来看，人类占据比较短暂。后者则反映出连续相同的空间占用模式以及空间划分，与人类的频繁占用有关。[①] 总之，仅根据遗物组合或集中共存现象判断遗址性质、类型以及占用过程是非常危险的，我们必须以确定其与人类活动存在关系并且为原地堆积为前提[②]，在尽可能识别详细的堆积单位和堆积环境的基础上，对遗址进行分析。

遗址结构，包括堆积单位或堆积结构、遗物和遗迹的密度、空间关系等是探讨遗址占用过程的重要内容，能够为我们分析占据形式、占据时长、空间利用、食物和原料资源的开发利用等方面提供大量信息。活动面是旧石器时代遗址中常见的空间结构，也是常用的空间分析单位。狭义的活动面指古代人类生活的地面。这种地面在埋藏过程中很难保存下来，即使得以保存，想要将其完整地识别出来也是具有很大难度的。广义的活动面通常指一个独立的、没有经过强烈扰动的人类活动形成的堆积层面。这个层面中的遗物组合以及空间关系可反映一定时期内人类在遗址上活动的特点。因此，广义活动面经常被视为遗址内部结构和占用特点分析的基础，但是我们需要考虑到活动面的形成和变化（识别露天遗址中的活动面时要特别谨慎，因为地质活动容易造成次生堆积，遗物的共存可能不是或者不完全是人类活动的结果）。活动面中的遗存有可能形成于单

① Meignen, L., Bar-Yosef, O., Speth, J. D., et al., "Middle Paleolithic settlement patterns in the Levant", In: Hovers, E., Kuhn, S., (eds.), *Transitions before the Transition: Evolution and Stability in the Middle Paleolithic and Middle Stone Age*, Boston: Springer, 2006, pp. 149-169.

② Dibble, H. L., Chase, P. G., McPherron, S. P., et al., "Testing the reality of a 'living floor' with archaeological data", *American Antiquity* Vol. 62. 4 (1997): pp. 629-651; Butzer, K. W., *Archaeology as Human Ecology: Method and Theory for a Contextual Approach*, Cambridge: Cambridge University Press, 1982.

次活动事件，也可能来自时间间隔较短的多次活动事件，每一次事件中的活动内容可能非常多样。人类活动内容的多样性和占用模式的多种可能性导致活动面形成的复杂性，造成通过活动面提取人类行为信息的难度。在发掘遗址时我们经常划分出一个较大、较厚的堆积单位，不能够对其进行更细致的区分，并且将其作为考古材料分析的单位，出自同一地层的石器或骨骼往往被关联在一起，一个层位中所有共存的遗存被看作同一占用事件的结果。事实上，这些材料在这一层中的具体位置有可能是存在区别的，有的更接近底面，有的更接近顶面，这种情况下，它们有可能不属于同一活动事件。即使垂直方向上分布在相同或相近位置，也可能源于不同活动事件。如果同一遗址中几个逐次堆积的人类活动面被快速堆积的自然堆积物分隔开，那么我们或许可以划分出不同的占据事件。然而，在更多情况下，对旧石器时代遗址中不同占据事件的划分是非常困难的事情，我们可以通过火塘的尺寸、密度、多个用火遗迹之间的分布关系进行识别和分析。受保存状况或遗址占据特点的影响，在缺乏用火遗迹的情况下，遗物，特别是石制品的空间分布①，以及自然作用下的石块堆积的空间分布及其与人类活动遗存的空间关系也能够提供重要线索。无论如何，在发掘过程中对堆积单位进行细致的观察和划分，注意地层堆积的同期异相特征，并对细化的堆积单位进行年代测定，建立详细的年代序列（可靠的年代以及尽可能详细的年代序列是解读遗址内部环境变化、判断堆积速率、遗址占用频率和强度、遗址废弃模式的重要基础。如果一个遗址只测定一个或2—3个年代，我们则无法确定堆积单位之间在时间上的关联，失去了解

---

① Clark, A. E., "Time and space in the middle paleolithic: Spatial structure and occupation dynamics of seven open-air sites", *Evolutionary Anthropology: Issues, News, and Reviews* Vol. 25. 3 (2016): pp. 153-163; Clark, A. E., "From activity areas to occupational histories: new methods to document the formation of spatial structure in hunter-gatherer sites", *Journal of Archaeological Method and Theory* Vol. 24. 4 (2017): pp. 1300-1325.

读人类行为过程的可靠框架）是十分必要的。在此基础上，尽可能识别和区分人类活动事件，避免把一个地层或一处遗址笼统地看作人类一次活动或是某种单一活动类型的结果。

此外，人类的很多活动是在遗址内不同区域开展的，不同活动发生的环境或社会背景可能不同，从而形成特定的堆积结构。因此，遗址空间结构分析可以帮助我们提取有关人类行为方式的更多可靠线索，进而复原人类利用空间的行为特点。

综上，旧石器时代遗址的埋藏学研究不能只专注于对遗址原地埋藏性质和总体功能的判断，应当在尽可能详细的时空框架中，通过分析遗址形成的环境背景、遗存的埋藏特征、特定堆积单位的空间结构对人类占用遗址的行为做充分思考与谨慎解读。开展这些分析的基础是在发掘阶段仔细观察堆积单位的变化、遗物的埋藏环境、文化遗存之间的空间和特征关联；在研究中充分考虑到考古材料在埋藏过程中发生的变化。需要注意的是，流水作用、成岩作用、食肉动物活动等都可能在一定程度上改变遗物的空间分布特点，甚至使其原始的"样貌"消失。[1] 遗址空间结构分析和空间利用行为解读的前提是考古材料得到了较好的保存，经过显著搬运和较大扰动的堆积不能作为分析对象。

下面结合具体案例对不同占用特点遗址的形成过程的研究视角与研究方法，以及研究中需要注意的问题展开讨论。

2. 基本营地的分析与研究案例

基本营地（简称营地）是狩猎采集人群日常生活、工作和休息的空间，也是社会活动（例如分享食物、交流）的中心。[2] 营地通常包含处理和加工食物、制作和使用工具、用火、倾倒垃圾与空间

---

① Schick, K. D., Toth, N. P., *Making Silent Stones Speak: Human Evolution and the Dawn of Technology*, New York: Simon and Schuster, 1994.

② Isaac, G., "The food-sharing behavior of protohuman hominids", *Scientific American* Vol. 238. 4 (1978): pp. 90–109.

维护等行为留下的证据。有的营地在相对较长时间里（比如几周、几个月或一年）被占用，有的在一定的时间范围内或特定的季节被反复占用。营地的占用特点与环境的波动、资源的可获性与季节性、人群的流动性、人口规模以及社会关系密切相关。① 欧洲诸多旧石器时代晚期遗址的分析显示人类对营地位置的选择与驯鹿群或马群的季节性迁徙有关，遗址位于动物迁徙路线上。人类对这种地点的占用增强了他们对资源的预测，可以保证他们获得较为充分的食物资源。德国西南部的弗戈赫尔德（Vogelherd）洞穴靠近水源、洞口朝南、位于驯鹿迁徙路线上，所在区域拥有丰富的打制石器的优质原料，是奥瑞纳文化时期被人类反复占用的重要原因，该洞穴成为了本地栖居系统中的重要组成。事实上，弗戈赫尔德洞穴所在的施瓦比河谷的不同地点被旧石器时代晚期人类占用的强度都很高，人类活动非常频繁。②

通常，长期营地中遗存数量多、密度大、种类相对丰富，常见用火遗存、人类屠宰和消费动物留下的骨骼、打制的石制品，还可能存在建筑、储藏设施等。遗存可能会存在较为稳定的空间分布，但前提是遗址废弃后被迅速掩埋，以后也没有受到较大程度的改造。相较于长期营地，短期或临时性营地中遗物密度通常较低，堆积厚度较薄。当然，遗物的数量和密度并不是判断遗址占用时间长短和人群规模的绝对依据。③ 长期营地中的遗物数量也不一定非常多，因为人们会对生活空间进行清理和打扫，灰堆、垃圾可能会被扫走，堆在活动中心区以外或营地外围的某个区域。

狩猎采集人群在营地的活动经常围绕火塘开展。火塘是人类行

---

① Meignen, L., Bar-Yosef, O., Speth, J. D., et al., "Middle Paleolithic settlement patterns in the Levant", In: Hovers, E., Kuhn, S., (eds.), *Transitions before the Transition: Evolution and Stability in the Middle Paleolithic and Middle Stone Age*, Boston: Springer, 2006, pp. 149-169.

② Niven, L., *The Palaeolithic Occupation of Vogelherd Cave: Implications for the Subsistence Behavior of Late Neanderthals and Early Modern Humans* (Tübingen publications in prehistory). Tübingen: Kerns, 2006.

③ 路易斯·宾福德著，陈胜前译：《追寻人类的过去：解释考古材料》，上海：上海三联书店，2009年，第137页。

为在空间上关联的纽带，因而成为旧石器时代遗址结构与遗址占用特点分析的核心。对现代狩猎采集部落的观察发现：人们围着火塘工作时会位于离火塘稍远一点的地方，这是为了确保每个人有充分的工作或活动空间。当遗址上存在多个火塘时，我们需要对火塘的同时性进行判断。这些火塘可能来自同一占据事件，具有不同或相同的功能，也可能形成于多个占据事件。人类围绕火塘活动会在火塘周围形成废弃物，不同个体活动时产生的废弃物会发生重叠。宾福德（Binford）曾提出火塘使用及遗物空间分布的一个模型①：当人们围着火塘打石器或敲骨取髓时，火塘周围会形成小型、微小型石制品和动物骨头组成的"掉落区"，位于工作区域原地；而较大的石制品和大块动物骨头常被扔到身后距离火塘远一些的地方，形成垃圾丢弃区（图1-12）。这个模型为出土遗物的空间分析、人类的空间利用行为提供了重要参考。然而，这个模型展现的是一种理想化的情形，遗址所记录的情况要复杂得多。首先，如果遗址上存在多处火塘，那么废弃物的分布和堆积结构可能更加复杂，需要对每一处火塘的结构进行解剖、分析，然后把不同火塘及其周围的遗物或废弃物的空间关系结合起来研究，这对于探讨人类的动态行为以及行为关联尤为关键。其次，需要考虑到遗存的分布受到人类空间维护活动而发生改变的可能。如果遗址曾经作为营地被较长时间占用或被反复占用，人们经常对生活空间进行清理，那么"掉落区"所留下的只有那些非常微小的遗物，或者不存在明显的"丢弃区"，遗物会在居住空间以外或者距离火塘较远的区域集中分布。再者，遗物的分布在其他作用力的干扰和破坏下，也可能发生不同程度的改变。因此，仅依据上述模型对遗址空间结构和人类行为进行推断和复原的话就会出现问题或偏差。营地遗址中还可能会发现缺少遗物的空白区。从人类行为的角度讲，这个空白区可能是人类睡觉休息的区域，也可能是屠宰动物的地方（屠宰时需要将动物尸体放在

---

① Binford, L. R., "Dimensional analysis of behavior and site structure: learning from an Eskimo huntingstand", *American Antiquity* Vol. 43. 3 (1978): pp. 330-361.

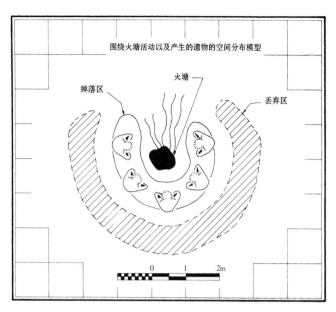

图1-12　人类围绕火塘活动的空间模型①

一块干净的地方，屠宰场地的边缘因而会形成废弃物堆积，其中既包含动物遗存，也可能包含屠宰用的工具）。② 然而，有一种情况是：空白区其实并不是"空白"的，而是由于动物骨骼、灰烬、植物遗存等没有被保存下来，或者超出了肉眼识别的范围。

　　潘色旺位于法国北部塞纳河畔，是一处旧石器时代晚期马格德林文化的露天遗址。堆积形成时的古地貌部位是河漫滩，自然堆积物以细颗粒物为主。遗址包含一系列活动面，每个活动面被每年泛滥的洪水掩埋。多个活动面堆积反映出人类曾至少10次占用该地点。遗址中包含大量火塘（其中一个活动面发现了几十个火塘，火塘大多结构清晰、保存良好）、动物骨头（绝大部分属于鹿类）、燧石石器（有些带有狩猎和屠宰产生的使用痕迹）。遗存没有被明显搬

① Binford, L. R., "Dimensional analysis of behavior and site structure: learning from an Eskimo huntingstand", *American Antiquity* Vol. 43. 3 (1978): pp. 330-361.

② Binford, L. R., *In Pursuit of the Past: Decoding the Archaeological Record*, California: University of California Press, 2002.

运和改造破坏的特征。动物遗存和燧石石器的研究揭示出人类占用该地点过程中屠宰动物和打制石器行为的特点、人群的流动性和栖居结构。[①] 潘色旺位于驯鹿季节性迁徙的必经之路，猎人们在这里伏击，可以获得大量的食物资源。因此，人类至少在秋季来到这里生活，并且反复栖居于此。发掘过程中工作人员对遗存的出土背景做了详细记录。对遗物的密度、火塘之间的空间关系以及同一个体的驯鹿骨骼在空间上的关联和石制品的拼合关系的研究发现，遗址中存在不同居住或活动单位，并且它们是同一时期的。遗址内部可以分为中央区（高密度区）和周边区（分布在中央区两边的密度较低以及一些模糊不清的小单位所构成的区域）（图1-13）。动物骨头分布在中央区的各个单位中，数量远高于周边区。琢背细石叶在中央区也是最多的（再加工的燧石工具在周边区是最多的），有些石器上具有使用痕迹。中央区还发现有多处火塘清理遗迹以及堆放垃圾的地方。[②] 中央区应当是使用石器、消费食物的地方，是主要的日常活动场所。火塘后边的空间可能与休息有关（图1-14）。周边区以制作加工工具为主，伴有少量食物消费活动，废弃物散乱分布，没有集中的堆放点，有些烧裂的石块被扔到火塘外边。燧石石制品在空间上的关联把中央区和周边区联系起来（图1-14），表明周边区有可能是公共的工具加工与再加工区域。

以色列哈约尼姆（Hayonim）遗址是一处包含旧石器时代中期堆积的洞穴遗址，含有很多人类活动成因的堆积物——用火遗迹、石制品、动物骨骼等。火塘的厚度非常薄，平面上的分布分散。微形态和植硅石分析显示，人类使用洞穴附近的灌木或小树枝作为燃料，

---

① Bahn, P. G., "Archaeology: New finds at Pincevent", *Nature* Vol. 304. 5928 (1983): pp. 682-683.

② 米歇尔·余莲著，孙建民译，何竟校：《旧石器时代社会的民族学研究试探——以潘色旺遗址的营地为例》，《华夏考古》，2002年第3期，第89—99页。

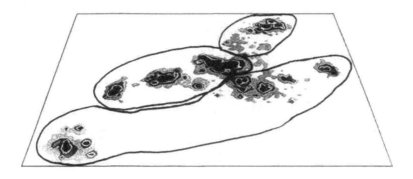

图1-13　潘色旺遗址不同的密度区，以及中心区和周边区分布①

（颜色越深、遗物密度越高）

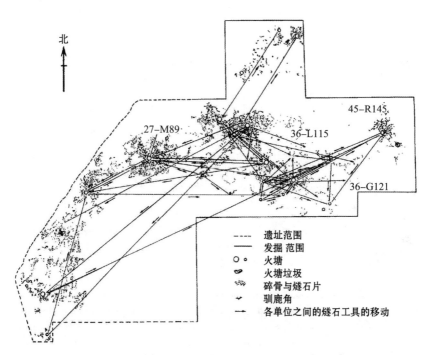

北

27-M89

45-R145

36-L115

36-G121

- - - - 遗址范围
———— 发掘范围
○○ 火塘
　　 火塘垃圾
　　 碎骨与燧石片
　　 驯鹿角
→　　各单位之间的燧石工具的移动

图1-14　潘色旺遗址遗存的平面分布与空间关系②

---

① 米歇尔·余莲著，孙建民译，何竟校：《旧石器时代社会的民族学研究试探——以潘色旺遗址的营地为例》，《华夏考古》，2002年第3期，第89—99页。

② 同上。

体现了一种权宜的用火策略。[1] 火塘被严重反复踩踏过,总体保存状况不佳。[2] 石制品的分布密度相对较低,每立方米的堆积物中含有200—320件石制品。动物遗存的分布密度也很低。没有证据表明这一时期食肉动物在洞穴中活动并对人类活动堆积物造成破坏。遗址中包含大量微型脊椎动物遗存,特别是啮齿类,是猫头鹰在洞穴中活动的结果。遗址堆积的年代序列、石制品和动物遗存较低的分布密度、火塘被反复踩踏的特点以及大量啮齿动物遗存的存在,表明人类反复在哈约尼姆(Hayonim)洞穴中活动,但通常比较短暂,并且不同占据事件的时间间隔较长。[3]

与哈约尼姆(Hayonim)遗址处于同一地区的科巴拉(Kebara)遗址旧石器时代中期的堆积反映了不同的占用模式。在距今60000年前至距今57000年前之间形成了2米厚的堆积。遗址中石制品和动物遗存的密度很高。每立方米的堆积中存在1000—1200件石制品。这些现象反映了较高的堆积速率。遗址中有很多保存完整的火塘,火塘堆积的厚度较大。火塘受到的踩踏改造非常少,很可能是由于人类反复、高强度用火不断形成的新的燃烧遗存在很短时间里掩盖了以前的燃烧遗存。[4] 空间分析显示:从 XI 层到 IX 层,不同的

---

① Albert, R. M., Bar-Yosef, O., Meignen, L., et al., "Quantitative phytolith study of hearths from the Natufian and Middle Palaeolithic levels of Hayonim Cave (Galilee, Israel)", *Journal of Archaeological Science* Vol. 30. 4 (2003): pp. 461-480.

② Goldberg, P., Bar-Yosef, O., "Site formation processes in Kebara and Hayonim caves and their significance in Levantine prehistoric caves", In: Akazawa, T., Aoki, K., Bar-Yosef, O., (eds.) *Neandertals and Modern Humans in Western Asia*, Boston, MA: Springer, 1998, pp. 107-125; Weiner, S., Schiegl, S., Goldberg, P., et al., "Mineral assemblages in Kebara and Hayonim caves, Israel: excavation strategies, bone preservation, and wood ash remnants", *Israel Journal of Chemistry* Vol. 35. 2 (1995): pp. 143-154.

③ Meignen, L., Goldberg, P., Bar-Yosef, O., "Together in the field: interdisciplinary work in Kebara and Hayonim caves (Israel)", *Archaeological and Anthropological Sciences* Vol. 9. 8 (2017): pp. 1603-1612.

④ Meignen, L., Bar-Yosef, O., Goldberg, P., "Les structures de combustion moustériennes de la grotte de Kébara (Mont Carmel, Israël). *Nature et Fonction des Foyers Préhistoriques*", *Nemours: Mémoires du Musée de Préhistoire d'Ile de France* Vol. 2 (1989): pp. 141-146.

占据阶段都存在人类对生活空间的组织安排。中央区域是主活动区，分布着火塘，人类在这个区域中生火用火、打制石器、加工和消费动物资源；靠近洞穴北部的区域是垃圾区，其中包含大量石制品废弃物、大量"食余垃圾"——破裂、破碎的动物骨骼。垃圾区分布在主活动区的外围边缘，这种结构反映了垃圾的清理和逐渐堆积的过程。遗址中缺乏微小型脊椎动物，表明猫头鹰极少在洞穴中栖居。堆积物构成和遗址空间结构说明人类将洞穴作为基本营地长期、高强度占用。[1]

我国河南老奶奶庙遗址的第3层是主要文化层，其中3F层是文化遗存最为丰富、数量和密度最大的层位之一。遗物的产状分布没有明显规律，石制品和骨骼的磨损程度不高、分选性差。遗物中含有大量小于20mm的石制品碎屑以及碎骨。石制品碎屑所占比例高达87%。[2] 这些特征表明遗存没有经过流水的显著搬运和改造。3F层遗物分布密度很高，尤其在发掘区南部。根据其他层位的发掘和研究所获信息，以遗址形成过程中的堆积速率而言，3F层应该是相对较长时间内多个占据事件留下的堆积叠加在一起的结果。该层中多个火塘的周围都存在密集的遗物分布，不同火塘周边的不同功能区相互叠加在一起，这说明火塘不都是同一占据事件留下的。另一方面，不同火塘的功能有所不同。火塘A、B、C之间发现鹿角的集中分布区，但火塘D、E、F和G都不存在这种现象。鸵鸟蛋壳碎片在火塘D、E、F和G周边分布密度相对较高，而火塘A、B、C周边分布很少。在周围分布较多鸵鸟蛋壳的火塘之中，有两处火塘周

① Meignen, L., Goldberg, P., Bar-Yosef, O., "Together in the field: interdisciplinary work in Kebara and Hayonim caves (Israel)", *Archaeological and Anthropological Sciences* Vol. 9. 8 (2017): pp. 1603-1612; Meignen, L., Bar-Yosef, O., Speth, J. D., et al., "Middle Paleolithic settlement patterns in the Levant", In: Hovers, E., Kuhn, S., (eds.), *Transitions before the Transition: Evolution and Stability in the Middle Paleolithic and Middle Stone Age*, Boston: Springer, 2006, pp. 149-169.

② 陈宥成：《嵩山东麓MIS3阶段人群石器技术与行为模式——郑州老奶奶庙遗址研究》，北京大学博士学位论文，2015年。

围还分布有大量石英石制品，可能发生了石器打制活动（石英是这个地区人类打制石器主要使用的原料）。火塘 C、D、E 之间存在数量较多的红色砂岩石块（红色砂岩石块尺寸较大、大多数石块具有平整的面，这种石料不适合打制石制品），而其他火塘附近则较少见到，说明有些火塘的设置和使用过程中可能伴随着石块的利用。总之，处理鹿角、消费鸵鸟蛋和利用红色砂岩这三种不同行为留下的遗存集中分布在不同的火塘附近，同时火塘不同侧位的功能也有所差别（图 1-15）。

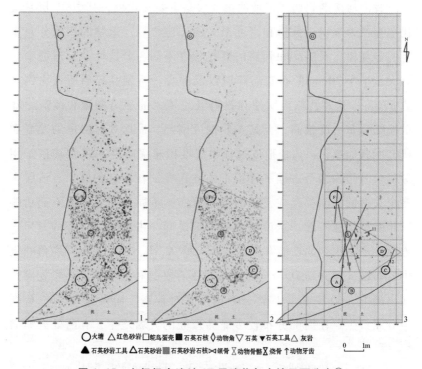

○火塘　△红色砂岩□鸵鸟蛋壳■石英石核◇动物角▽石英▼石英工具△灰岩
▲石英砂岩工具△石英砂岩■石英砂岩石核▷◁颌骨╳动物骨骼╳烧骨↑动物牙齿

0　　1m

图 1-15　老奶奶庙遗址 3F 层遗物与火塘平面分布①

（1. 3F 层遗物总分布；2. 3F 层动物遗存分布；3. 3F 层红色砂岩石块平面分布（黑色直线表示红色砂岩的可拼合关系）

① 陈宥成、曲彤丽、汪松枝等：《郑州老奶奶庙遗址空间结构初步研究》，《中原文物》，2020 年第 3 期，第 41—50 页。

然而，从火塘的距离和位置关系来看，多数火塘之间存在关联（如果不同功能的火塘没有关联，但它们分别代表一定时期内多次没有关联的占据事件［可能属于不同人群］，那么这些火塘聚集在同一区域的概率是很低的），不能排除它们来自相对长期的同一人群反复占据事件的可能。3F层遗物密度高，火塘数量多，火塘功能多且复杂。石制品和动物遗存分析揭示出遗址上完整的石器生产程序，以及人类狩猎、搬运、屠宰利用动物资源的活动，结合遗存的空间结构以及人类利用空间的模式来看，该地点应当是被人类相对长期、反复占用的基本营地。另一方面，老奶奶庙遗址的火塘结构总体上简单，不同活动内容在空间上的分离模式，反映了人口规模较小的情况下较为简单的群体结构。[①] 当然，有关遗址占用频率或反复占据模式还需结合详细的测年数据以及更高分辨率的堆积单位的识别来做进一步讨论。

　　宁夏水洞沟遗址第2地点是一处旧石器时代晚期的露天遗址，包含5个文化层，出土了包含石制品、动物骨头、烧骨、炭屑、鸵鸟蛋壳装饰品在内的大量丰富遗存。遗物埋藏在细颗粒的粉砂堆积中。在第1—3文化层中，小于20mm的微小遗物占56.66%。石制品的磨损程度较轻，石制品倾向的分布比较随机。这些特征表明遗物受到流水作用扰动和改造的程度比较有限。第2文化层中的遗存最为丰富，特别是含有7个火塘。火塘面积最大为4m^2，最小为1m^2。火塘尺寸以及不同火塘之间的空间分布结构表明7个火塘不都是同时形成的，至少代表了两次居住事件，而同一居住事件中可能最多同时存在5个火塘（图1-16）。从遗物分布看，火塘中散布着石制品碎屑、鸵鸟蛋壳碎片、烧骨等。火塘H1—H4周围的遗物最为密集，石器工具主要分布在这些火塘周围；H5、H6遗物密集度次之，H7周围的遗物数量和种类都少。火塘H2面积最大，与H1、H3、H4

---

① 陈宥成、曲彤丽、汪松枝等：《郑州老奶奶庙遗址空间结构初步研究》，《中原文物》，2020年第3期，第41—50页。

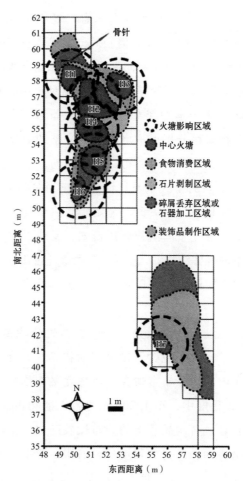

图 1-16　水洞沟第 2 地点第 2 文化层火塘分布和功能区域①

的分布非常紧密，不代表同时期的用火行为，这也可能是造成这些火塘周围遗物最为密集丰富的原因。如果同时期存在 5 个火塘，那么它们反映了人类在这个地点制作工具、制作装饰品、消费食物、缝制衣物等多种活动。以上特征表明第 2 文化层具有营地堆积的性质，并且是人类多次反复占用所形成的。②

①　关莹、高星、王惠民等：《水洞沟旧石器时代晚期遗址结构的空间利用分析》，《科学通报》2011 年第 33 期，第 2797—2803 页。
②　同上。

3. 石器加工场的分析与研究案例

石器加工场是人类集中打制石器的场所，在很多情况下属于临时活动场所。从理论上来说，这类遗址的文化层厚度应当不高，且遗物构成相对单一，以大量密集分布的石制品为主。石制品通常由石料、石锤、石核、石片、断块、碎屑、工具构成。毛坯和副产品或废品一般比较多，而工具、特别是精致工具比较少。遗物中还可能存在与打击、修理石器有关的骨角工具，也可能存在与临时性的食物消费或石料热处理等有关的用火遗存，但通常缺乏使用强度大、功能多样的用火遗迹。石器加工场中动物遗存数量通常有限或不存在。除了位于河漫滩、湖滨，石器制造场也可能位于岩石露头的山坡上。如果位于山坡上，那么经过长时间的风化、剥蚀和侵蚀作用，石制品堆积会受到搬运和改造，这种情况下其年代难以确定。[①]

河南西施遗址位于嵩山东麓的低山丘陵区，是旧石器时代晚期的一处露天遗址。地貌调查以及较致密的黄色粉砂黏土为主要构成的自然堆积物表明当时人类的活动位于河漫滩上。遗址附近存在燧石和白云质灰岩的基岩露头。石制品是唯一的出土遗物类型，集中分布在第 2c 层中下部厚 30cm 的堆积之中（2c 层的年代为距今 2.5 万年［校正后］）。大多数石制品没有风化、磨损，产状没有显示规律性分布。石制品组合包含了大量石核、石叶、石叶生产过程中产生的石片以及工具。石制品中存在 4 个拼合组，每个拼合组由 2 件石制品组成，其中第一拼合组石制品的垂直距离相同，平面距离很近。第二拼合组的石制品垂直距离较远，为 10cm。第四拼合组的两件石叶处于两个相近的操作链环节，二者垂直距离很小，但平面距离较大。[②] 从自然堆积物特征、石制品产状、石制品磨损状况、拼合距离来看，石制品总体上没有经过显著自然作用的搬运和破坏。然

---

① 尤玉柱：《史前考古埋藏学概论》，北京：文物出版社，1989 年。
② 高霄旭：《西施旧石器遗址石制品研究》，北京大学硕士学位论文，2011 年。

而，该遗址拼合率为 0.09%，有些石制品的垂直距离相对较大。此外，石制品尺寸分布，特别是碎屑所占比例，不同类型和尺寸的石制品在空间分布上的特征尚不清楚。因此，该遗址的埋藏过程以及人类在该地点打制石器的动态过程仍有待进一步分析和解读。

4. 狩猎—屠宰地点的分析与研究案例

狩猎—屠宰地点是人类获取动物资源，并对其进行屠宰和加工的场所。这类场所会形成以动物骨骼以及处理、利用动物资源所用石器为主的堆积，有时也包含用火遗迹。如果一个遗址中同时包含石器和来自同一个动物个体的骨骼或来自同一种类动物的多个个体的骨骼，那么该遗址有可能是狩猎地点，当然，这需要在对堆积成因和堆积性质进行埋藏学分析的基础上进行判断。狩猎采集人群获取到动物资源后，特别是捕猎到较多个体时，他们可能会在狩猎地点或其附近对动物尸体进行屠宰和处理，因此这种地点基本不存在完整动物骨架。然而，有的狩猎地点存在废弃时呈现连接状态或仍保存在骨架中原始位置关系的一些尸骨，不过呈现这种分布状态的骨骼在家庭营地中却非常罕见。[①]

东非发现有根据上述特征被判断为狩猎地点的早更新世和中更新世遗址。例如，距今 180—170 万年前的坦桑尼亚奥杜威峡谷 FLK 北 6 遗址以及肯尼亚库比·福拉地区的 FxJj3 遗址分别发现了属于一头大象的骨骼和属于一只河马的骨骼，并且与石器共存。然而，如前文所述，我们在判断遗址类型和解读遗址功能时需要考虑到遗物埋藏历史的复杂性。有些所谓的狩猎地点的遗物组合有可能是在自然作用过程中形成的，特别是当遗址埋藏在河流相堆积中（水边是动物偏好的活动地点并且时常会发生自然死亡事件）。研究表明，这些遗址事实上存在着不同种类动物的骨骼混合在一起的现象，动物

---

① Domínguez-Rodrigo, M., "Butchery and kill sites", In: Pearsall, D. M. (ed.), *Encyclopedia of Archaeology*, Amsterdam: Elsevier/Academic Press, 2008, pp. 948-953.

骨骼上没有发现人类屠宰留下的痕迹，并且有些遗址中石器是分布在大型动物骨骼之下的，说明石器的埋藏可能先于骨骼，代表了不同的事件。还有研究发现 FLK 北 6 遗址中石制品和动物骨骼在功能上没有关联，二者在空间上的共存也不是人类行为造成的。当然，屠宰痕迹存在与否并不能完全说明问题，对现代狩猎采集部落的观察发现，狩猎者可以在骨头上不留下任何痕迹的情况下完成对大象或河马的屠宰，因此对动物骨骼堆积成因的分析以及对狩猎屠宰地点的识别还必须参考其他方面的证据和线索，比如骨骼部位构成特点、民族学资料中记录的猎物搬运策略等。非洲现代哈扎（Hadza）部落捕杀大型动物的地点通常靠近水源，在废弃后有可能形成大量密集的骨骼遗存。对于大于 400kg 的猎物来说，人们通常在狩猎地点屠宰、剥肉、获取骨髓，并就地消费，然后从骨头上割下一些肉带回营地。因此，有些狩猎地点保存有动物的绝大部分骨骼部位，头骨和脊椎骨通常聚集在一起，而长骨则散开分布。然而，对于小于 400kg 的猎物，受狩猎情境、文化习惯、客观条件——狩猎成员人数、狩猎点与营地的距离等多种因素的影响，人们对动物尸骨采取选择性搬运策略。对于羚羊，哈扎人更倾向于弃置肢骨，把脊椎骨带回营地。但是对于水牛，情况则相反。总体而言，这个人群猎取的动物的尸骨只有不到 30% 会保留在狩猎地点。

　　遗物共存关系及其空间结构的埋藏分析对于早期人类狩猎遗址的判断十分必要，应当综合动物骨骼部位构成、骨骼部位分布状态、骨骼上的改造痕迹、骨骼风化程度和破裂状况、地貌景观、石器类型组合等多方面线索，而不是依赖其中个别方面的特征。

　　韦尔布里（Verberie）是法国北部一处旧石器时代晚期马格德林文化的露天遗址。遗址由细颗粒物质——黏土和粉砂以及人类活动堆积物组成。考虑到遗址形成过程的复杂性，研究人员首先证明该地点曾被人类占据，遗存及其空间结构是人类活动所形成。遗址被洪水期的流水堆积物掩埋。洪水期的水流可以将遗存掩埋保存，也可以带走一些小的、轻的遗物或对遗物进行分选。遗址中不同尺寸的遗物共存（或者说遗存的尺寸分布范围较大），遗物的产状分布无规律，结合细颗粒的自然堆积物来看，遗址应当是被较缓的流水掩埋，没有受到强烈改造。人类活动堆积物以及它们（火塘、烧裂的石块、石器、打制石器过程中产生的废弃物、动物遗存）所构成的空间结构得到了很好的保存。遗址中包含若干个由文化遗物构成的透镜体状堆积，它们之间被不含遗物的自然堆积物分开。透镜体状堆积中包含火塘、燧石石制品、动物骨骼，它们以不同的分布结构关联在一起，这些透镜体可以被理解为活动面。[①] 遗址中包含大量动物遗存，以驯鹿的骨骼为主，还有少量来自猛犸象、野马、北极狐等多数适应于寒冷环境的动物种类。几个活动面中一共发现了至少代表 130 只驯鹿的 16000 多件动物遗存，在其中一个活动面上至少有 40 只驯鹿被屠宰。骨骼部位出现率显示：食物和营养价值相对较低的骨头较多地出现。在排除了骨密度对骨骼保存的影响以及非人为因素对动物骨骼堆积形成的影响后，可以判断当时人类很有可能在此处对迁徙途中的驯鹿一网打尽，然后进行屠宰。[②] 其中一个活动面上可以见到两个火塘之间堆积了大量多种类的废弃物——石制品、动物骨骼、烧骨、烧石块，这些遗物非常高的分布密度表明这个区域有可能是垃圾堆放区。遗址的空间结构还包括相对空白或遗物分布十分稀疏的区域。根据民族学观察，初步屠宰动物是一个十分混乱的过程，需要一大块空间，一般不会发生在火塘周围。[③] 因此，遗物稀疏区有可能是屠宰猎物的地方。[④] 多

①　Enloe, J., "Geological processes and site structure: Assessing integrity at a Late Paleolithic open-air site in northern France", *Geoarchaeology* Vol. 21. 6 (2006): pp. 523-540.

②　Enloe, J. G., "Fauna and site structure at Verberie, implications for domesticity and demography", In: Zubrow, E., Audouze, F., Enloe, J. G., (eds.), *The Magdalenain Household: Unraveling Domesticity*. Albany: State University of New York Press, 2010, pp. 22-50.

③　Binford, L. R., *Working at Archaeology* (Studies in archaeology). New York: Academic Press, 1983.

④　Enloe, J. G., Audouze, F., "The Magdalenian site of Verberie (Le Buisson Campin). An overview", In: Zubrow, E., Audouze, F., Enloe, J. G., (eds.), *The Magdalenain Household: Unraveling Domesticity*. Albany: State University of New York Press, 2010, pp. 15-21.

个活动面都发现了屠宰活动的空间结构，表明遗址曾多次作为狩猎—屠宰地点被占用。

5. 特殊堆积结构

在旧石器时代遗址中，我们有时会发现由大石块形成的圈状结构，或者由石器和动物骨骼的集中分布形成的特殊空间结构。过去的研究倾向于把这些现象与人类行为关联起来，并据此对遗址功能、居住结构、群体规模进行推测和复原。例如，东非奥杜威峡谷 DK 地点、肯尼亚奥罗格赛利（Olorgesailie）遗址的圈状石堆积曾被视为早期人类搭建原始"房屋"的遗迹。[①] 欧洲一些旧石器时代早期遗址中发现的石器、动物骨骼以及其他石块的聚集分布也被判断为人类搭建房屋或帐篷形成的遗存。例如，德国毕尔曾斯勒本（Bilzingsleben）遗址中存在石块、石器、动物骨骼组成的集中分布区，其中大型的石块和动物骨骼被推测用来搭建房屋"墙体"，其他集中分布的一些石器或石块与骨头可能是"房基"的构成。德国阿伦道夫 1（Ariendorf 1）遗址出土了大块的石英和石英砂岩石块，埋藏在很细的粉砂黏土堆积中，研究人员推测这些石块可能是帐篷的石基，帐篷外围分散着石器、碎骨。此外，法国阿玛塔（Terra Amata）遗址、拉扎雷（Le Lazaret）遗址也发现有石器、动物骨骼的集中分布。并且伴有大石块组成的圈状结构或者大石块带状分布结构。拉扎雷遗址的大石块堆积与洞壁构成一个相对封闭的空间，这一空间结构中存在火塘或者炭屑的集中分布。因此，这两个遗址中的大石块堆积结构都曾被推测是搭建房屋以及人类栖居特点的反映。[②] 然而，从埋藏学角度来看，上述对"特殊结构"解释的证据是不充分且存在疑点的。除了人类活动，自然作用力也可能造成石块的特殊

① Leakey, M. D., "Olduvai Gorge. Vol. 3, Excavations in Beds Ⅰ and Ⅱ, 1960-1963", Cambridge: Cambridge University Press, 1971.

② Klein, R. G., *The Human Career: Human Biological and Cultural Origins*, Chicago: University of Chicago Press, 2009.

分布和排列状态①，比如被流水搬运的石块围绕障碍物堆积起来，或者大石块在冻融作用下形成圈状结构。对于大石块、人工制品、动物骨骼集中分布的解读需要考虑到它们各自的形成动力和环境，判断它们是否在某些作用力下被混合堆积在一起。另一方面，即使某些特殊结构，尤其是圈状结构的形成是人类活动的结果，也不一定与原始建筑行为有关。民族学观察发现狩猎人群在加工兽皮的时候会选择在一块平坦的地方进行，地上的石块会被清理到一边堆积起来，可能还会被用来压住卷起的兽皮②，这种情况下也有可能形成近似圈状的石块堆积。

有些遗址的一整个堆积单位几乎布满石块，研究者倾向于把石块和活动面联系起来，或将其看作人类有意铺设的地面。我国湖北鸡公山遗址地处江汉平原腹地的长江左岸，西北紧邻长湖的一小支汊，南距长江河床约 8km。鸡公山是一高出周围仅数米的小土岗，土岗可能是原来长江的二级阶地残余部分。旧石器时代遗存主要分布在土岗的最高处。第 4 层堆积由红褐色亚黏土组成，含有大量砾石和石制品。发掘人员根据磨损、产状分析认为石制品属于原地埋藏③，并认为 4A 层下部存在 $500m^2$ 的活动面，由石制品和砾石构成。活动面上发现有石堆、石圈等现象。石堆由石片、石核、砾石混杂堆积而成，其中石片数量最多，还包括石器加工过程中的副产品、废品、基本不见修理好的工具。石圈有两种：一种直径稍小，在圈内的空白区发现有石器，空白区外围是密集分布的砾石、石核、石片和碎屑，分布带宽度为 1m。另一种石圈直径较大，但圈内没有发现任何遗物。石圈周围则分布着砾石与石制品。然而，由于缺少遗

---

① Roebroeks, W., Van Kolfschoten, T., "The earliest occupation of Europe: a short chronology", *Antiquity* Vol. 68. 260（1994）: pp. 489–489.

② 路易斯·宾福德著，陈胜前译：《追寻人类的过去：解释考古材料》，上海：上海三联书店，2013 年，第 172 页。

③ 刘德银、王幼平：《鸡公山遗址发掘初步报告》，《人类学学报》，2001 年第 2 期，第 102—114 页。

址自然堆积物构成和特征、砾石来源、石制品的埋藏特征和具体的空间分布等方面的详细信息，石制品堆积的形成、石制品受到流水作用改造的状况以及特殊结构的成因很难得到判断。在这些问题得到分析和认识以前，我们尚不能对遗址的性质以及所谓"活动面"进行复原。如果石圈是人类活动形成的，那么石制品在 500m² 的活动面上的移动以及移动原因、当时人类对这么大面积的活动空间是如何利用的等问题也有待进一步解答。

福建船帆洞遗址第 7 层底部存在一层大小不一的石块，主要为石灰岩，其次为石英岩和砂岩，还有少量属于其他岩性。这些石块主要分布在靠近洞口的北侧区域，石块的分布与洞壁之间存在一定间隔，石块长轴方向不一致，表面基本平齐，溶蚀严重。有观点认为由于洞内环境非常潮湿，人类通过铺设石地面的方式来防潮、改善居住条件。发掘报告对石地面做出以下描述："石铺地面南北长 22 米、东西宽 4.8—8 米，面积约 120 平方米。石铺地面部分边缘受到晚期流水破坏，根据迹象判断石铺地面的面积有可能超过 200 平方米。此外，石铺地面的中部大约有 6 平方米不见铺石。"[①]（图 1-17）

根据发掘报告，石地面的石块之间填充着粗砂，石地面所在层位中也含有较多粗砂颗粒。从区域地貌演变来看，洞穴距后边的群山很近，山前洪积扇不断扩大、积高，使地表水会威胁到洞口。此外，石块堆积中大量是石灰岩石块。如若从埋藏学角度进行分析，需要注意不同来源或不同堆积动力，例如流水与洞穴崩塌作用对石块堆积及堆积后过程的可能影响。再者，尽管石块可以起到防潮作用，可是除非在石块上铺上草垫，否则坐在石块上工作和休息并不

---

① 福建省文物局、福建博物院、三明市文物管理委员会编著：《福建三明万寿岩旧石器时代遗址：1999—2000、2004 年考古发掘报告》，北京：文物出版社，2006 年，第 56—61 页。

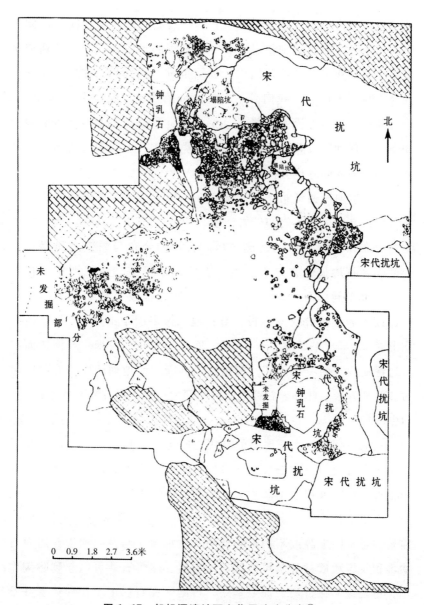

图 1-17　船帆洞遗址下文化层遗迹分布①

① 福建省文物局、福建博物院、三明市文物管理委员会编著：《福建三明万寿岩旧石器时代遗址：1999—2000、2004 年考古发掘报告》，北京：文物出版社，2006 年，第56—61 页。

舒适。因此，以后对于类似发现，我们可以尝试在遗址保存状况允许的情况下通过植硅石和微形态进行分析。最后，对于石块堆积形成过程，可以结合"石地面"上人类活动堆积物的情况，特别是空间分布的特点做进一步讨论。从占用行为的角度看，如果石块是人类有意铺设的，那么是什么原因要铺设如此大的面积，是否反映了较大的人群规模以及人类在洞内长时间、反复地居住？栖居模式如何通过其他考古证据反映？此外，为什么在如此大面积的铺设之中，有 6 平方米没有铺石，没有铺石的区域具有怎样的性质或者说是如何形成的？在石块堆积形成过程分析中，我们可以综合这些问题进行思考和讨论。

旧石器时代遗址中经常包含自然（大）石块，石块堆积的成因及其与人类占用遗址过程的关系对于认识遗址形成具有重要意义。与石块有关的堆积现象的形成有多种可能性，有些可以完全在地质作用下形成；有些虽然与人类活动有关，但也要考虑到特定结构形成过程的复杂性，以及人类行为的合理性。在堆积成因与空间结构的分析中，应注意石块堆积的特点及其与文化遗物之间的关系，比如石块的产状和尺寸、石块之间的结构（石块之间填充物构成［比如粉砂、细砂、粗砂等］与特点），石块在遗址中的分布范围或分布特点、石块堆积与碎屑堆积物在平面与纵向上的空间关系，石块堆积是相对短时间内一次形成，还是多次形成的。如果在石块集中分布的地方发现有石制品或动物骨骼，则需要考虑石块堆积与人类活动成因堆积物形成的先后顺序，判断文化遗物是否形成于原地人类活动，或者如何出现在这个区域。

五、小　结

遗址形成和变化过程的研究需要考虑到区域地貌、遗址被占用时的生态环境和季节、遗址内部的埋藏环境，在细化的堆积单位或环境（例如活动面）中分析堆积物的构成和特征以及空间结构。空间结构分析是当前研究中比较缺乏的。通常我们从民族学资料中获得一些启发，但是也必须考虑到自然作用过程以及人类在同一地点反复活动对遗址的影响①（遗址中某个区域的较多遗物，有可能是人类活动反复发生的结果；如果一个地点被人类多次占用，后来的占用活动很可能影响之前占用活动形成的堆积物空间结构）。我们不能把遗址笼统地视为某个或某些活动的结果，应当从动态的角度、在尽可能精准的年代框架下②，结合堆积速率分析遗址被占用的历史。

另一方面，对人类利用某个地点的行为特点或者人类栖居模式（这里栖居模式指在特定环境中狩猎采集人群的空间利用方式与占用过程）的解读不仅需要依靠对单个遗址内部结构和功能的详细分析，还需要对遗址所在区域的遗址之间的关系进行综合分析。同一区域相同时期的遗址（功能相同或不同；占用特点相同或不同）能够提供人群流动或人群关系的线索。对区域内遗址关系的研究需要满足几个重要前提：首先，遗址是相对同时期的。当然，遗址年代越精准，遗址间年代越接近越好。详细的年代数据是认识遗址结构、遗址占用模式并进行遗址间比较的坚实基础。其次，遗址之间在文化上存在关联。最后，需要把握遗址所在区域的环境背景。适合的石制品原料以及相同的可获取动物资源在遗址中的出现可以为揭示人类对同一区域环境的开发利用以及对某个地点的反复占用提供线索。栖居模式研究需要基于单个遗址的形成过程及其反映的石器生产、动物资源利用、人群流动等具体的行为模式，并需要在环境背景中考察这些行为的相互关系。因此，栖居模式研究是不同尺度或层级上的遗址形成过程研究，能够揭示出更多关于人类与环境的关系、

---

① Bamforth, D. B., Becker, M., Hudson, J., "Intrasite spatial analysis, ethnoarchaeology, and Paleoindian land-use on the Great Plains: the Allen site", *American Antiquity* Vol. 70. 3 (2005): pp. 561–580.

② Galanidou, N., "Regional settlement and intra-site spatial patterns in Upper Palaeolithic Epirus", *British School at Athens Studies*, 1999, pp. 148–158.

人群流动性、人口、经济和社会关系变化方面的信息，帮助我们更为深入地探讨特定时空背景中的文化行为过程。

我国已发现的旧石器时代遗址的埋藏学研究集中于对遗物原地埋藏性质的判定以及遗址功能的解释。对遗址功能的解读主要立足于文化遗物的组合特征，而对于遗址形成过程、遗址形成环境与文化堆积物之间的有机关联与整合研究比较有限。同时，很多遗址的研究中缺乏详细的年代序列，缺乏对堆积单位的高分辨率识别以及深入的空间分析，遗址空间结构、遗址占用特点方面的研究存在很多空白，人类栖居模式的复原具有很大难度。此外，当前研究大多出自宏观视角的观察和分析，微观方法的应用仍相当有限，很多信息无法得到提取。因此，我国旧石器时代遗址的埋藏学研究具有进一步深入的空间，有些遗址或堆积的性质有待进一步检验。如果能够把宏观和微观的视角结合起来，在更详细的尺度上分析堆积物的来源、堆积动力，认识文化遗存的形成环境、发生的变化，分析文化遗存在空间上以及人类行为上的关联，我们则能够对遗址形成、遗址功能以及人群的栖居模式和适应行为等问题进行更深入的探讨。

推荐阅读

Bar-Yosef, O., "Site formation processes from a Levantine viewpoint", In: Goldberg, P., Nash, D., Petraglia, M., (eds.), *Formation Processes in Archaeological Context* (Monographs in world archaeology; no. 17), Madison: Prehistory Press, 1993, pp. 13–32.

Binford, L. R., *Nunamiut: Ethnoarchaeology*, New York: Academic Press, 1978.

Goldberg, P., Macphail, R., *Practical and Theoretical Geoarchaeology*, Malden, MA: Blackwell Publishing, 2006

Rapp, G. R., Hill, C. L., Hill, M. C. L., *Geoarchaeology: the Earth-science Approach to Archaeological Interpretation*, New Haven & London: Yale University Press, 2006.

Schiffer, M., *Formation Processes of the Archaeological Record* (1st ed.), Albuquer-
　　que, NM: University of New Mexico Press, 1987.

尤玉柱:《史前考古埋藏学概论》，北京：文物出版社，1989 年

杨景春、李有利:《地貌学原理》，北京：北京大学出版社，2012 年

夏正楷编著:《环境考古学：理论与实践》，北京：北京大学出版社，2012 年

路易斯·宾福德著，陈胜前译:《追寻人类的过去：解释考古材料》，上海：上
　　海三联书店，2009 年

第二章
动物骨骼的埋藏学研究

一、概　述

　　动物骨骼是旧石器时代遗址中最常见的遗存之一，能够提供关于古代环境、人类生计、人群季节性流动、人类栖居、社会组织等方面的诸多信息。通过动物遗存复原古气候和环境、复原过去人类的生活方式、解读人类与动物的关系在很长时间以来都是考古学研究的重点。然而需要注意的是，这些分析必须建立在对动物骨骼进行埋藏学研究的基础之上。旧石器时代的动物骨骼堆积成因比较复杂，形成过程不仅涉及人类的文化活动，更包括动物活动尤其是食肉动物，以及其他自然作用。我们需要判断出土动物骨骼是在动物捕食活动中形成还是在人类狩猎行为或者拣剩行为中形成[1]，抑或者形成于因干旱、疾病等原因自然死亡的动物，以及是否在地质作用，比如流水作用下形成（较高能的水流可以造成骨骼的集中堆积）。此外，骨骼堆积形成以后在受到某些作用因素的破坏或影响后，其特征面貌、骨骼部位构成、空间分布容易发生改变。因此，出土的动物骨骼在很多情况下并不能被视为一套完整、单一的人类活动的记

---

　　[1]　Klein, R. G., "Reconstructing how early people exploited animals: problems and prospects", In: Nitecki, M. H., Nitecki, D. V., (eds.), *The Evolution of Human Hunting*, New York: Springer, 1987, pp. 11-45.

录。我们所发现的可能只是一系列动态过程（包含堆积形成过程、造成原始废弃的骨骼堆积增加、减少或受到改造的过程）之后最终保留下来的部分。[①] 为了尽可能减少对动物骨骼堆积性质认识的偏差或尽可能准确地解读动物骨骼与人类行为的关系，我们必须对骨骼的来源和堆积过程及其在埋藏过程中发生的变化进行思考和分析。

　　旧石器时代动物骨骼堆积的形成和埋藏历史与动物死亡原因、人类行为以及遗址环境密切相关。我们可以通过动物种类构成、骨骼部位构成、动物死亡年龄结构、骨骼的改造与保存状况等方面，对骨骼堆积形成的动力因素、骨骼堆积与人类活动的关系进行判断。在动物骨骼的埋藏学研究中，我们常运用到以下统计方法或指标：（1）可鉴定标本数（NISP），指每个分类单元（可以是亚种、种、属、科或更高级分类单元）中可以鉴定出骨骼部位的标本数量。可鉴定标本数是最基本的动物骨骼观察单元，能够用来估计不同种类动物在动物群组合中的地位。（2）最小骨骼部位数（MNE），指出土动物遗存中，一个动物分类单元里某个骨骼部位的最小数，根据解剖学标志特征的出现计算破碎的骨骼代表了至少多少个基本骨骼单位。最小骨骼部位数展现了各骨骼部位出现的数量。（3）最小动物单元数（MAU），通过将最小骨骼部位数除以一个个体骨架中该骨骼部位的数量而得出。[②]（4）百分比 MAU，是对 MAU 值进行标准化处理而得出的，是将某个动物分类中的每个骨骼部位的 MAU 值除以最大的 MAU 值而得出，可以反映骨骼部位的出现率，并用来对比不同动物骨骼组合。[③]

　　除了旧石器时代遗址，其他时期遗址或堆积中的动物骨骼同样

　　① Bunn, H. T., "Archaeological evidence for meat-eating by Plio-Pleistocene hominids from Koobi Fora and OlduvaiGorge", *Nature* Vol. 291. 5816 (1981): pp. 574-577.

　　② Lyman, R. L., *Vertebrate Taphonomy*, Cambridge: Cambridge University Press, 1994, pp. 99-113.

　　③ 张乐、Norton, C. J.、张双权等：《量化单元在马鞍山遗址动物骨骼研究中的运用》，《人类学学报》，2008 年第 1 期，第 79—90 页。

需要从形成过程的角度进行研究，因为这涉及对遗址性质和功能空间的准确判断，也涉及对人类如何获取和利用动物资源、如何利用生存活动空间或环境的准确和详细的解读，为探讨古代人口、社会和文化的发展变化奠定坚实基础。

二、 骨骼部位构成

动物死亡后会留下骨架。完整的动物骨架由中轴骨（头骨、脊柱、肋骨、胸骨）和附肢骨（肩带、腰带、前肢骨、后肢骨）组成（图2-1）。如果动物在自然灾害、陷入泥沼、缺乏营养、生病等情况下自然死亡，并且被迅速掩埋，那么在适宜的埋藏环境下，死亡个体的骨架有可能得到比较完整的保存，有些即使没有相连，骨骼在骨架中的相对位置关系也不会有显著改变。在这类死亡原因和堆积过程中，骨骼通常不会破裂、破碎。[1] 例如，在近代非洲的大象自然死亡地点，大象的骨骼部位经常连接在一起。[2] 在一些灾难性死亡事件中，大型哺乳动物的很多骨骼部位也是保持相连状态的。然而，在更多的情况下，动物死亡后尸体暴露在地表，没有被迅速掩埋，那么骨架非常容易在风化、动物啃咬、踩踏、人类屠宰和搬运利用、地质作用等因素下而遭到破坏，骨骼之间不会存在连接的现象，并且在横向或纵向上的空间分布呈分散状态，骨骼部位也通常无法得到相对完整的保存。[3]

---

① Holen, S. R., "Taphonomy of two last glacial maximum mammoth sites in the central Great Plains of North America: A preliminary report on La Sena and Lovewell", *Quaternary International* Vol. 142 (2006): pp. 30-43.

② Haynes, G., "Mammoths, mastodonts and elephants: biology, behavior, and the fossil record", Cambridge: Cambridge University Press, 1991.

③ Coe, M., "The decomposition of elephant carcases in the Tsavo (East) National Park, Kenya", *Journal of Arid Environments* Vol. 1. 1 (1978): pp. 71-86.

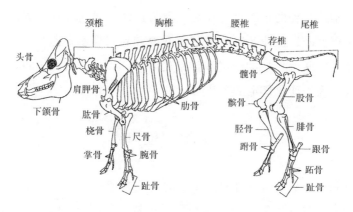

图 2-1　猪的骨架[1]

如果动物是被（大型）食肉动物捕杀进食或者被人类捕杀屠宰的，那么其骨架一定是分离的。食肉动物消费地点常见以头骨和下部肢骨或趾骨为绝对主体的骨骼堆积，骨密度较低且含肉多的部位十分缺乏[2]，肢骨通常不见骨骺（食肉动物喜爱咬食肢骨的骨骺部位，使得该部位从骨骼堆积中"消失"）。

在人类拣食大型食肉动物所食残余的获取方式下，人类能够获得的、可以消费的尸骨有限。比如，狮子吃剩的猎物的肱骨和股骨上几乎不会留下肉。有时胫骨、尺骨—桡骨上会保留一些皮，靠近远端骨骺的位置上残留少量的肉。因此，人类拣剩活动地点所保留的往往是头骨、下部肢骨等含肉和油脂量少的骨头，食物含量高的骨头，如上部肢骨、脊椎骨、骨骺等部位在遗址中比较缺乏，甚至缺失。人类活动形成的骨骼堆积中骨骼部位构成会受到动物获取方式、搬运策略、加工和利用方式等多方面因素影响。如果我们发现了以头骨和下部肢骨为主体的骨骼堆积，则需要判断其形成原因为食肉动物捕食，还是人类拣剩行为，抑或者是人类狩猎后对动物尸

---

①　Davis, S. J. M., *The Archaeology of Animals*, London：Batsford, 1987.

②　Binford, L. R., *Bones：Ancient Men and Modern Myths*（Studies in archaeology）, New York：Academic Press, 1981；Domínguez-Rodrigo, M., "Hunting and scavenging by early humans：the state of the debate", *Journal of World Prehistory* Vol. 16. 1（2002）：pp. 1-54.

体进行了选择性搬运和利用。在动物骨骼堆积是人类活动结果的前提下，如果遗址中包含某种动物几乎全部或者大多数骨骼部位，可能说明遗址曾经是狩猎—屠宰的地点，也可能说明遗址功能是营地。如果是后者，那么反映了人类对猎物的整体或较为完整的搬运策略。如果出土动物骨骼部位构成不完整、骨骼出现率分布很不均衡，同样要考虑到遗址的不同功能以及人类对动物尸体的选择性搬运策略。民族考古学研究表明：人们获取猎物后可能会把动物尸体尽可能多地或完整地运回营地再进行消费，也可能会就近对猎物做初步屠宰，选择一些尸骨带回营地，而将其他部位弃置在屠宰点；或者在进行仔细充分屠宰后，把所有骨头都丢弃，只把肉带回营地。一般来说，动物体型越大、被猎杀的地点距离营地或消费地点越远，那么被带回营地的骨骼部位就越少。对动物尸骨的选择搬运有时与骨骼部位所含肉、骨髓、油脂的多少或者说骨骼部位的经济价值密切相关[1]，即经济价值高的骨骼部位更有可能被带回营地。如果遗址中某种动物的骨骼部位出现率与其食物利用指数[2]具有正相关关系，则表明人类有可能根据骨骼所含食物量进行了选择性搬运、利用。如果经济价值高的骨骼部位在遗址中的出现率低，那么一种可能是人类通过拣剩得到动物资源，另一种可能是：遗址曾是一处营地，经济价值高的骨骼部位上的肉被带了回来，而骨头被废弃在狩猎—屠宰地点。如果某种动物的骨骼部位出现率与食物利用指数没有显著相关关系，则说明人类可能没有根据食物量的多少而是受其他因素的左右对动物尸骨进行了选择搬运，或者动物尸体被较为完整地运回营地。宾福德（Binford）对北极地区努那缪特（Nunamiut）人群的民族学观察发现：被人们搬运频率最高的驯鹿骨骼部位是经济价值最高的部位，而经济价值低的部位被搬运的频率较低。这似乎表明该人群对

---

[1] Binford, L. R., *Bones: Ancient Men and Modern Myths* (Studies in archaeology), New York: Academic Press, 1981.

[2] 食物利用指数是宾福德 1978 年提出的。

驯鹿骨骼部位有很好的认识，并能够做出合理的搬运选择。① 在东非哈扎（Hadza）部落，狩猎采集者对不同种类和不同体型尺寸的动物采用不同的处理和搬运策略。马的头部和足部通常被留在动物死亡地点，其他骨骼部位都被搬运至营地。马科动物的骨骼上具有相对偶蹄类动物来说更加结实的肌肉附着点，在经过初步屠宰和处理后仍然会有大量的营养成分附着在骨头上，因此想要获得更充分的食物与营养，最好把尽可能多的尸骨搬运到营地上，在更充分的时间、人员、技术条件下进行充分提取和利用。② 对于羚羊，人们通常把肢骨上的肉剔下来带走，把骨头废弃在狩猎地点，但脊椎骨通常被带回营地。就不同体型大小的猎物而言，哈扎人倾向于把体型较大动物的肉和骨髓带走，把很少量的骨头带回营地；而对于小体型猎物的搬运通常视具体种属而定。③ 除了上面提到的因素，狩猎人员的数量、肉食的分享等也影响着人类搬运动物尸体的选择和策略。④

骨骼部位出现率会受到人类对动物资源屠宰加工和利用方式的影响。首先，屠宰会造成特定骨骼部位的破碎。肢解肩胛骨和肱骨时，人类有时会进行砍砸，造成肱骨头的破碎。对前肢的进一步肢解也需要把桡骨和掌骨在其中间位置打碎，远端关节通常保持完整。肢解股骨与髋骨有时需要把股骨头砍掉，有时需要在股骨近端靠下一点的骨干位置上进行砍砸。对后部肢骨的进一步肢解发生在髌骨位置，使用重型石器进行砍砸会使得股骨远端和胫骨近端发

① Binford, L. R., *Nunamiut Ethnoarchaeology*, New York, Academic Press, 1978, p. 453.

② Lupo, K. D., "What explains the carcass field processing and transport decisions of contemporary hunter-gatherers? Measures of economic anatomy and zooarchaeological skeletal part representation", *Journal of Archaeological Method and Theory* Vol. 13. 1 (2006): pp. 19–66.

③ O'Connell, J. F., Hawkes, K., Jones, N. B., "Reanalysis of large mammal body part transport among the Hadza", *Journal of Archaeological Science* Vol. 17. 3 (1990): pp. 301–316.

④ O'Connell, J. F., Hawkes, K., Jones, N. B., "Hadza hunting, butchering, and bone transport and their archaeological implications", *Journal of Anthropological Research* Vol. 44. 2 (1988): pp. 113–161; Lupo, K. D., "Experimentally derived extraction rates for marrow: implications for body part exploitation strategies of Plio-Pleistocene hominid scavengers", *Journal of Archaeological Science* Vol. 25. 7 (1998): pp. 657–675.

生破碎①（当然，在屠宰者技术娴熟，时间充分，并使用轻型锋利的石片工具时可以在不留下痕迹或不破坏骨头的情况下，完成肩胛骨和肱骨之间，或者股骨与髋骨之间的肢解）。肢解过程造成的破碎使得一些骨骼部位难以被识别出来，特别是如果肢骨骨干也发生了严重破裂。其次，对骨髓和油脂的获取造成骨骼严重破裂或破碎。骨髓富含脂肪和不饱和脂肪酸，是人类食物与营养的重要构成与补充，对于史前人类生存相当关键。② 骨髓一般集中分布在动物的四肢骨中，特别是上部肢骨——股骨和肱骨之中，下颌骨的骨髓含量也较多。下部肢骨所含的骨髓相对少，但因富含不饱和脂肪酸而更具营养和美味。③ 这可能会导致这些部位较高的出现率，当然，骨髓的含量因动物种类、年龄、健康状况而有所不同。不同种类动物的相同肢骨部位的骨壁厚度和髓腔大小不同，骨髓含量也就不同，可能影响着人类对不同动物的搬运策略，进而影响遗址中不同种类动物骨骼部位的不同构成特点。例如，与牛科动物相比，马科动物肢骨的松质骨体积大，从骨骺一直延伸到肢骨全长的一半左右，骨髓含量相对较少。健康状态下的动物的骨髓含量比营养缺乏的动物要多。有些骨骼部位，例如下颌骨中的骨髓会因为动物的生存压力而剧减或耗尽。④ 狩猎—采集人群想要获得骨髓，就必须砍砸骨头。有些动物肢骨粗壮，骨壁很厚，需要用很大的力量将其砍砸破裂。有些动物只有少量骨髓可以容易地从髓腔中脱离出来，大部分卡在

① White, T., "Observations on the butchering technique of some aboriginal peoples：I", *American Antiquity* Vol. 17. 4（1952）：pp. 337–338.

② Speth, J. D., "Early hominid hunting and scavenging：the role of meat as an energy source", *Journal of Human Evolution* Vol. 18. 4（1989）：pp. 329–343.

③ Munro, N. D., Bar-Oz, G., "Gazelle bone fat processing in the Levantine Epipalaeolithic", *Journal of Archaeological Science* Vol. 32. 2（2005）：pp. 223–239.

④ Blumenschine, R. J., Madrigal, T. C., "Variability in long bone marrow yields of East African ungulates and its zooarchaeological implications", *Journal of Archaeological Science* Vol. 20. 5（1993）：pp. 555–587.

松质骨里边①，这样一来，骨骺以及骨干被砸碎的概率更大。因此这可能导致骨骼出现率受到破裂程度和鉴定原因而发生改变。需要注意的是，有些部位即使含有骨髓，也可能不会被打碎利用，例如对近现代非洲狩猎采集部落的观察发现：尽管斑马的第一趾骨中包含骨髓，但是由于其非常坚硬，人们极少打碎这个部位，其他有蹄类动物的第二趾骨可能也面临类似的情况。②

骨头所含的油脂富含维生素，热量值远高于蛋白质和碳水化合物，对于人类，特别是怀孕女性和新生婴儿而言是极为重要的食物资源。③ 对于依赖动物性食物资源维生的群体来说油脂能够帮助人们度过资源紧缺的困难时期。④ 民族学观察发现：努那缪特（Nunamiut）、哈扎（Hadza）、桑（San）、阿拉瓦拉（Alyawara）等人群都将骨油视为重要资源，提取骨油是他们生计活动的重要内容。⑤ 这种资源利用方式在考古材料中也有所发现。史前人类对骨油的获取强度在一定程度上能够反映群体的生计需求与资源紧缺的程度。⑥ 除了提供食物和营养，骨头中的油脂还具有其他用途，例如使皮子具有防水性、

① Sisson, S., and Grossman, J. D., *The Anatomy of the Domestic Animal* (4 *Edn.*), Philadelphia: W. B. SaundersCompany, 1953, p. 21

② Lupo, K. D., "Experimentally derived extraction rates for marrow: implications for body part exploitation strategies of Plio-Pleistocene hominid scavengers", *Journal of Archaeological Science* Vol. 25. 7 (1998): pp. 657-675.

③ Vehik, S. C. "Bone fragments and bone grease manufacturing: a review of their archaeological use and potential", Plains Anthropologist Vol. 22 (1977): pp. 169-182; Speth, J. D., Spielmann, K. A., "Energy source, protein metabolism, and hunter-gatherer subsistence strategies", *Journal of Anthropological Archaeology* Vol. 2. 1 (1983): pp. 1-31.

④ Speth, J. D., "Seasonality, resource stress, and food sharing in so-called "egalitarian" foraging societies", *Journal of Anthropological Archaeology* Vol. 9. 2 (1990): pp. 148-188.

⑤ Outram, A. K., "A new approach to identifying bone marrow and grease exploitation: why the 'indeterminate' fragments should not be ignored", *Journal of Archaeological Science* Vol. 28. 4 (2001): pp. 401-410.

⑥ Munro, N. D., Bar-Oz, G., "Gazelle bone fat processing in the Levantine Epipalaeolithic", *Journal of Archaeological Science* Vol. 32. 2 (2005): pp. 223-239.

处理弓弦[1]、用作油灯燃料等。[2] 油脂存在于大多数四肢骨和下颌髓腔的骨髓中，还存在于松质骨结构中，例如肢骨骨骺和脊椎骨之中。[3]不同骨骼部位的油脂含量不同，而且差异可能很显著。充分提取骨油的过程需要把骨头用石锤打碎成小于20—30mm的碎块，然后在容器中煮至少2—3个小时，随后油漂到水的表面，待冷却凝固后便可提取出油脂，再稍作加工处理，可以使其得到保存[4]。因此，提取骨油的行为可以造成遗址中存在很高比例的碎骨，特别是松质骨，尺寸通常小于20mm或30mm；缺肢骨骨骺和中轴骨。

此外，人们还可能出于获取食物以外的原因对某些骨骼部位有所偏好，导致该部位异常丰富。例如，有的遗址中鹿的头骨的出现率异常突出，在确定动物骨骼堆积与人类活动直接相关以及明确人类搬运策略与遗址功能的基础上，研究者发现头骨的突出存在有可能是因为人类偏好选择鹿角制作工具。[5]

以上情况说明，对动物尸体的屠宰、利用方式与程度会对骨骼部位构成产生重要影响。获取与充分利用骨髓和油脂的活动尤其会使得动物骨头严重破裂或破碎，导致很多骨骼无法被识别和鉴定出来，甚至难以保存下来。如果骨骺缺乏，而肢骨破裂严重，那么很容易导致肢骨鉴定率低，从而得到肢骨出现率低或缺乏的分析结果。[6]

---

① Binford, L. R., "*Nunamiut: Ethnoarchaeology*", New York: Academic Press, 1978, p. 24.

② Burch, E. S., "The Caribou/Wild Reindeer as a Human Resource", *American Antiquity* Vol. 37. 3 (1972): pp. 339-368.

③ Outram, A., Rowley-Conwy, P., "Meat and marrow utility indices for horse (Equus)", *Journal of Archaeological Science* Vol. 25. 9 (1998): pp. 839-849.

④ White, T., "Observations on the butchering technique of some aboriginal Peoples: Ⅱ", *American Antiquity* Vol. 19 (1953): p. 160. Binford, L. R., *Nunamiut: Ethnoarchaeology*, New York: Academic Press, 1978.

⑤ Prendergast, M. E., Yuan, J., Bar-Yosef, O., "Resource intensification in the Late Upper Paleolithic: a view from southern China", *Journal of Archaeological Science* Vol. 36. 4 (2009): pp. 1027-1037.

⑥ Brink, J. W., "Fat content in leg bones of Bison bison, and applications to archaeology", *Journal of Archaeological Science* Vol. 24. 3 (1997): pp. 259-274.

三、 死亡年龄结构

死亡年龄结构是判断动物死亡原因（自然死亡、被食肉动物捕杀、被人类捕杀等），人类获取动物资源的方式、方法和人类活动季节性的重要依据。在旧石器时代背景中存在以下几种可能的动物死亡年龄结构：灾难型、磨耗型、壮年居优型、幼年居优型、老年居优型，在研究中用直方图或三角图表示（图2-2；图2-3）。灾难型结构（也称L型年龄分布）指动物群中的动物个体数随年龄段的递增而逐渐下降，反映的是生存状态下的动物群体年龄结构。突发的灾难，例如大洪水、火山喷发、恶性疾病等造成的动物集体性死亡、食肉动物伏击捕食、人类偶遇式狩猎、对某个种群的驱赶捕猎等都可以形成这种死亡年龄结构。[1] 磨耗型结构（也称U型年龄分布）中老年和幼年个体占优势，缺少壮年个体。幼年和老年属于弱势群体，在环境改变、疾病、营养缺乏或被追击的情况下死亡的概率更高。[2] 远距离追踪捕食行为会形成磨耗型结构。大多数捕食者所造成的动物死亡年龄结构与磨耗型或灾难型相似，其中磨耗型结构是自然界中最常见的一种。壮年居优型结构中壮年个体数量占绝对优势，这种结构几乎只有在人类狩猎的情况下才能稳定地出现，很难在食肉动物的捕食和人类拣剩行为中形成。[3] 与伏击捕猎的食肉动物相比，在很多情况下人类通过伏击方式狩猎的选择性更强，可以对成年动物进行选择性获取，这是人类对动物行为与生存环境认知充分、计划与合作行为发展，以及应用有效狩猎工具的反映。幼年居优型

---

[1] Klein, R. G., Cruz-Uribe, K., "The analysis of animal bones from archaeological sites", University of Chicago press, 1984.

[2] Stiner, M. C., "The use of mortality patterns in archaeological studies of hominid predatory adaptations", *Journal of Anthropological Archaeology* Vol. 9. 4 (1990): pp. 305-351.

[3] Stiner, M. C., "The use of mortality patterns in archaeological studies of hominid predatory adaptations", *Journal of Anthropological Archaeology* Vol. 9. 4 (1990): pp. 305-351.

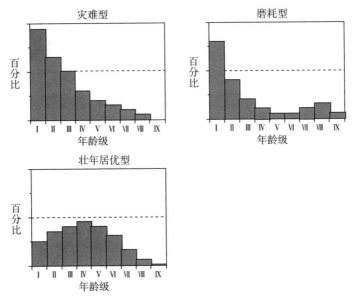

图 2-2　直方图所示死亡年龄结构①

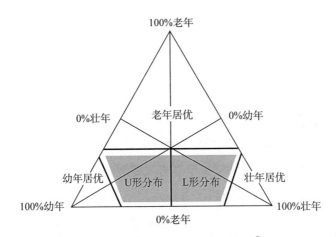

图 2-3　三角图所示死亡年龄结构②

①　Lubinski, P. M., " A comparison of methods for evaluating ungulate mortality distributions", *Archaeozoologia* Vol. XI (2000): pp. 121-134.

②　Lyman, R. L., *Vertebrate Taphonomy*, New York: Cambridge University Press, 1994, p. 129.

结构中某种动物的幼年个体占有绝对优势，其形成有可能是人类对低等级猎物开发利用加强的结果①，这种行为是人类应对严峻的长期食物压力所采取的一种策略。老年居优型有可能是人类拣剩所造成的，因为无论是伏击捕食还是追击捕食，壮年更容易逃脱，而幼年个体很容易被食肉类动物充分啃咬而没有得到保存。②

在通过死亡年龄结构判断动物死亡原因并分析堆积形成过程时需要注意的是，大多数有蹄类群体存活时的年龄结构是有差异的，某个种类动物的年龄结构可能随季节变化而变化。③ 此外，幼年动物个体的牙齿和骨骼在埋藏过程中更容易受到破坏，很难被保存或识别，会导致遗址中幼年个体所占比例与实际不符的情况。

四、 骨骼的改造与保存

动物骨骼在堆积形成和堆积后过程中经常受到改造，与堆积形成的作用力、骨密度、埋藏环境等因素密切相关。

1. 骨密度

骨密度是骨骼改造与保存的重要影响因素，可以使动物遗存组合从堆积形成到被考古工作人员发现和研究的过程中发生扭曲或改变。④ 骨骼结构包括密质骨和松质骨。前者是表层致密坚实的骨质，耐压性较大；后者呈海绵状，由相互交织的骨小梁排列而成。在埋

---

① Speth, J. D., Clark, J. L., "Hunting and overhunting in the Levantine late Middle Paleolithic", *Before Farming* Vol. 3 (2006): pp. 1–42.

② Lyman, R. L., *Vertebrate Taphonomy*, Cambridge: Cambridge University Press, 1994, p. 129.

③ Lubinski, P. M., "A comparison of methods for evaluating ungulate mortality distributions", *Archaeozoologia* Vol. XI (2000): pp. 121–134.

④ Brain, C., *The Hunters or the Hunted? An Introduction to African Cave Taphonomy*, Chicago: University of Chicago Press, 1981; Binford, L. R., *Bones: Ancient Men and Modern Myths* (Studies in archaeology), New York: Academic Press, 1981.

藏环境相同的情况下，密质骨被保存下来的概率更大或者更有可能得到良好保存。肢骨骨干，以及头骨的一些部位由大面积的密质骨组成，它们的骨密度相对较高。有些骨骼部位，例如脊椎骨的关节突和肋骨近端的骨密度也较高，但低于大部分肢骨。[1] 长骨两端骨骺部位大部分由松质骨构成，因此同一肢骨上骨干部位的骨密度一般要高于骨骺部位。[2] 脊椎骨的绝大部分是由松质骨构成的，通常是密度最低的骨骼部位（有些动物，例如野牛的寰椎与枢椎的骨密度除外）。[3] 低密度骨骼在埋藏过程中更容易受到成岩作用、生物活动、流水以及人类对骨头的砍砸、烧煮的影响而难以得到保存或识别[4]（如果考虑动物体型大小的话，低密度骨骼部位有时可能会比高密度骨骼部位得到更好的保存[5]）。

骨密度差异可能会对出土动物骨骼部位构成造成影响。如果我们在统计骨骼数量时，不考虑肢骨骨干，而只根据特征比较鲜明、容易鉴定的骨骺进行计算，那么就会低估肢骨的数量，因为肢骨骨干比骨骺致密，更有可能被保存下来。此外，有的肢骨骨骺相比于其他肢骨骨骺致密得多。如果只根据骨骺计算骨骼数量，那么会导

① Stiner, M. C., "On in situ attrition and vertebrate body part profiles", *Journal of Archaeological Science* Vol. 29. 9 (2002): pp. 979-991.

② Lam, Y. M., Chen, X., Pearson, O. M., "Intertaxonomic variability in patterns of bone density and the differential representation of Bovid, Cervid, and Equid elements in the archaeological record", *American Antiquity* Vol. 64. 2 (1999): pp. 343-362.

③ 并不是所有肢骨的骨骺的密度都较低，肱骨和胫骨远端、桡骨近端和掌跖骨近端的骨密度相对较高、这些部位比较结实。

④ Munro, N. D., Bar-Oz, G., "Gazelle bone fat processing in the Levantine Epipalaeolithic", *Journal of Archaeological Science* Vol. 32. 2 (2005): pp. 223-239.

⑤ Conard, N. J., Walker, S. J., Kandel, A. W., "How heating and cooling and wetting and drying can destroy dense faunal elements and lead to differential preservation", *Palaeogeography, Palaeoclimatology, Palaeoecology* Vol. 266. 3-4 (2008): pp. 236-245; Lyman, R. L., Houghton, L. E., Chambers, A. L., "The effect of structural density on marmot skeletal part representation in archaeological sites", *Journal of Archaeological Science* Vol. 19. 5 (1992): pp. 557-573.

致我们高估前者所代表的肢骨的数量。① 如果不考虑骨密度差异对骨骼出现率的影响，我们很可能对人类获取动物的方式和搬运动物尸体的策略做出带有偏差的或者错误的解读。

骨密度还会影响到我们对动物死亡年龄结构的认识。和成年动物相比，尽管幼年动物牙齿的牙釉质、牙本质和牙骨质成分的比例相似，但是幼年动物齿槽相对薄、密度低，牙齿容易脱离齿槽，不容易保存。成年个体的骨骼密度也可能高于幼年个体。因此，如果不考虑到骨密度的因素，对于出土动物遗存我们可能会得出成年动物数量更多的结论。

有学者通过光子测密度法②、CT③ 等方法测定了不同种类动物每个骨骼部位上不同位置的密度（图2-4），建立起骨密度分析参考标尺（表2-1）。需要注意的是，有研究发现光子测密度法存在不准确性（由于不能准确判断骨横截面的形状而导致不准确的计算结果），而使用CT扫描的方法能够获得更为准确的骨密度值④（表2-2）。在分析出土动物遗存时，我们经常采用检验骨骼部位出现率与骨密度相关性的方法判断骨密度对骨骼部位构成的影响。如果二者存在显著的正相关关系，则说明骨密度越高的部位，其出现率相对越高，而骨密度低的部位，出现率就低。在此基础上，我们可以对这一现象出现的原因及其与人类行为的关系进行分析和解读。

---

① 林彦文：《埋藏过程对考古出土动物遗存量化的影响》，见河南省文物考古研究所编：《动物考古（第一辑）》，北京：文物出版社，第212—217页。

② Lyman, R. L., *Vertebrate Taphonomy* (Cambridge Manuals in Archaeology), Cambridge: Cambridge University Press, 1994.

③ Conard, N. J., Walker, S. J., Kandel, A. W., "How heating and cooling and wetting and drying can destroy dense faunal elements and lead to differential preservation", *Palaeogeography*, *Palaeoclimatology*, *Palaeoecology* Vol. 266. 3-4 (2008): pp. 236-245; Lyman, R. L., Houghton, L. E., Chambers, A. L., "The effect of structural density on marmot skeletal part representation in archaeological sites", *Journal of Archaeological Science* Vol. 19. 5 (1992): pp. 557-573.

④ 同上。

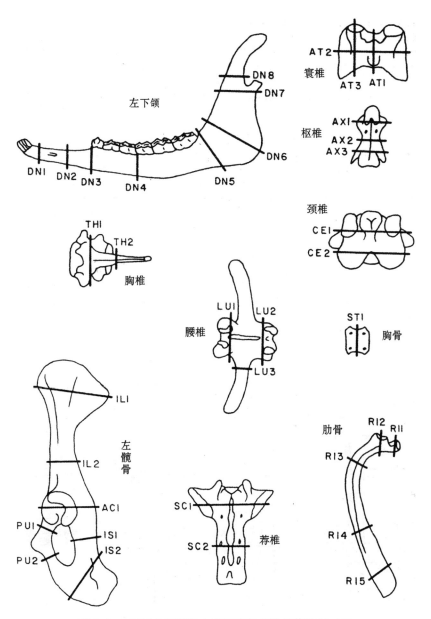

图 2-4a　不同骨骼部位上骨密度测量的具体位置（1）

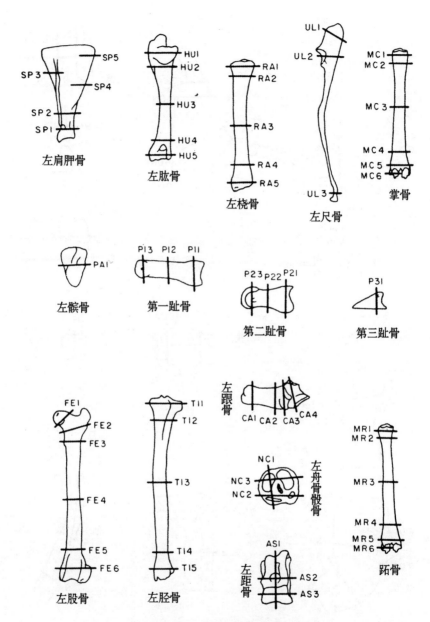

左肩胛骨　　左肱骨　　左桡骨　　左尺骨　　掌骨

左髌骨　　第一趾骨　　第二趾骨　　第三趾骨

左跟骨　　左舟骨骰骨　　左距骨

左股骨　　左胫骨　　跖骨

图 2-4b　不同骨骼部位上骨密度测量的具体位置（2）

表 2-1 鹿、羚羊、美洲羚羊、家养绵羊、野牛、大羊驼、小羊驼的平均骨密度值[1]

扫描位点	野牛	鹿	美洲羚羊	绵羊	大羊驼	小羊驼
2&3CP	0.50					
5MC	0.62					
AC1	0.53	0.27	0.14	0.26	0.22	0.18
AS1	0.72	0.47	0.39	0.54	0.65	0.55
AS2	0.62	0.59	0.48	0.63		
AS3	0.60	0.61	0.57	0.60		
ATI	0.52	0.13	0.12	0.07	0.17	0.18
AT2	0.91	0.15	0.13	0.11		
AT3	0.34	0.26	0.32			
AX1	0.65	0.16	0.13	0.13	0.17	0.16
AX2	0.38	0.10	0.11	0.14		
AX3	0.97	0.16	0.17			
CA1	0.46	0.41	0.29	0.43		
CA2	0.80	0.64	0.55	0.58	0.66	0.49
CA3	0.49	0.57	0.50	0.56		
CA4	0.66	0.33	0.20	0.43		
CE1	0.37	0.19	0.12	0.12	0.24	0.23
CE2	0.62	0.15	0.12	0.13		
CUNEIF	0.43	0.72	0.64			
DN1	0.53	0.55				
DN2	0.61	0.57				
DN3	0.62	0.55				
DN4	0.53	0.57			0.62	
DN5	0.53	0.57				
DN6	0.57	0.31				
DN7	0.49	0.36				
DN8	0.79	0.61				

---

① Lyman, R. L., *Vertebrate Taphonomy*, New York: Cambridge University Press, 1994, pp. 246-247.

扫描位点	野牛	鹿	美洲羚羊	绵羊	大羊驼	小羊驼
FE1	0.31	0.41	0.16	0.28		
FE2	0.34	0.36	0.20	0.16	0.37	0.37
FE3	0.34	0.33	0.21	0.20		
FE4	0.45	0.57	0.33	0.36		
FE5	0.36.	0.37	0.30	0.24		
FE6	0.26	0.28	0.27	0.22	0.29	0.23
FE7	0.22					
LATMAL	0.56	0.52	0.63			
HU1	0.24	0.24	0.06	0.13	0.28	0.23
HU2	0.25	0.25	0.12	0.22		
HU3	0.45	0.53	0.25	0.42		
HU4	0.48	0.63	0.44	0.37		
HU5	0.38	0.39	0.33	0.34	0.40	0.34
HYOID	0.36					
IL1	0.22	0.20	0.16	0.23		
IL2	0.52	0.49	0.33	0.47		
IS1	0.50	0.41	0.28	0.49		
IS2	0.19	0.16	0.32	0.11		
LU1	0.31	0.29	0.15	0.26	0.26	0.19
LU2	0.11	0.30	0.11	0.22		
LU3	0.39	0.29	0.10			
LUNAR	0.35	0.83	0.66			
MC1	0.59	0.56	0.33	0.40	0.60	0.54
MC2	0.63	0.69	0.41	0.55		
MC3	0.69	0.72	0.57	0.67		
MC4	0.60	0.58	0.45	0.54		
MC5	0.46	0.49	0.40	0.38	0.45	0.39
MC6	0.53	0.51	0.44	0.50		
MR1	0.52	0.55	0.47	0.43	0.59	0.50
MR2	0.59	0.65	0.45	0.53		
MR3	0.67	0.74	0.57	0.68		

扫描位点	野牛	鹿	美洲羚羊	绵羊	大羊驼	小羊驼
MR4	0.51	0.57	0.43	0.51		
MR5	0.40	0.46	0.39	0.31	0.43	0.38
MR6	0.48	0.50	0.44	0.39		
NC1	0.48	0.39	0.26		0.59	0.42
NC2	0.64	0.33	0.26			
NC3	0.77	0.62				
PA1		0.31	0.39	0.44		
PI1	0.48	0.36	0.24	0.43		
P12	0.46	0.42	0.38	0.40	0.65	0.53
P13	0.48	0.57	0.45	0.55		
P21	0.41	0.28	0.23	0.34		
P22		0.25	0.24	0.39	0.55	0.40
P23	0.46	0.35	0.30	0.42		
P31	0.32	0.25	0.25	0.30	0.39	0.17
PU1	0.55	0.46	0.34	0.45		
PU2	0.39	0.24		0.25		
RA1	0.48	0.42	0.26	0.35	0.41	0.40
RA2	0.56	0.62	0.25	0.36		
RA3	0.62	0.68	0.57	0.52		
RA4	0.42	0.38	0.30	0.19		
RA5	0.35	0.43	0.34	0.21	0.37	0.38
RI1	0.27	0.26				
RI2	0.35	0.25				
R13	0.57	0.40			0.37	0.31
RI4	0.55	0.24				
RI5	0.33	0.14				
SCI	0.27	0.19	0.11	0.20	0.20	0.20
SC2	0.26	0.16	0.25	0.16		
SCAPHOID	0.42	0.98	0.68			
SP1	0.50	0.36	0.27	0.25	0.38	0.30

扫描位点	野牛	鹿	美洲羚羊	绵羊	大羊驼	小羊驼
SP2	0.48	0.49	0.10	0.33		
SP3	0.28	0.23	0.30	0.19		
SP4	0.43	0.34	0.15	0.32		
SP5	0.17	0.28	0.21			
ST1		0.22				
TH1	0.42	0.24		0.24	0.14	0.19
TH2	0.38	0.27		0.19		
TIl	0.41	0.30	0.18	0.16	0.33	0.26
T12	0.58	0.32	0.26	0.20		
TI3	0.76	0.74	0.48	0.59		
TI4	0.44	0.51	0.40	0.36		
T15	0.41	0.50	0.29	0.28	0.51	0.42
TRAPMAG	0.52	0.74	0.65			
UL1	0.34	0.30	0.28	0.18		
UL2	0.69	0.45	0.26	0.26		
UL3		0.44				
UNCIF	0.44	0.78	0.70			

表 2-2　CT 测量和光子密度测量的羊的骨密度排序以及对比①

$C^\dagger$ 测量			光子密度计测量		
等级排序	扫描位点	密度	等级排序	扫描位点	密度
1	FE4*	1.327	1	MR3*	0.68
2	TI3*	1.238	2	MC3*	0.67
3	RA3*	1.169	3	TI3*	0.59
4	HU3*	1.152	4	MC2	0.55
5	MR2	1.142	5	MC4	0.54

---

① Lam, Y. M., Chen, X., Marean, C. W., et al., "Bone density and long bone representation in archaeological faunas: comparing results from CT and Photon Densitometry", *Journal of Archaeological Science* Vol. 25. 6 (1998): pp. 559-570.

C[†] 测量			光子密度计测量		
等级排序	扫描位点	密度	等级排序	扫描位点	密度
6	MR3*	1.133	6	MR2	0.53
7	MC3*	1.057	7	RA3*	0.52
8	MC2	1.044	8	MR4	0.51
9	TI4	1.035	9	MC6[†]	0.50
10	RA2	1.032	10	MRl[†]	0.43
11	HU4	0.982	11	HU3*	0.42
12	MR4	0.895	12	MCl[†]	0.40
13	RA4	0.862	13	MR6[†]	0.39
14	MRl[†]	0.854	14	MC5	0.38
15	MC4	0.830	15	HU4	0.37
16	TI2	0.757	16	TI4	0.36
17	MCl[†]	0.745	17	FE4*	0.36
18	RAl[†]	0.662	18	RA2	0.36
19	FE3	0.655	19	RAl[†]	0.35
20	MR6[†]	0.630	20	HU5[†]	0.34
21	FE2	0.614	21	MR5	0.31
22	MC6[†]	0.607	22	TI5	0.28
23	T5[†]	0.601	23	FEl[†]	0.28
24	FEl[†]	0.597	24	FE5	0.24
25	HU5[†]	0.559	25	FE6[†]	0.22
26	FE5	0.557	26	HU2	0.22
27	RA5[†]	0.515	27	RA5[†]	0.21
28	FE6[†]	0.497	28	TI2	0.20
29	MC5	0.482	29	FE3	0.20
30	MR5	0.472	30	RA4	0.19
31	TI1[†]	0.410	31	TI1[†]	0.16
32	HU2	0.341	32	FE2	0.16
33	HUl[†]	0.300	33	HUl[†]	0.13

＊骨干中间部位　†骨骺部位

2. 动物对骨骼的啃咬破坏

动物活动可以形成骨骼堆积，例如有些食肉动物把猎物的肢骨拖回巢穴中进行消费，猫头鹰捕食小型动物并吐出其骨头堆积在某个地点。动物也可以对人类活动留下的骨头进行破坏和扰动，食肉动物的啃咬是造成骨骼发生改变的常见因素，可以在骨头上留下痕迹或导致骨头破损。鬣狗尤其擅长粉碎骨头，它们可以把动物的头骨咬成碎块，把长骨和富含骨髓的下颌骨咬碎。[1] 鬣狗吃过的骨头上有些会带有胃酸腐蚀形成的凹坑或穿孔。[2] 食肉动物对肢骨的破坏一般始于对骨骺的啃咬，然后向骨干推进[3]，可以造成长骨边缘出现锯齿状凹口。[4] 啃咬肩胛骨骨板等密度较低的部位，也可以使其形成锯齿状破裂形态。食肉动物啃咬也可以造成骨骼边缘内壁形成破裂缺口或"破裂疤"，有时甚至与人类使用石锤或重型石器敲骨取髓所形成的破裂疤难以区分，但实验研究表明前者形成的凹缺较窄、较小（图 2-5a），而人类砍砸形成的破裂疤是宽弧形的。[5] 食肉动物啃咬在骨头上留下的痕迹包括横截面为 U 形的划痕、坑点痕、穿孔痕等类型[6]（图 2-5b—d）。啃咬形成的划痕与真菌腐蚀痕迹存在某些相似性，容易混淆。我们需要对这两种痕迹加以区分，否则会造成对骨骼堆积性质的误判。真菌腐蚀痕迹形状不规则，轮廓弯曲，而

① Brain, C., *The Hunters or the Hunted? An Introduction to African Cave Taphonomy*. Chicago: University of Chicago Press, 1981.

② Cruz-Uribe, K., "Distinguishing hyena from hominid bone accumulations", *Journal of Field Archaeology* Vol. 18. 4 (1991): pp. 467-486.

③ Haynes, G., "Evidence of carnivore gnawing on Pleistocene Recent mammalian bones", *Paleobiology* Vol. 6 (1980): pp. 341-351.

④ Bunn, H. T., "Archaeological evidence for meat-eating by Plio-Pleistocene hominids from Koobi Fora and Olduvai Gorge", *Nature* Vol. 291 (5816) (1981): pp. 574-577.

⑤ Haynes, G., "Evidence of carnivore gnawing on Pleistocene Recent mammalian bones", *Paleobiology* Vol. 6 (1980): pp. 341-351.

⑥ Lyman, R., *Vertebrate Taphonomy*, Cambridge: Cambridge University Press, 1994; Binford, L. R., *Bones: Ancient Men and Modern Myths* (Studies in archaeology). New York: Academic Press, 1981.

a. 破裂凹缺①

b. 锯齿状破裂

c. 坑点痕

d. 穿孔痕

图 2-5　食肉动物啃咬形成的骨骼改造特征②

食肉动物齿痕是直线形的。很多情况下，腐蚀痕迹与骨头的长轴或主轴平行分布，而动物咬痕往往垂直于骨头的长轴，或者与长轴斜交。③ 腐蚀还会造成骨头表面的片状剥落，但这种剥落的分布是比较随机的。咬痕的大小与食肉动物的尺寸和啃咬行为有关，由此我们可以判断动物骨骼曾经受到过哪些种类食肉动物的改造。④ 德国霍菲尔（Hohle Fels）洞穴遗址出土动物骨骼上的食肉类咬痕的测量统计

---

① Domínguez-Rodrigo, M., Barba, R., "New estimates of tooth mark and percussion mark frequencies at the FLK Zinj site: the carnivore-hominid-carnivore hypothesis falsified", *Journal of Human Evolution* Vol. 50. 2 (2006): pp. 170-194.

② b、c、d 照片标本来源：北京大学考古文博学院动物考古实验室所藏实验标本。

③ Domínguez-Rodrigo, M., Barba, R., "New estimates of tooth mark and percussion mark frequencies at the FLK Zinj site: the carnivore-hominid-carnivore hypothesis falsified", *Journal of Human Evolution*Vol. 50. 2 (2006): pp. 170-194.

④ Domínguez-Rodrigo, M., Piqueras, A., "The use of tooth pits to identify carnivore taxa in tooth-marked archaeofaunas and their relevance to reconstruct hominid carcass processing behaviours", *Journal of Archaeological Science* Vol. 30. 11 (2003): pp. 1385-1391.

显示：旧石器时代中期的咬痕主要来自大型食肉类动物，例如洞熊、
鬣狗、狮子，旧石器时代晚期主要来自大型到中型的食肉类，而旧
石器时代末期的咬痕仅来自小型食肉类，例如狐狸等。这说明不同
时期不同种类的食肉动物在洞穴中活动，在动物骨骼堆积和改变过
程中发挥作用，并反映出人类与食肉动物关系的变化。[1]

　　啮咬痕或啮咬破裂是判断骨骼堆积形成过程的关键依据。食肉
动物捕杀和消费猎物所形成的骨骼堆积中，啮咬破坏所占比例一般
会很高。在鬣狗进食猎物的实验中，带有咬痕的肢骨碎片占70%或
80%。被豹子捕食的动物尸骨中，带有啮咬痕迹的骨头可高达90%。
由于动物行为与生存环境的差异，不同种属的食肉动物对骨骼的破
坏和改造状况会有所不同，上述实验结果并不是绝对的参考值，但
是高比例的咬痕表明食肉动物活动是骨骼堆积形成的主要因素。在
人类拣剩的情况下，动物骨骼上也会存在较高比例的啮咬痕，有时
还可能出现啮咬痕与人工改造痕迹共存的现象。[2] 例如，周口店第一
地点的野马、水牛、鹿的骨骼上发现有动物啮咬痕迹与人工痕迹共
存的现象，并且后者叠压于前者之上。[3] 如果啮咬痕叠压在切割痕之
上，则说明动物尸体先被人类获取和利用，后来被食肉动物啮咬破
坏，德国薛宁根（Schöningen）遗址的一件大型有蹄类动物骨骼上就
发现有这样的现象。[4] 有研究指出，如果动物首先被人类获取利用，
废弃后被食肉动物啮咬破坏，那么平均只有5%—15%的肢骨骨干上

---

　　① Camarós, E., Münzel, S. C., Cueto, M., et a., "The evolution of Paleolithic hominin-carnivore interaction written in teeth: Stories from the Swabian Jura (Germany)", *Journal of Archaeological Science: Reports* Vol. 6 (2016): pp. 798-809.

　　② Potts, R., Shipman, P., "Cutmarks made by stone tools on bones from Olduvai Gorge, Tanzania", *Nature* Vol. 291. 5816 (1981): pp. 577-580.

　　③ Binford, L. R., Ho, C. K., Aigner, J. S., et al., "Taphonomy at a distance: Zhou koudian, the cave home of Beijing Man?", *Current Anthropology* Vol. 26. 4 (1985): pp. 413-442; Binford, L. R., Stone, N. M., Aigner, J. S., et al., "Zhoukoudian: a closer look", *Current Anthropology* Vol. 27. 5 (1986): pp. 453-475.

　　④ Starkovich, B. M., Conard, N. J., "Bone taphonomy of the Schöningen 'Spear Horizon South' and its implications for site formation and hominin meat provisioning", *Journal of Human Evolution* Vol. 89 (2015): pp. 154-171.

会存在啃咬痕。^① 当然，这取决于人类消费之后可供食肉动物啃咬的肉和油脂还剩多少。如果人类对猎物进行了强化消费利用，那么动物啃咬痕应当会更少。食肉动物啃咬痕迹与人类改造痕迹经常在遗址中被同时发现，这些痕迹所占的比例、共存关系（例如在不同骨骼部位上的分布情况以及在同一骨骼部位上的出现顺序）是判断骨骼埋藏历史中人类与动物活动过程的重要依据。需要注意的是，即使啃咬痕所占比例较低，也不一定说明食肉动物的作用有限，或者骨骼堆积主要是人类活动的结果。这还取决于被食肉动物啃咬过的骨骼部位的保存状况以及食肉动物的消费习惯。另一方面，食肉动物对人类废弃骨骼的啃咬可能会破坏掉之前人类屠宰动物时留下的痕迹，减少遗址中的切割痕比例。因此，分析骨骼堆积形成过程时，除了改造痕迹，还需要结合骨骼破裂特征、骨骼部位出现率等其他特征。

食肉动物的啃咬和搬运会影响骨骼部位的出现率以及动物遗存原本的空间分布结构。例如，骨髓和油脂含量较多的骨骺部位特别容易被食肉动物破坏，有时会被全部吞食掉。^② 如果食肉动物对人类废弃的骨骼进行了进一步消费和破坏，那么骨骼被废弃时的分布位置也会发生改变，可能被挪动到遗址边缘甚至被带出遗址，动物骨骼与石器等其他遗存的空间关系发生改变，可能变得相对独立或关系不甚紧密。实验表明：所有被鬣狗啃咬过的骨头都会离开它们被废弃时的原始位置，但是较小的骨骼碎片或碎块与石器的空间关系可能不会有太大变化，通常会保留在原地。^③

除了食肉动物，鸟类、啮齿动物的活动也可以形成骨骼堆积。

① Blumenschine, R. J., "An experimental model of the timing of hominid and carnivore influence on archaeological bone assemblages", *Journal of Archaeological Science* Vol. 15. 5 (1988): pp. 483-502.

② Binford, L. R., *Bones: Ancient Men and Modern Myths* (Studies in archaeology), New York: Academic Press, 1981.

③ Binford, L. R., *Debating Archaeology* (*Studies in Archaeology*), San Diego: Academic Press, 1989, p. 369.

鸟类堆积骨骼的情况在第一章提及。啮齿动物能够搬运骨头或者使原有的骨骼堆积发生位移。[1] 具有一定风化特征、缺少油脂的骨头相对更容易受啮齿动物的改造，留下啃咬痕迹。啮齿动物的咬痕是一组紧密排列的、平行的、宽的浅凹痕迹[2]，比较容易与人类的屠宰痕迹以及食肉动物的啃咬痕迹区分。

3. 人类对动物骨骼的改造

人类活动，例如屠宰、加工、消费动物资源、制造工具、用火等可以造成骨骼破裂、骨骼特性改变，或者在骨骼表面留下痕迹（这里统称为人工改造特征），也是判断骨骼堆积形成过程的重要证据。在埋藏学研究中，我们不仅要观察人工改造特征是否存在，还要分析其出现率，观察、统计人工痕迹集中出现在哪些骨骼部位上，以及在骨骼部位上的具体位置与分布特点，为判别人类或食肉动物谁先获取肉食资源以及解读人类行为过程提供依据。

切割痕是人类屠宰动物过程中带有切割刃缘的石器与动物骨头接触所形成的痕迹，是出土动物骨骼表面最常见的改造痕迹之一，是人类利用动物资源的直接证据。切割痕的形态特点是：直的、窄长线状痕，横截面多呈 V 形[3]，痕迹尾端变细变弱（图 2-6）。痕迹内壁边缘通常含有多条与痕迹长轴平行的划痕。痕迹两侧有时伴随出现偏离主线状痕且有时与主线状痕平行的较短痕迹。[4] 切割痕有时

---

[1] Brain, C. K., "Some criteria for the recognition of bone-collecting agencies in African caves", In: Behrensmeyer, A. K., Hill, A. P., (eds.), *Fossils in the Making*, Chicago: University of Chicago Press, 1980, pp. 107-130; Brain, C. K., *The Hunters or the Hunted? An Introduction to African Cave Taphonomy*, Chicago: University of Chicago Press, 1981.

[2] Lyman, R., *Vertebrate Taphonomy* (Cambridge manuals in archaeology), Cambridge: Cambridge University Press, 1994.

[3] 使用未修理石片产生的切割痕通常比食肉动物啃咬痕窄且深。

[4] Shipman, P., Rose, J., "Early hominid hunting, butchering, and carcass-processing behaviors: approaches to the fossil record", *Journal of Anthropological Archaeology* Vol. 2.1 (1983): pp. 57-98.

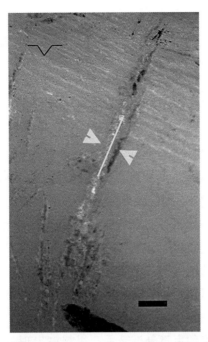

图 2-6 使用简单石片切割形成的一系列切割痕（比例尺 = 500 微米）[1]

成组出现，包含若干条相互平行或近平行的痕迹[2]，是在骨头上某个区域反复切割的结果。切割痕的形态受到石器切割刃缘形状、手拿工具的角度、工具作用在骨头上的力度、屠宰过程中骨膜或其他软组织的附着情况等因素的影响。

切割痕在骨骼上的分布位置或在特定位置上的出现率能够反映具体的屠宰行为，例如剥皮、取出脏器、肢解、割肉等，也能够为判断人类获取动物的方式——狩猎或捡剩提供证据。给动物尸体剥皮容易在角的底部、头骨上颌与下颌前端、掌跖骨靠近近端和远端关节

① Domínguez-Rodrigo, M., De Juana, S., Galan, A. B., et al., "A new protocol to differentiate trampling marks from butchery cut marks", *Journal of Archaeological Science* Vol. 36. 12 (2009): pp. 2643-2654.

② Domínguez-Rodrigo, M., "Hunting and scavenging by early humans: the state of the debate", *Journal of World Prehistory* Vol. 16. 1 (2002): pp. 1-54.

的部位以及趾骨上留下痕迹。[1] 这些部位上的皮与骨骼紧密依附，很难在不切割到骨头的情况下把皮剥下来。[2] 取出脏器可能会在肋骨的腹面和脊椎骨上留下切割痕。取出舌头可能会在下颌支的舌面留下切割痕。肢解往往会在长骨骨骺或靠近骨骺的部位、腕骨和跗骨、脊椎骨上留下切割痕。[3] 从骨盆上割肉可能在耻骨和髂骨上留下痕迹。从肩胛骨上割肉可能在肩胛板上形成与骨骼长轴平行的切割痕。切割痕的多少与屠宰人员的技能、使用工具的力度、工具的锋利程度、动物尸体大小、动物死亡时的状态、屠宰尸体时骨骼表面的暴露情况（指人类通过狩猎或拣剩获取肉食的区别）、骨膜或其他软组织的厚度、对动物尸体开发利用的彻底程度等因素有关。[4] 民族学观察和人工实验表明，在很多情况下人类可以在不留下任何痕迹或者留下很少痕迹的情况下完成对动物尸体的剥皮、肢解、割肉工作。[5] 因此，不能因为屠宰痕迹缺乏而否定骨骼堆积的人工性质，很少量的屠宰痕迹也不一定反映拣剩行为。多个遗址中出土的动物骨骼上切割痕的出现率也的定量分析显示：切割痕出现率的差异可能与骨

[1] Binford, L. R., *Bones: Ancient Men and Modern Myths*, New York: Academic Press, 1981, p. 107.

[2] Reiz, E. J., Wing, E. S., *Zooarchaeology (second edition)*, Cambridge: Cambridge University Press, 2008, p. 102.

[3] Binford, L. R., *Bones: Ancient Men and Modern Myths*, New York: Academic Press, 1981, p. 134.

[4] Fisher, J. W., "Bone surface modifications in zooarchaeology", *Journal of Archaeological Method and Theory* Vol. 2. 1 (1995): pp. 7-68; Lupo, K. D., O'Connell, J. F., "Cut and tooth mark distributions on large animal bones: ethnoarchaeological data from the Hadza and their implications for current ideas about early human carnivory", *Journal of Archaeological Science* Vol. 29. 1 (2002): pp. 85-109; Lupo, K. D., "What explains the carcass field processing and transport decisions of contemporary hunter-gatherers? Measures of economic anatomy and zooarchaeological skeletal part representation", *Journal of Archaeological Method and Theory* Vol. 13. 1 (2006): pp. 19-66; Binford, L. R., *Nunamiut: Ethnoarchaeology*. New York: Academic Press, 1978.

[5] Gifford-Gonzalez, D., "Ethnographic analogues for interpreting modified bones: some cases from East Africa", *Bone Modification* (1989): pp. 179-246; Crader, D., "Recent single-carcass bone scatters and the problem of 'butchery' sites in the archaeological record", In: Clutton-Brock, J., Grigson, C., (eds.), *Animals and Archaeology*, Vol. 1. *Hunters and Their Prey*, Oxford: BAR International Series No. 163, 1983, pp. 107-141.

骼部位出现率，特别是长骨的出现率最直接相关。长骨的破裂影响着长骨的出现率，而食肉动物的啃咬是造成长骨破裂的重要因素，因而骨骼破裂程度以及食肉动物改造特征的出现率也是影响切割痕出现率的重要变量。[①]

砍砸骨头是狩猎采集人群生活中常见的活动，主要目的是获取骨髓。砍砸骨头之前的一个重要步骤是刮骨。只有事先刮过骨表之后，才能更好地控制砍砸的动作，更有效地敲骨取髓。刮骨可以在骨表产生多条相互间隔很小的平行或近平行的窄长线状痕迹。[②] 这种痕迹相对于切割痕来说是比较浅的。刮过之后，可以把骨头用轻火烧烤1—2分钟，然后再借助石锤和石砧敲骨取髓。[③] 对于长骨来说，可以在骨干的中间部位砍砸。有些动物肢骨中的骨髓，比如斑马，只有少量可以比较容易地从髓腔中脱离出来，大部分则卡在松质骨里边。[④] 因此，人们通常把已经砸开的肢骨进一步砸碎。这种做法会使得有些骨骼部位难以得到保存，而有些部位，特别是肢骨的骨干难以得到鉴定。有时，在肢解过程中人们也会砍砸骨头，因为有些骨骼部位之间的韧带不容易被切断，如果人类使用的是大型、重型工具，那么可能会通过砍砸的方式分离骨头（例如股骨和髋骨之间，肱骨和肩胛骨之间）。[⑤] 用石锤砍砸骨头，可以在骨头内壁边缘形成

① Domínguez-Rodrigo, M., Yravedra, J., "Why are cut mark frequencies in archaeofaunal assemblages so variable? A multivariate analysis", *Journal of Archaeological Science* Vol. 36. 3 (2009): pp. 884–894.

② Potts, R., Shipman, P., "Cutmarks made by stone tools on bones from Olduvai Gorge, Tanzania", *Nature* Vol. 291. 5816 (1981): pp. 577–580.

③ Lupo, K. D., "Experimentally derived extraction rates for marrow: implications for body part exploitation strategies of Plio-Pleistocene hominid scavengers", *Journal of Archaeological Science* Vol. 25. 7 (1998): pp. 657–675.

④ Sisson, S., Grossman, J. D., *The Anatomy of the Domestic Animal* (4 *Edn.*), Philadelphia: W. B. Saunders Company, 1953, p. 21.

⑤ Domínguez-Rodrigo, M., "Meat-eating by early hominids at the FLK 22Zinjanthropussite, Olduvai Gorge (Tanzania): an experimental approach using cut-mark data", *Journal of Human Evolution* Vol. 33. 6 (1997): pp. 669–690; White, T. E., "Observations on the butchering technique of some aboriginal peoples: I", *American Antiquity* Vol. 17. 4 (1952): pp. 337–338. 如果人类使用的是小型石片或石片工具，便可以切断一些骨头之间的韧带，在使得骨头不发生破裂、破碎的情况下，将它们分离。

较宽大的贝壳状破裂疤（这里称为砍砸疤）（图2-7），并且产生骨片[1]（砍砸疤和骨片比食肉动物啃咬形成的破裂疤和骨片大得多[2]，骨片的台面角呈钝角，通常比食肉动物啃咬形成的骨片的台面角大[3]）（图2-8）。砍砸疤常见于肢骨骨干、下颌骨和头骨上。砍砸造成的骨头破裂形态与骨头的新鲜程度密切相关。[4] 实验表明：新鲜骨

图2-7　人工砍砸造成的骨头破裂以及破裂疤[5]

图2-8　砍砸骨头过程中产生的骨片[6]

---

① Capaldo, S. D., Blumenschine, R. J., "A quantitative diagnosis of notches made by hammerstone percussion and carnivore gnawing on bovid long bones", *American Antiquity* Vol. 59. 4 (1994): pp. 724-748.

② Bunn, H. T., "Archaeological evidence for meat-eating by Plio-Pleistocene hominids from Koobi Fora and OlduvaiGorge", *Nature* Vol. 291. 5816 (1981): pp. 574-577.

③ Domínguez-Rodrigo, M., Barba, R., Egeland, C. P., *Deconstructing Olduvai: a Taphonomic Study of the Bed I Sites*, Dordrecht: Springer, 2007.

④ Villa, P., Mahieu, E., "Breakage patterns of human long bones", *Journal of Human Evolution* Vol. 21. 1 (1991): pp. 27-48.

⑤ 照片标本来源：北京大学考古文博学院动物考古实验室的实验标本。

⑥ 照片标本来源：河南老奶奶庙遗址出土。

骼（指骨骼中含有骨髓和油脂）的破裂形态以螺旋状为主（图 2-9），破裂面比较光平并且与骨骼表面之间的角度多为锐角；新鲜度较差或者干燥的骨骼更容易形成诸多纵向和横向的破裂面，破裂面与骨骼表面的夹角多呈直角，且破裂面边缘凹凸不平。[①] 此外，石锤的类型、动物体型大小等因素也会对骨骼破裂形态产生影响。[②] 需要注意的是，除了人类的屠宰加工活动，食肉动物也可以造成骨骼的螺旋状破裂。[③] 因此，我们不能单独依赖这项特征对人类行为进行判断，应当综合动物遗存所包含的其他信息进行综合分析。一般来说，人类和食肉动物造成的破裂骨骼中，横向破裂以及破裂面与骨骼表面为直角的骨骼所占的比例较低。若遗址中干燥状态下破裂的骨骼占

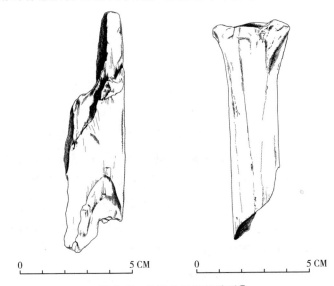

0   5 CM   0   5 CM

图 2-9　长骨的螺旋状破裂[④]

①　Morlan, R. E., "Toward the definition of criteria for the recognition of artificial bone alterations", *Quaternary Research* Vol. 22. 2 (1984): pp. 160-171.

②　Domínguez-Rodrigo, M., Egeland, C. P., Barba, R., "The 'home-base' debate", In: Domínguez-Rodrigo, M., Barba, R., Egeland, C. P., (eds.), *Deconstructing Olduvai: A taphonomic study of the Bed I Sites*, Dordrecht: Springer, 2007, pp. 1-10.

③　Brain, C., *The Hunters or the Hunted？ An Introduction to African Cave Taphonomy*, Chicago: University of Chicago Press, 1981.

④　照片标本来源：河南老奶奶庙遗址出土。

有较高比例，则需要考虑骨骼在被掩埋前和掩埋后受到踩踏、崩塌、沉积物重压等作用改造的可能。[1]遗址中破裂、破碎的肢骨残片虽然很多时候不能提供动物种类、骨骼部位的详细信息，但往往能够提供骨骼破裂模式、破裂程度和痕迹特征方面的很多线索，这类遗存应当受到关注并被纳入到整体研究之中。

人类对动物骨骼的改造活动还包括把肢骨、鹿角等制作成特定形态的工具，或者选择某些部位的骨头直接当作工具使用。从实验来看，干燥的骨骼相对更适合处理皮子、木材等活动。新鲜的骨头表面富有油脂，在使用过程中会遇到困难。制作骨器或者直接使用骨头都会刮骨表，从而产生刮痕。制作骨器的过程中还会形成刻划痕、磨光痕、钻孔痕等。[2] 与制作骨器留下的痕迹相比，使用痕迹的识别和判定具有不确定性和难度。有些使用方式或者普通的使用强度不容易留下鲜明的、肉眼易识别的痕迹，但也有实验发现：使用骨头或骨器，可以在骨表产生微痕，其特征包括条痕、磨圆、磨平和光泽。如果骨头用来穿刺、钻皮子，那么使用部位的骨表会变得比较平整，出现磨圆，形成短且深的横向条痕。穿刺干皮子比穿刺新鲜皮子留下的条痕更深且更密。"抹光抹平"的使用方式留下的痕迹包括骨表磨平，即骨表的自然凹陷被磨平（通常肉眼就可以观察到），出现条痕，但其在骨表的分布不确定。抹光皮子可以造成骨表比较平整、出现磨光，形成窄、直、深的条痕。加工皮子还可以造成骨头边缘以及松质骨孔隙的边缘出现磨圆。抹光陶器则造成骨表不平整，使用部位磨圆，形成较深的但宽窄不一的条痕。[3]

---

① Bar-Oz, G., "Epipaleolithic subsistence strategies in the Levant: A zooarchaeological perspective (American School of Prehistoric Research monograph series)", Boston: Brill Academic, 2004, p. 30. ; Marean, C. W., Abe, Y., Frey, C. J., et al., "Zooarchaeological and taphonomic analysis of the Die Kelders Cave 1 layers 10 and 11 middle stone age larger mammal fauna", *Journal of Human Evolution* Vol. 38. 1 (2000): pp. 197-233.

② 曲彤丽，CONARD，N.：《德国旧石器时代晚期骨角器研究及启示》，《人类学学报》，2013年第2期，第169—181页。

③ Buc, N., "Experimental series and use-wear in bone tools", *Journal of Archaeological Science* Vol. 38. 3 (2011): pp. 546-557.

使用动物骨头修理石器会形成独特的痕迹特征①（图 2-10），包括：（1）短且深的沟槽或线状痕、其剖面呈 V 型；（2）有时沟槽的一侧面可见细微条痕；（3）沟槽或线状痕区域伴有小坑疤；（4）痕迹通常聚集成组，近平行地分布于骨头或破裂骨干靠近端部的表面；（5）疤痕整体上的分布方向与骨干的长轴垂直或斜交。此外，骨骼表面使用痕迹集中的地方也会出现相对粗糙的擦蹭面或条痕。骨表沟槽或线状痕的深度、长短和分布状态（比如密度）、方向等会因骨头自身的特点（比如油脂的含量）、使用程度、石器毛坯的刃角、石制品岩性等有所差别。②

图 2-10　使用骨头修理石器产生的痕迹特征③

对骨头使用痕迹的识别还有赖更多实验工作的开展，同时需要考虑埋藏过程中自然作用对骨骼的磨损与改造。例如，水流搬运或者动物踩踏使得砂粒与骨骼接触，可以在骨骼上形成磨圆和光泽等痕迹，特别是在骨骼的边缘、突出的部分或骨骼表面。④ 因此，我们不能仅依据磨圆或磨光判断骨头曾作为工具被使用，需要结合其他微观痕迹特征进行分析、排除自然作用因素，同时也应考虑到堆积后过程中自然作用对人类使用痕迹进行改造的可能性。

---

① 修理石器的骨头被称为骨质修理器，这种工具上的痕迹特征经过了丰富的实验考古研究的证明。

② 曲彤丽、陈宥成：《骨质修理器——石器修理的新视角》，《南方文物》，2014 年第 2 期，第 97—100 页。

③ 标本来源：北京大学考古文博学院标本室收藏的法国旧石器时代中期遗址标本。

④ Behrensmeyer, A. K., "Time resolution in fluvial vertebrate assemblages", *Paleobiology* (1982): pp. 211-227. Brain, C., *The Hunters or the Hunted? An Introduction to African Cave Taphonomy*, Chicago: University of Chicago Press, 1981.

4. 踩踏作用

踩踏作用在骨表留下的痕迹是遗址中较为常见或相对容易被识别的现象。踩踏痕迹的形成与踩踏强度密切相关。实验表明，经过几秒钟的踩踏，骨头表面就可以出现很细、很浅的条痕，条痕在骨表分布广泛，它们之间斜着交叉。如果踩踏时间长、强度大，骨骼上还可能会出现光泽，痕迹数量显著增加，并且出现凹坑或剥片现象，骨骼破裂边缘出现磨圆。[①] 踩踏痕的形成与基质沉积物类型也存在关系：沉积物颗粒越粗，踩踏痕的数量可能越多；沉积物的可穿透性越小，骨头越有可能发生破损。踩踏痕与屠宰产生的切割痕，特别是与修理过的工具所产生的切割痕经常在某些方面存在相似性，比如痕迹的方向（与骨骼主轴斜交）、痕迹凹槽的形状（底部较宽）、伴随出现细微条痕等。因此，这两种痕迹容易混淆。大多数踩踏痕的轨迹是弯曲的，缺少崩片现象，痕迹凹槽底部较宽，内壁边缘较为光滑，不像切割痕那样存在很多平行的条痕。[②]（图 2-11）。

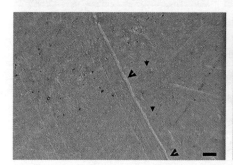 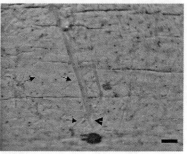

图 2-11　踩踏痕[③]

（大箭头标示痕迹沟槽较宽的特征以及弯曲的轨迹；小箭头标示与主要踩踏痕斜交的细微条痕）

---

① Domínguez-Rodrigo, M., De Juana, S., Galan, A. B., et al., "A new protocol to differentiate trampling marks from butchery cut marks", *Journal of Archaeological Science* Vol. 36. 12（2009）: pp. 2643-2654.

② Domínguez-Rodrigo, M., De Juana, S., Galan, A. B., et al., "A new protocol to differentiate trampling marks from butchery cut marks", *Journal of Archaeological Science* Vol. 36. 12（2009）: pp. 2643-2654.

③ Ibid.

在经过强大力量的踩踏后，骨骼甚至会发生凹陷和变形。西班牙阿姆布罗纳（Ambrona）遗址发现的象头骨和下颌骨发生了严重的凹陷破损。后期沉积物堆积后，在重压作用下也是有可能形成类似破损的。然而，象骨埋藏在细颗粒、较为均质的堆积物——粉砂黏土之中，其中不包含大块的砾石与石块。因此，研究人员判断象骨的凹陷变形有可能是大象或其他超大型动物踩踏造成的，而非沉积物重压所致。[①]

5. 物理风化作用

风化是矿物和岩石在温度、大气、水溶液及生物等因素的作用下发生物理破碎崩解、化学分解和生物分解等复杂过程的综合。风化程度是判断骨骼保存状况和埋藏历史的重要指标。这里，我们主要讨论动物骨骼的物理风化，表现为骨表面的开裂、物理结构的改变。如果长期暴露在露天环境下，在日夜温差或季节性温度变化、湿度变化的影响下，骨骼会发生干裂，甚至完全解体。一般来说，骨骼暴露时间越长，表面风化的程度越高。据研究，骨骼在地表暴露超过 4 年，就会发生明显甚至非常严重的风化。然而，除了时间因素外，骨骼风化的速度和风化特征还与骨骼堆积的微环境、骨骼自身条件（例如不同体型动物的骨骼、不同年龄个体的骨骼、不同骨骼部位［趾骨的风化要比同一骨架中的其他骨骼部位的风化速度慢］）等因素有关。[②]

贝伦斯梅尔（A. K. Behrensmeyer）建立了骨骼风化程度的判断

---

① Villa, P., Soto, E., Santonja, M., et al., "New data from Ambrona: closing the hunting versus scavenging debate", *Quaternary International* Vol. 126 (2005): pp. 223–250.

② Brain, C., *The Hunters or the Hunted? An Introduction to African Cave Taphonomy*, Chicago: University of Chicago Press, 1981; Lyman, R. L., Fox, G. L., "A critical evaluation of bone weathering as an indication of bone assemblage formation", *Journal of Archaeological Science* Vol. 16. 3 (1989): pp. 293–317; Lyman, R. L., *Vertebrate Taphonomy*, Cambridge: Cambridge University Press, 1994.

标准①，由 6 个级别表示。0 级：骨骼无风化，骨表没有开裂和起片现象，骨骼仍含有油脂，有时骨表带有皮、肌肉、韧带。1 级：骨表开始出现细裂纹，软组织可能存在。2 级：骨表最外层伴随着裂纹开始出现起片现象，裂纹的边缘棱角分明。在起片的最初阶段，薄片的一个边缘和几个边缘仍与骨骼连在一起，此后起片向更深、更广的方向发展，软组织可能仍然存在。3 级：骨骼最外层消失，骨密质暴露，骨骼出现纤维质地。风化的深度不超过 1—1.5mm，软组织已基本不存在。4 级：骨表为粗糙的纤维质地，风化深入骨骼内部，裂纹加深，形成大的或小的裂片，裂片可能会与骨骼分离。5 级：骨骼解体成大的裂片，骨骼的原始形状可能难以识别。从 0 级到 5 级，骨骼裂纹的数量、开裂的程度、骨表的粗糙程度逐渐增加。需要注意的是：这 6 个等级的特征主要适用于大、中型哺乳动物（体重大于 5kg）骨骼风化状况的判断，小型哺乳动物以及其他种类动物骨骼的风化特征会有所不同。牙齿的风化则与牙齿萌出和磨损的情况、牙釉质与牙本质的比例以及牙齿的整体形状都有关系，不容易发现其风化特征的规律性变化。②

如果出土动物骨骼的风化程度基本一致，那么这些骨骼有可能反映动物的灾难性死亡，或者说明某些环境因素阻止了后来不断增加的骨骼堆积的风化，抑或者反映相对短期的人类活动。如果遗址中包含各个风化等级的动物骨骼或者不同等级所占比例相当，则说明骨骼堆积的形成可能经历了很长的时间，或者反映人类对遗址长时间的占用。当然，也可能说明不同时期的骨骼或不同事件所留下的骨骼由于某种原因共同出现在遗址上，即骨骼来源复杂。对此，我们可以结合不同风化等级的骨骼的空间分布、骨骼的其他埋藏特征以及上述影响骨骼风化的因素做进一步分析。

---

① Behrensmeyer, A. K., "Taphonomic and ecologic information from bone weathering", *Paleobiology* Vol. 4. 2（1978）: pp. 150–162.

② Ibid.

6. 成岩作用

骨骼由无机物（约70%）、有机物以及水组成。与骨骼相比，牙釉质中无机物所占比例更高，可达95%，是最坚硬、最致密的骨骼组织。成岩作用在很大程度上影响着骨骼的保存，与微生物活动、埋藏环境、有机物的分解密切相关。真菌和细菌可以使骨胶原分解、从骨头中消失，骨头变得非常多孔、易碎，骨骼晶体因而更多地被暴露。在非常干燥的环境中，在冻土、永冻土环境中，或者在稳定的水体环境中，骨骼有可能被很好地保存下来。然而，如果骨头埋藏在变化的、动力比较强的水流环境中，比如地下水较为快速地流经骨头，骨头中的矿物就会遗失，成岩作用更容易发生。[①]

骨骼得以保存的最佳 PH 值处于 7.6—8.2 之间。洞穴中有机酸的释放、鸟粪的氧化可以形成 PH 值较低的堆积环境，当 PH 值小于7 时，骨骼就会溶解，堆积中形成更稳定的磷酸盐，骨骼被废弃时的原始空间分布格局也就会发生变化。[②] 在中性或碱性环境中，矿物会保存下来，并可以在很长的时间里不发生改变，因而含有较多碳酸盐的堆积环境往往有利于骨骼的保存。[③] 如果遗址中的贝壳、螺壳得到了较好的保存，或者保存了完全或部分由原始方解石构成的灰烬，那么在这种环境中骨头是可以得到较好保存的。如果在这些堆积环境中没有发现骨头，则说明该环境中没有存在过骨头。

如果遗址中有的区域骨骼堆积丰富，有的区域骨骼缺失，空间分布差异显著，我们需要思考这种分布特点的形成原因。在确定骨

---

① Berna, F., Matthews, A., Weiner, S., "Solubilities of bone mineral from archaeological sites: the recrystallization window", *Journal of Archaeological Science* Vol. 31. 7 (2004): pp. 867-882.

② Ibid.

③ Weiner, S., Goldberg, P., Bar-Yosef, O., "Bone preservation in Kebara Cave, Israel using on-site Fourier transform infrared spectrometry", *Journal of Archaeological Science* Vol. 20. 6 (1993): pp. 613-627; Weiner, S., *Microarchaeology: Beyond the Visible Archaeological Record*, New York: Cambridge University Press, 2010.

骼堆积源于人类行为的前提下，一种可能的情况是：这两个区域中骨骼堆积的环境没有明显差异，都含有丰富的方解石或碳酸羟基磷灰石。动物遗存丰富的区域是人类集中处理、利用动物资源并最终弃置骨头的地方，或者是骨骼垃圾的集中放置区，而骨骼缺失的区域则代表人类不曾在这些地方废弃和堆积过骨头。另一种可能是：不同埋藏环境导致骨骼的不同保存状况，即骨骼的"缺失"是因为在堆积后过程中骨头发生溶解（缺乏骨骼的堆积单位中应当缺少碳酸羟基磷灰石和方解石，但包含更加稳定的矿物[①]），进而导致骨骼在空间分布上的显著差异。以色列科巴拉（Kebara）洞穴莫斯特文化层中动物骨骼的空间分布特点显示：洞内南部没有发现任何骨头，而中部和北部区域骨头数量较多。研究者对堆积物中不稳定矿物成分进行分析，将其稳定性与骨骼的主要成分——羟基磷灰石的稳定性进行比较，并结合堆积中碳酸羟基磷灰石的分布状况，指出遗址南部骨头的缺失是溶解的结果。[②] 洞穴中部存在三个动物骨骼集中分布区。微形态和傅里叶红外光谱分析表明这些集中分布区的内部和外部的埋藏环境相同，都包含成岩作用下形成的大量碳酸磷灰石。因此，骨骼集中分布应当是人类活动的结果，而不是源于集中区内、外部骨骼的保存状况不同。[③]

综上，动物骨骼的保存取决于很多方面，包括骨骼暴露的时间、堆积动力以及堆积后过程中的作用因素、埋藏环境等。在堆积后过程中，物理作用与化学作用会对骨骼造成破坏，使其尺寸、形状、

---

① Stiner, M. C., Kuhn, S. L., Surovell, T. A., et al., "Bone preservation in Hayonim Cave (Israel): a macroscopic and mineralogical study", *Journal of Archaeological Science* Vol. 28. 6 (2001): pp. 643-659.

② Weiner, S., Schiegl, S., Goldberg, P., et al., "Mineral assemblages in Kebara and Hayonim caves, Israel: Excavation strategies, bone preservation, and wood ash remnants", *Israel Journal of Chemistry* Vol. 35. 2 (1995): pp. 143-154.

③ Weiner, S., Goldberg, P., Bar-Yosef, O., "Bone preservation in Kebara Cave, Israel using on-site Fourier transform infrared spectrometry", *Journal of Archaeol Science* Vol. 20 (1993), pp. 613-627.

结构、密度、成分发生改变①，甚至造成动物遗存的消失。流水的搬运和冲刷、动物啃咬和踩踏可以使骨头发生破损、磨圆，这些改变通常是肉眼可以识别的；有些变化则需要在结合自然堆积物成分的微观分析中得到揭示，例如酸性环境加速骨头的溶蚀，最终导致其分解；在含有碳酸钙的渗流环境中，骨头会发生石化等。

五、 研 究 案 例

下面通过国内外旧石器时代的典型遗址，阐述动物骨骼埋藏过程分析的视角与方法以及相关问题。

1. 西班牙阿姆布罗纳（Ambrona）遗址

阿姆布罗纳遗址位于西班牙阿姆布罗纳河谷，距今 40 多万年。遗址中包含不同的堆积环境，其中都出土有动物遗存与石制品。湖相堆积中的动物骨骼绝大多数属于原地埋藏，特别引人注意的是象骨。20 世纪 70 年代，发掘者认为象骨是人类多次狩猎活动留下的——人类驱赶大象使它们陷入泥沼，然后借助石器或木器将其捕获。堆积中石器与象骨共存，不同类型的石器可能具有不同的屠宰和加工用途。② 据此，该遗址曾经被认为是狩猎—屠宰大象的地点。后来有学者对遗址中石器和动物骨骼之间的关联提出质疑：虽然遗址中存在石器，但这不一定说明人类的狩猎和屠宰活动在骨骼堆积形成过程中起了主要作用。首先，石器数量非常少，骨头和石器在空间上比较分散，遗址中也没有发现用火遗迹，只有散布在整个遗址中的炭屑，不排除在自然野火中形成的可能。有些象骨的破裂是

---

① Lyman, R. L., *Vertebrate Taphonomy*, Cambridge：Cambridge University Press, 1994.

② Freeman, L. G., "Acheulean sites and stratigraphy in Iberia and the Maghreb", In：Butzer, K. W., Isaac, G. Ll. (Eds.), *After the Australopithecines*, Mouton：The Hague, 1975, pp. 661-743.

食肉动物造成的，遗址上还存在鬣狗的粪化石，说明食肉动物曾经在遗址上活动。[1] 其次，象骨上的人类屠宰痕迹非常有限。骨骼的风化特征以及遗址细微堆积单位的分析显示，大象尸骨的堆积经历了很长的过程。象骨与其他种类动物的骨骼部位构成表明人类是通过机会拣剩得到象的尸骨的，而不是狩猎。因此，石制品、粪化石、动物骨骼的共存可能存在偶然性，因为遗址靠近水源，人类和动物频繁地在此活动，它们各自留下的遗存是有可能堆积在一起的。此外，石制品和动物骨骼的出土背景非常复杂，出自一个从河流相到湖相再到坡积的沉积环境序列中，而不是共存于某些单纯的活动面之中。因此，动物骨骼和石器并不能反映有计划的、有效的狩猎活动。[2]

　　针对争论，研究人员后来又对阿姆布罗纳遗址进行了多次发掘，对动物骨骼，特别是象骨，以及共存石制品的堆积成因和相互关系重新分析，并据此对旧石器时代早期人类行为和遗址占用过程重新作出解释。AS3 层中发现了一只象的大部分骨架，包括头骨、完整的下颌、两个门齿、大部分脊椎骨和肋骨、两个肩胛骨、髋骨、一些肢骨，这些骨骼埋藏在粉砂黏土之中。象骨多数按照骨架结构分布或相连[3]，出土的鹿骨也存在类似现象。通常，只有在动物自然死亡后被较为快速地掩埋才会形成这样的状态。缺失的骨骼部位有趾骨、籽骨、跖骨、跗骨、若干掌骨和若干腕骨、左肱骨、右股骨和左腓骨（图 2-12）。一般来说，大象死亡后，其腕骨、跗骨、趾骨和尾椎是最先被食肉类动物拣食或带走的。[4] 遗址中这些骨骼的缺失

　　① Klein, R. G., "Reconstructing how early people exploited animals: problems and prospects", In: Nitecki, M. H., Nitecki, D. (Eds.), *The Evolution of Human Hunting*, New York: Plenum Press, 1987, pp. 11-45.

　　② Villa, P., Soto, E., Santonja, M., et al., "New data from Ambrona: closing the hunting versus scavenging debate", *Quaternary International* Vol. 126 (2005): pp. 223-250.

　　③ Ibid.

　　④ Haynes, G., "Longitudinal studies of African elephant death and bone deposits", *Journal of Archaeological Science* Vol. 15 (1988): pp. 131-157.

有可能是食肉动物活动造成的。骨骼部位的空间位置关系显示：6 根肋骨和 1 件胸椎埋藏在头骨之下，右肱骨和左桡骨被压在门齿之下，右肩胛骨靠近头部的边缘部分破裂，并与肩胛骨骨板分离了几厘米。这些空间分布特点有可能是动物骨骼暴露在地表期间在踩踏和其他作用力下发生位移或受到破坏的结果。象骨集中分布区的外围边缘发现有若干石制品，但石制品没有能够拼合的，从纵向分布看，它们与象骨可能大体同时，但不一定形成于同一事件。

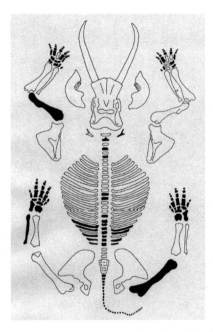

图 2-12　象骨架示意图，黑色为 Ambrona 遗址 AS3 层中缺失的骨骼部位[①]

　　改造痕迹和破裂特征分析显示：象骨风化的程度很轻，多数骨表没有开裂。很多骨骼上留有植物根系痕迹，与湖相埋藏环境有关。象骨的某些部位，如头骨、下颌骨、桡骨等表面存在凹陷破裂（图 2-13）。这种破裂特征不可能是沉积物重压所致，因为 AS3 层的

　　①　Villa, P., Soto, E., Santonja, M., et al., "New data from Ambrona: closing the hunting versus scavenging debate", *Quaternary International* Vol. 126 (2005): pp. 223-250.

沉积物为粉砂黏土并且其中不包含大型石块。因此，破裂应当是发生在象骨被掩埋之前，可能是被大象踩踏而形成的。有些骨骼上还发现了掩埋之后在挤压或压实作用下形成的网状分布的裂缝。象骨上没有发现啃咬痕迹，但是有很少量的切割痕与砍砸破裂。象骨上的切割痕与其他有蹄类动物相比更少，可能与象骨骨膜很厚有关。现代屠宰大象的实验表明，象骨上各类屠宰痕迹的出现率很低。[1] 另外，狩猎人群通常不会砍砸象的肢骨来获得骨髓，因为象的肢骨中缺少髓腔，但是人们会仔细地提取填充在松质骨中的骨髓。AS3 层中有两件股骨，远端具有砍砸后形成的破裂，有可能与骨髓的获取有关。除了人工改造痕迹，骨骼的分布状态也是判断屠宰行为是否存在的重要依据。在一些古印第安遗址中，多个个体的猛犸象骨头成

图 2-13　象下颌骨的凹陷特征[2]

堆地堆在一起，而从堆积动力和环境看，这种聚集分布无法在流水或其他地质作用的搬运下形成。骨骼的出现率与它们的重量、尺寸以及水流动力没有相关关系，也表明象骨的聚集分布状态不是在自

　　① Crader, D. C., "Recent single-carcass bone scatters and the problem of "butchery" sites in the archaeological record", In: Clutton-Brock, J., Grigson, C. (eds.), *Animals and Archaeology*, Vol. 1. *Huntersand their Prey*, BAR International Series163 (1983): pp. 107-141.

　　② Villa, P., Soto, E., Santonja, M., et al., "New data from Ambrona: closing the hunting versus scavenging debate", *Quaternary International* Vol. 126 (2005): pp. 223-250.

然作用力下形成的。[①] AS3层的象骨尽管存在集中分布的现象，但这些骨骼只代表一头象，很难推断出狩猎行为或者排除非人为因素在骨骼堆积形成中的作用。此外，AS3层中骨骼和石制品的破碎与磨损、骨骼部位的位移显示出它们经过了流水、踩踏等作用的改造。也就是说，遗存的堆积过程中除了人类活动，还存在着流水作用和动物活动因素。各类证据的综合分析表明，阿姆布罗纳遗址AS3层象骨的可能堆积过程是：大象在靠近水源的地方自然死亡，尸骨受到食肉动物的破坏和改造，人类发现象骨后对其进行了利用。然而，人类活动和象骨的具体关联以及这些堆积反映的人类活动细节尚不能完全确定。[②]

2. 德国薛宁根（Schöningen）遗址

薛宁根遗址位于德国北部，是旧石器时代早期晚段的一处湖滨遗址。遗址中含有间冰期的湖相沉积物，记录了湖面的周期性波动。遗址被掩埋后处于饱水环境中，因而各类遗存得到了非常好的保存。薛宁根13II—4层（也被称为标枪层）出土了大量动物遗存，以野马为主，其余为原始牛、鹿科动物、犀牛、野猪以及少量食肉动物。骨骼的尺寸比较大（所有发掘单位都进行了仔细的水选，因此骨骼尺寸较大的特点不是材料收集不全所造成的）。遗址中没有发现烧骨，但存在被矿物浸染的深色骨骼。骨骼磨损不显著，风化程度普遍较低，有相当比例的骨骼没有风化，骨表保存状况良好，反映了动物遗存在低能流水动力的湖滨环境中被较为迅速掩

---

① Frison, G. C., Todd, L. C., *The Colby Mammoth Site*, Albuquerque: University of New Mexico Press, 1986.

② Villa, P., Soto, E., Santonja, M., et al., "New data from Ambrona: closing the hunting versus scavenging debate", *Quaternary International* Vol. 126 (2005): pp. 223-250.

埋的过程。① 马骨中各个骨骼部位都存在，出现率相对均衡，后肢上部的出现率最高，其次为头骨和前肢上部，再次为脊椎骨、前肢下部、后肢下部，足部出现率最低。骨骼部位出现率与骨密度的相关性检验显示：二者没有相关关系。因此，野马骨骼应当较为完整地存在于或被较为完整地带入该地点。动物死亡年龄分析显示，遗址中存在非常幼小的个体、亚成年个体以及成年个体，其中以成年个体为主，反映以狩猎为主的动物资源获取方式。遗址中还发现了人类和食肉动物对骨骼共同改造的直接证据，即同一件骨骼上既存在啃咬痕也存在切割痕，且前者叠压于后者之上，反映了人类先于食肉动物发现并利用了动物资源，骨头被人类废弃后又经过了食肉动物的改造。马骨上的屠宰痕迹非常丰富，带切割痕的骨头占 23%，多数切割痕出现在脊椎骨和上部肢骨上。很多骨头带有砍砸疤，占出土的富含骨髓的马骨骨骼部位的 42%。富含骨髓的马骨上存在刮痕，在具有砍砸疤的马骨中有超过 30% 的骨头表面带有刮痕。这些刮痕很可能与敲骨取髓前对骨表的加工处理有关。切割痕、刮痕、砍砸破裂反映了人类肢解野马、割肉、敲骨取髓的行为。此外，从骨骼表面痕迹来看，有些马骨例如掌跖骨，可能作为工具用于石器的生产和维修。②

　　动物骨骼部位构成、死亡年龄结构、屠宰痕迹等信息综合表明，薛宁根遗址 13II—4 层的动物遗存是人类狩猎的结果，而不是来自拣食自然死亡的动物或者拣食食肉动物吃剩的部分。③ 野马个体的具体死亡年龄和死亡季节显示：人类在不同季节到这个地点狩猎野马，

　　① Starkovich, B. M., Conard, N. J., "Bone taphonomy of the Schöningen 'Spear Horizon South' and its implications for site formation and hominin meat provisioning", *Journal of Human Evolution* Vol. 89 (2015): pp. 154-171.

　　② Voormolen, B., *Ancient Hunters, Modern Butchers: Schöningen 13 II-4, A Kill-butchery Site Dating from the Northwest European Lower Palaeolithic*, Dissertation, 2008.

　　③ Van Kolfschoten, T., Parfitt, S. A., Serangeli, J., et al., "Lower Paleolithic bone tools from the 'Spear Horizon' at Schöningen (Germany)", *Journal of Human Evolution* Vol. 89 (2015): pp. 226-263.

野马遗存来自多次狩猎事件，而不是对马群的一次性狩猎，反映出狩猎者对景观、野马行为的熟知和准确判断，以及计划性狩猎行为的发展。[1]

3. 河南灵井遗址

灵井遗址位于河南省许昌市灵井镇西侧，地处秦岭山脉和中原的过渡地带。遗址处于一处低洼地带，周围存在泉眼，因此遗址中总聚有泉水。灵井遗址距今约 10 万年前的堆积中含有丰富的石制品和动物遗存，埋藏在细颗粒堆积物中。自然堆积物的构成和特点、遗物的产状、尺寸分布和空间分布显示：遗址受到泉水的影响，但是遗址整体性以及遗物原地埋藏的性质没有因流水动力的改造而发生改变。[2]

动物遗存来自 18 个种类的动物，包括啮齿类、食肉类、长鼻类、奇蹄类、偶蹄类，其中普通马和原始牛遗存在数量上占绝对优势。动物骨骼中带有啮齿类啃咬痕迹的占 0.06%，带有食肉类咬痕的占 5.4%，带有切割痕和砍砸疤的占 17.2%，切割痕主要见于骨干部位。总体上，大中型食草动物骨骼相对破碎，而食肉动物骨骼相对完整。动物群构成、骨骼表面痕迹与破裂特征表明，灵井遗址动物遗存的堆积与动物活动没有明显关系，是人类活动的结果。[3] 原始牛和普通马的死亡年龄结构显示出壮年居优型特点，人类很可能对成年个体进行了选择性狩猎。

在骨骼部位组合中，上、下颌以及下部肢骨等食物含量低的部

---

[1]　Starkovich, B. M., Conard, N. J., "Bone taphonomy of the Schöningen 'Spear Horizon South' and its implications for site formation and hominin meat provisioning", *Journal of Human Evolution* Vol. 89 (2015): pp. 154–171.

[2]　Li, H., Li, Z., Lotter, M. G. et al., "Formation processes at the early Late Pleistocene archaic human site of Lingjing, China", *Journal of Archaeological Science* Vol. 96 (2018): pp. 73–84.

[3]　张双权、高星、张乐等：《灵井动物群的埋藏学分析及中国北方旧石器时代中期狩猎—屠宰遗址的首次记录》，《科学通报》，2011 年第 35 期，第 2988—2995 页。

位占据优势。有研究表明，狩猎—屠宰地点一般会以动物的头骨、下颌骨（或游离牙齿）以及下部肢骨（掌骨、跖骨等）为主；而营地中则以中上部肢骨，即股骨、肱骨、胫骨、桡骨、尺骨等含肉食量高的部位为主。[1] 灵井遗址中未发现用火遗迹以及烧骨等暗示食物消费与进一步利用的证据。此外，生态环境特点表明，遗址靠近水体，环境潮湿，太靠近水体的环境不适于人类过夜休息。因此，研究者认为该地点可能不是人类栖居的中心营地，而更可能是一处狩猎—屠宰地点。需要注意的是，普通马和原始牛的骨骼部位构成存在差异。普通马的头骨和下颌骨较多地出现，其他骨骼部位非常罕见。原始牛的下颌骨也比较多，但是其他骨骼部位都多于普通马（髋骨除外）。在排除动物作用和其他自然作用以后（流水作用可能对脊椎骨、肋骨等骨骼的出现产生了微弱影响），研究者认为这些差异反映了人类对动物尸骨的选择性搬运策略，即马的大部分尸骨可能被运回营地，而原始牛的多数骨头被弃留在该地点。[2]

4. 河南老奶奶庙遗址

老奶奶庙遗址位于河南省郑州市二七区，地处嵩山东麓向华北平原过渡地带的丘陵区，是一处距今约 4 万年前的露天遗址。遗址中发现有丰富的动物骨骼、石制品以及用火遗存，埋藏在河漫滩相之中。主要堆积单位——3F 层—3B 层中小于 20mm 或 30mm 的石制品与骨骼碎片数量很多，遗物磨损程度较低、产状分布没有规律，表明遗物没有受到流水作用的显著搬运和改造。这两层出土的动物种类构成均以有蹄类动物为主，食肉类动物只占极少部分。绝大多数骨骼风化程度较轻。骨骼的破裂程度很高，主要表现为：存在很多小于 30mm 的骨骼碎片；3B 层中 80% 的肢骨保留的骨干小于骨骼

---

① Binford, L. R., *Nunamiut: Ethnoarchaeology*, New York: Academic Press, 1978.

② 张双权：《河南许昌灵井动物群的埋藏学研究》，中国科学院研究生院博士学位论文，2009 年，第 77 页。

原始周长的 50%。破裂肢骨中螺旋状破裂占多数，在 3F 层和 3B 层中分别为 51% 和 48%，表明骨骼主要在较为新鲜的状态下发生破裂，而破裂的原因应当是人类的砍砸。动物骨骼上的人工改造痕迹相对较多，包括切割痕、刮痕、砍砸疤和使用痕迹，动物啃咬痕迹非常有限。3B 层动物遗存中，带有切割痕的骨骼占 3%，带有砍砸疤的骨骼占 5%。3F 层马科动物标本中，带有切割痕的标本占 1.6%。肢骨和下颌骨边缘具有相对较多的砍砸疤，同时遗存中存在较多砍砸产生的骨片。这些破裂特征应当与获取骨髓密切相关。马科动物肢骨骨干中的骨髓含量与其他有蹄类动物相比较低，与较厚的骨壁和较小的髓腔有关。[①] 即使如此，人们对其肢骨也进行了充分砍砸。马科和原始牛的死亡年龄结构均为壮年居优型，反映了人类选择性狩猎的行为。综合以上特征来看，动物骨骼堆积应当是人类活动的结果。这两层中被食肉类啃咬破坏的标本分别占 0.1%。食肉动物啃咬痕的极少存在可能与人类在遗址上相对长期的活动、人类对动物资源充分的消费，以及遗址废弃后在相对较短时间内被掩埋有关。

3F 层中马科动物和原始牛的骨骼部位出现率很不均衡。骨骼出现率与骨密度的相关性检验显示：二者之间没有明显相关关系。低密度骨骼部位和高密度骨骼部位在遗址中都存在缺乏或缺失现象，说明骨密度不是造成骨骼出现率差异的主要原因。结合骨骼很高的破裂/破碎程度、人工改造痕迹与食肉动物啃咬痕迹的比例来看，骨骼部位构成特点应当是人类利用动物资源的结果。

在马科动物遗存中，胫骨、头骨和下颌骨出现率异常高，髋骨、上部肢骨、肩胛骨和掌跖骨的出现率也比较高，但趾骨和脊椎骨的出现率很低。马科骨骼出现率与食物利用指数[②]的相关性检验表明，

---

① Levine, M. A., "Eating horses: the evolutionary significance of hippophagy", *Antiquity* Vol. 72. 275 (1998): pp. 90-100.

② Outram, A., Rowley-Conwy, P., "Meat and marrow utility indices for horse (Equus)", *Journal of Archaeological Science* Vol. 25. 9 (1998): pp. 839-849.

二者没有明显相关关系，说明人们可能没有根据食物量的多少对尸骨进行选择搬运。然而，马科动物的大部分骨骼出现率较高，只有少量骨骼部位缺乏，并且食肉动物啃咬破坏的痕迹很少。这些情况说明，人类可能把动物尸体的绝大部分或几乎全部完整地带到遗址上进行利用。3F层原始牛遗存中，下颌骨、前肢、距骨的出现率异常突出，肩胛骨和后肢的出现率也较高，脊椎骨、腕骨和跗骨缺失，趾骨很少出现。经检验，原始牛骨骼出现率与食物利用指数也不具有显著相关关系，反映出人类对原始牛尸体采取了与马科动物相似的搬运策略。考虑到原始牛体型和体重很大，如果人类将其较为完整地搬运，那么搬运距离应当不会很远，人类有可能是在遗址附近获取到原始牛的。脊椎骨上带有很多肉，通常不会被丢弃，因此这些部位在遗址中的缺乏或者缺失应当与人类对资源的利用特点有关。在屠宰过程中，趾骨与掌跖骨不容易分离，保留趾骨有利于猎物尸体的搬运。此外，趾骨中含有骨髓，是动物脂肪的重要储存库，其中的骨髓除非是处于极大的生存压力下，否则不会耗尽。如果动物尸体被搬运前没有经过初步屠宰，那么趾骨缺失的一种可能解释是：尽管趾骨的骨密度很高，人们很可能为了最大化地获得骨髓和油脂而将趾骨打碎利用，使得这些骨骼难以被识别。

　　骨骼部位出现率和骨骼破裂状况还可能受到提取利用骨油的影响。[1] 在排除了食肉类动物以及自然作用力对动物骨骼堆积形成与显著改造的基础上，我们推断脊椎骨、趾骨、骨骺以及含有丰富油脂的腕骨和跗骨等部位的缺乏可能与人类从这些骨头中提取油脂有关，因为提取骨油会造成骨头严重破碎而难以得到保存和识别。老奶奶庙遗址3F层和3B层中存在很多微小的骨骼碎片、碎块。同时，可鉴定标本中的下颌骨、头骨、肋骨、肢骨存在较大程度的破裂。3F层和3B层中都发现有丰富的用火遗迹，以及长度在5—10cm之间的较大型石英砂岩工具或砍砸器。多处用火遗迹、大量的石制

---

① Brink, J. W., "Fat content in leg bones of Bison bison, and applications to archaeology", *Journal of Archaeological Science* Vol. 24. 3 (1997): pp. 259-274.

品以及遗存之间的空间关系①，显示出这两个堆积单位具有基本营地的性质。上述遗存特点以及遗址功能为我们判断提取骨油行为的发生提供了组合性的间接证据。

5. 河南方家沟遗址

方家沟遗址位于河南省登封市卢店镇方家沟村，地处嵩山东南麓的丘陵地区（图2-14）。遗址中包含一个沟状堆积单位，记为G1（图2-15）。根据^{14}C和光释光测年，G1的年代被推定为距今4万年左右。② G1中包含大量石制品和少量动物遗存。石制品的埋藏学分析显示：多数遗物来自短时间的单次人类活动。③

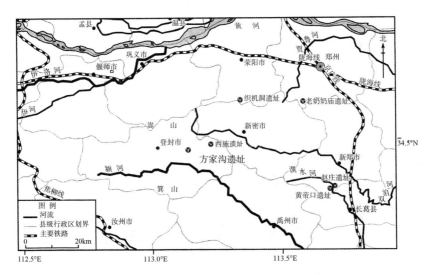

图 2-14　方家沟遗址地理位置④

① 陈宥成、曲彤丽、汪松枝等：《郑州老奶奶庙遗址空间结构初步研究》，《中原文物》，2020年第3期，第41—50页。

② 林壹：《方家沟遗址的石器生产和遗址形成过程研究》，北京大学博士学位论文，2016年，第29页。

③ 林壹：《河南登封方家沟遗址的埋藏学观察》，《中原文物》，2018年第6期，第62—68页。

④ 北京大学考古文博学院、郑州市文物考古研究院编著：《登封方家沟遗址发掘报告》，北京：科学出版社，2020年，第2页。

图 2-15   方家沟遗址地层剖面①

G1 中的动物骨骼保存状况不好，绝大部分经过较为严重的风化，骨表普遍粗糙，形成了较为严重的纵向开裂或裂片。根据贝伦斯梅尔（Behrensmeyer）建立的判断标准（1978），三级风化所占比例最高。此外，还有相当数量的骨骼的风化程度由于骨表覆盖钙质胶结物而无法准确判断。骨头的磨损总体不显著，破裂程度很高，绝大多数为破裂骨片或碎片。破裂肢骨的保留部分均小于完整骨骼周长的 25%。骨骼长度的分布范围是 11.4—676mm，其中小于 20mm 的骨骼仅占 6.7%。可鉴定动物标本数量非常少，包含长鼻目、超大型动物、大型和小型哺乳动物这几类。象骨包括残断肢骨和肋骨、尺骨、桡骨、髋骨，最少代表一个个体。象的尺骨和桡骨的近端关节保存完整，但远端关节均缺失。桡骨骨干呈纵向破裂，尺骨骨干呈螺旋状破裂。象骨表面发现有食肉动物啃咬痕、真菌腐蚀痕和人工改造痕。其中，桡骨骨干远端发现有食肉动物啃咬后留下的锯齿破裂形态和坑窝痕迹，尺骨的近端关节面上也有啃咬痕。有的象骨带有砍砸破裂疤，有的带有切割痕，但所占比例都很低。

---

① 北京大学考古文博学院、郑州市文物考古研究院编著：《登封方家沟遗址发掘报告》，北京：科学出版社，2020 年，图版 7。

方家沟遗址 G1 出土的动物遗存在风化、动物种类构成、骨骼尺寸分布、骨骼部位构成以及骨骼与石制品的分布关系等方面与同一地区相近时期的老奶奶庙遗址的动物骨骼存在显著差异，反映了不同的骨骼堆积和埋藏过程。G1 动物骨骼的物理风化程度总体上比较高，并在掩埋之后受到生化作用的影响。此外，不同风化等级的骨骼共存，不存在占绝对优势的风化等级。G1 中动物骨头数量很少、密度低，所代表的种类非常有限，且骨骼部位较少。小于 20mm 的碎骨仅占 6.7%（可能与动物种类主要为长鼻目或超大型动物有关）。很多石制品围绕着大型象骨集中分布（图 2-16）。这些特征与老奶奶庙遗址形成鲜明对比，但共同特征是两个遗址出土动物骨骼的破裂程度都较高。象骨本身是不容易发生破裂的，可以改造象骨的主要作用有：强动力地质作用，比如冰川或高能流水作用，大型食肉

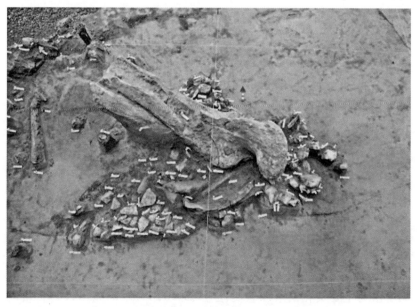

图 2-16　方家沟遗址 G1 堆积中出土的动物遗存①

　　①　北京大学考古文博学院、郑州市文物考古研究院编著：《登封方家沟遗址发掘报告》，北京：科学出版社，2020 年。

动物啃咬，超大型动物的踩踏，以及人类砍砸利用。[1] 方家沟遗址的象骨上存在砍砸疤，并且发现有砍砸形成的骨片，说明人类试图砍砸象骨。有些骨头上只存在食肉动物的啃咬痕；有些骨头上既有啃咬痕，也有砍砸疤。这说明食肉动物在骨骼的埋藏过程中发挥了作用。一种可能的堆积形成过程是：人类先发现了大象并对其进行了消费利用，骨骼可能废弃后被食肉动物啃咬。遗址中发现的大量石制品可能是人类在遗址或遗址附近打制石器后留下的，短时间集中打制石器是为了完成某项任务，有可能与大象尸骨的利用有关。由于象骨主要由尺骨、桡骨、肋骨残块、髂骨构成，还有一些不可鉴定的肢骨残片，缺少头骨、下颌骨、肩胛骨以及大多数肢骨，因此，尽管象骨上存在人类活动留下的痕迹，但是没有证据表明象是人类狩猎获得的，也很难说明象是在沟内自然死亡的。不排除食肉动物在遗址附近先发现并消费了象的尸体的可能，后来象的尸骨被人类发现、拣拾利用，最终被人类或其他作用力（结合 G1 中自然作用堆积物所反映的堆积动力）搬运堆积在遗址上。从骨骼的差异风化现象看，沟内的骨头可能并不代表一次堆积事件，或者骨头不是被一次性完全掩埋的。当然，由于方家沟遗址在发掘前已被部分破坏，我们不能排除 G1 中原本存在更多的骨头或更多象骨部位的可能。上述分析仅为我们思考和讨论遗址中动物骨骼堆积的形成过程提供参考。

6. 河南赵庄遗址

赵庄遗址位于河南省新郑市梨河镇赵庄村，是一处旧石器时代露天遗址。遗址上部为马兰黄土，下部为河湖相堆积。下部堆积的第 7 层为主要文化层（年代为距今 33040±170—28735±100），由局部具有水平层理的灰白色黏质粉砂、大量石制品、动物遗存以及石

---

[1] Holen, S. R., "Taphonomy of two last glacial maximum mammoth sites in the central Great Plains of North America: A preliminary report on La Sena and Lovewell", *Quaternary International* Vol. 142（2006）: pp. 30-43.

英砂岩石块构成。遗存集中分布在约14m²的空间中，具有较高的密度。动物遗存属于三个种类的动物：古菱齿象、鹿属和羊属。鹿属的骨骼仅发现有角（共2件），羊属骨骼仅发现有上颌骨和牙齿（共3件），而古菱齿象骨骼包含头骨（1件）、门齿（1件）、肢骨残片和碎骨（200多件）。自然堆积物由较细颗粒物质组成，反映了较弱的堆积动力。动物骨骼和石制品出土的产状与磨损状况显示：遗存没有受到流水作用的明显改造。象骨的破裂、破碎程度很高。大部分破裂肢骨保留了不到完整肢骨周长的25%，很多骨骼的具体部位无法得到鉴定。象的头骨和一件肢骨下端有切割痕，石制品中有一些带有使用痕迹，主要用于加工和处理肉、皮和骨头。[①] 因此，研究者判断该地点可能发生过人类屠宰大象的活动。与方家沟遗址象骨堆积不同的是，赵庄遗址中存在较为完整的象头骨。

空间分布显示：象头骨下面分布着石英石制品和石英砂岩石块。石英砂岩的产地距离遗址约6—7km，这些石块尺寸和总重量大，基本没有使用痕迹。有观点认为这些石块与象头骨的共存及空间关系（象头骨位于石英砂岩石块之上）是人类有意为之，可能与某种仪式有关，暗示该遗址具有特殊的功能。[②] 埋藏学分析，即判断骨头与石制品堆积形成的过程，这些堆积是否以及如何与人类行为关联、它们是否源自于同一活动事件或同一堆积事件等，对于解读这一发现是十分必要的。我们可以从以下方面进行思考并寻找线索进行分析：（1）象头和象门齿是非常重的。一头成年雄性非洲象的重量可达500kg，而更新世古菱齿象的体型和重量更大。因此，人类应当不是在其他地方发现了大象，然后把象头和门齿搬到遗址上，而很可能是在该地点发现了已死亡的古菱齿象。由于象头骨和肢骨上发现有切割痕，并且肢骨破裂严重，因此人类不是在象死亡后很长时间，在尸骨处于风化状态下发现它的。人类发现大象时，应当还可以从

---

① 赵静芳：《嵩山东麓MIS3阶段人类象征性行为的出现——新郑赵庄遗址综合研究》，北京大学博士学位论文，2015年。

② 同上。

它身上获取食物。然而，如果古菱齿象是在该地点自然死亡并被人类发现和利用的，那么其他的骨骼部位去哪里了？遗址中发现有较多破裂的无法鉴定部位的象肢骨碎片。我们目前无从得知这些破裂骨片都代表了哪些身体部位。假如这些碎骨仅代表了象的一部分骨骼部位，那么我们需要考虑是什么因素造成了骨骼部位构成的不完整，或者说象骨在堆积后过程中经历了怎样的改造。此外，骨头的破裂都是由人类砍砸造成的吗，如果是这样，人类为什么会把很多部位砍砸得如此破裂、破碎呢？大象肢骨中所含骨髓是非常少的。如果是出于获取食物的目的，人类应当很有可能打破象头，因为象的脑子富含油脂，现代非洲大象脑子的重量可达 4.5—5.5kg[①]，作为食物来说能够提供大量热量，并有助于营养的吸收。然而，赵庄的象头骨没有被砍砸破裂，保存相对完好，说明人类没有为了食物和营养而对象头进行充分利用。（2）象头骨在没有被沉积物填充，可以储存空气的情况下，可以在流水环境中漂浮起来。[②] 赵庄遗址的象骨埋藏在河漫滩环境之中，沉积物存在水平层理，象头骨是有可能受到水流作用影响的，是否发生了位置的改变呢？（3）象头骨发生了严重的变形和扭曲（上下方向被严重压扁），由于头骨掩埋于黏质粉砂中，从沉积物的粒度与构成看，头骨变形不太可能是沉积物重压导致，这说明象头有可能受到过超大型动物（可能是大象）的踩踏。(4) 从发掘人员报道的情况看，象头骨与砂岩石块并非紧密关联，在二者中间存在着密集的成层分布的石英石制品（图 2-17）。纵向分布显示：象头骨、石英石制品的位置相对靠上，而石英砂岩分布位置靠下，总体上存在叠压关系，是否存在这种可能的情况呢——这三类遗存不在同一次堆积事件中形成？（5）象头骨上分布着羊骨，

① Yravedra, J., Rubio-Jara, S., Panera, J., et al., "Elephants and subsistence evidence of the human exploitation of extremely large mammal bones from the Middle Palaeolithic site of PRERESA (Madrid, Spain)", *Journal of Archaeological Science* Vol. 39. 4 (2012): pp. 1063-1071.

② Agogino, G., Boldurian, A., "The Colby Mammoth Site", *Plains Anthropologist* Vol. 32. 115 (1987): pp. 105-107.

如果把象头骨与石英砂岩石制品视为人类特殊活动中一次形成的整体现象，那么羊骨在这个位置的出现是什么原因呢，与这次人类活动堆积事件具有怎样的关系？综上，象头骨与其下方堆积的石英砂

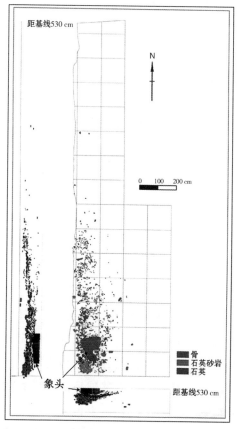

图 2-17　赵庄遗址遗物平、剖面分布①

岩石块的关系比较复杂，是否为一次活动事件所形成的整体遗迹、是否反映人类出于特殊目的而有意在石英砂岩石块上摆放象头是值得思考和讨论的问题。

　　对于方家沟和赵庄遗址的象骨堆积，我们还需要思考的问题是：

---

　　①　赵静芳：《嵩山东麓 MIS3 阶段人类象征性行为的出现——新郑赵庄遗址综合研究》，北京大学博士学位论文，2015 年。

大象的死亡原因是什么？象骨在遗址上的出现经历了怎样的过程？首先，大型食肉动物事实上是很难杀死大象的，但在特殊的情况下，幼年的或者处于困境的个体是有可能被食肉动物杀死的。人类狩猎长鼻目动物也是极具挑战的事情，在现代人出现之前几乎没有明确、无争议的证据。在东欧、西伯利亚晚更新世晚期含有大量与人类活动密切相关的象骨堆积的遗址中，很多都没有充分证据证明猛犸象的死亡是人类狩猎造成的。[①] 根据目前含有长鼻目遗存的遗址来看，大多数记录的是大象自然死亡，然后被人类出于不同目的，以不同方式进行了利用。[②] 自然死亡情况下的象骨堆积更有可能出现骨骼部位相连的状态，或者骨骼在骨架中的位置关系变化不大，具有骨骼部位构成基本完整、骨骼破裂程度不高等特点。北美克劳福德（Crawford）猛犸象遗址中发现有两具几乎完整的成年猛犸象骨架，骨骼总体上处于相连状态，埋藏在细颗粒的河流相堆积物之中。所有肢骨都是完整的。这种埋藏状态很可能反映了猛犸象的自然死亡。方家沟和赵庄遗址的象骨遗存中很多骨骼部位缺失，并且骨骼破裂程度高，与自然死亡原因下堆积的象骨有明显不同。从象骨特点（包括骨骼部位构成、破裂特征和改造痕迹、代表的个体数）、共存工具的特点、遗存的埋藏环境等方面看，也没有充分证据表明人类的狩猎是造成大象死亡的原因，或者食肉动物在遗址上对大象进行捕杀和进食。象骨非常厚重，造成其破裂需要巨大的力量，这通常超出了一般食肉动物的能力。从理论上说，较小的美洲狮是无法咬裂猛犸象肢骨骨干的，除非部分骨骺已经被破坏掉[③]（根据现代非洲食肉动物的捕食行为，它们进食大象通常先吃骨骺部位，然后再

---

① Basilyan, A. E., Anisimov, M. A., Nikolskiy, P. A., et al., "Wooly mammoth mass accumulation next to the Paleolithic Yana RHS site, Arctic Siberia: its geology, age, and relation to past human activity", *Journal of Archaeological Science* Vol. 38. 9 (2011): pp. 2461-2474.

② Villa, P., Soto, E., Santonja, M., et al., "New data from Ambrona: closing the hunting versus scavenging debate", *Quaternary International* Vol. 126 (2005): pp. 223-250.

③ Haynes, G., *Mammoths, Mastodonts, and Elephants: Biology, Behaviour and the Fossil Record*, Cambridge: Cambridge University Press, 1991.

吃骨干上的肉），对于骨骺已经愈合的成年大象来说，破坏其骨骺事实上是很难的。象肢骨的破裂相对更容易发生在还处于成长发育的个体上，因为这些个体的肢骨结构相对脆弱。[1] 方家沟和赵庄遗址的象骨破裂严重（赵庄的象头骨除外），象骨上存在切割痕并且多于食肉动物啃咬痕。因此，象骨堆积过程的一种可能情况是：大象自然死亡后或在其他地点被食肉动物消费后被人类发现并拣拾利用（在赵庄遗址，象很有可能是在该地点自然死亡的；在方家沟遗址，象可能是在附近其他地方死亡的），后来尸骨又被大型食肉动物破坏或搬运。民族学资料也有类似现象的记录，比如在现代非洲，人类猎杀、屠宰、利用大象后，其尸骨又被狮子和鬣狗破坏。[2]

7. 哈尔滨阎家岗遗址

阎家岗遗址位于黑龙江省哈尔滨市西南约 25 公里松花江与其支流运粮河之间的松花江二级阶地中，是一处旧石器时代晚期露天遗址。遗址中发现了由动物骨骼构成的两个近半圆形圈状堆积结构，分别位于 HY83TA$_3$ 和 HY84T$_4$ 两个探方中（图 2-18）。近年来，学者们对圈状结构的形成原因和骨骼堆积性质展开了热烈讨论。有观点认为这种结构是人类有意堆放动物骨头形成的，反映了在缺乏石料的开阔草原环境中，人们以骨头为材料搭建居住或活动设施的行为。[3] 另一种观点指出这种结构处于具有交错层理的沉积物之中，流水搬运是骨骼堆积形成的原因。[4] 也有观点认为阎家岗遗址地处我国

---

[1] Haynes, G., "Longitudinal studies of African elephant death and bone deposits", *Journal of Archaeological Science* Vol. 15（1988）: pp. 131-157.

[2] Crader, D. C., "Recent single-carcass bone scatters and the problem of 'butchery' sites in the archaeological record", In: Clutton-Brock, J., Grigson, C., (eds.), *Animals and Archaeology*. Vol. 1. *Hunters and their Prey*, BAR International Series163, 1983, pp. 107-141; Haynes, G., Klimowicz, J., "Recent elephant-carcass utilization as a basis for interpreting mammoth exploitation", *Quaternary International* Vol. 359（2015）: pp. 19-37.

[3] 尤玉柱:《史前埋藏学概论》, 北京: 文物出版社, 1989 年, 第 150—153 页。

[4] 黄可佳:《哈尔滨阎家岗遗址动物骨骼圈状堆积的初步研究》,《考古学报》, 2008 年第 1 期, 第 1—14 页。

冻土分布地带，圈状结构与冻融分选作用形成的石环地貌在形态上近似，遗址中骨骼尺寸在纵向上的变化（从下部到上部骨骼尺寸逐渐变小）主要是在冻融作用下形成，同时骨骼堆积形成过程中伴有水流、风化、啮齿类活动等其他改造作用。[①] 下面我们对该遗址的埋藏学证据做简要梳理和讨论。

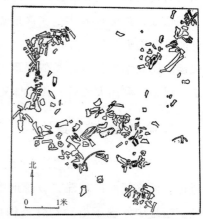

图 2-18　左：阎家岗遗址 HY83TA$_3$ 探坑动物骨骼分布；
右：阎家岗遗址 HY84T$_4$ 探坑动物骨骼分布[②]

动物骨骼堆积发现于极细粉砂层之中，局部含有黏土，砂层层理清晰，反映了相对低能的水动力环境。圈状结构由代表很多动物种类的骨骼构成。动物种类包括野牛、野马、猛犸象、披毛犀，还包括鬣狗等食肉类。大型哺乳动物数量占优势，小型动物较少。幼年个体居多，老年和成年个体少。HY83TA$_3$ 中的骨骼代表了至少 6 匹马、8 头野牛、1 头大角鹿和 1 只狼。野牛的 6 件肢骨在出土时保持关节连接的状态。有些胫骨骨干中间部位折断，下端都连接着完

①　魏屹、陈胜前、高星：《试论阎家岗遗址动物骨骼圈状堆积的性质》，《人类学学报》，2012 年第 3 期，第 238—249 页。
②　黑龙江省文物管理委员会、哈尔滨市文化局、中国科学院古脊椎动物与古人类研究所东北考察队编：《阎家岗：旧石器时代晚期古营地遗址》，北京：文物出版社，1987 年，第 76—78 页。

整的跗骨和跖骨，有的连有趾骨。有 4 节野马的脊椎骨连在一起出土，有一件野马掌骨近端和一件骨片垂直竖立在砂层之中。此外，堆积中还发现有少量动物粪化石，呈现 4 个一堆的状态。

HY84T₄ 中的骨骼代表了至少 5 匹马、3 头野牛、9 只披毛犀、4 只鹿、2 只羚羊、1 只鬣狗和 1 只狼。动物骨头中有些存在食肉动物啃咬痕，同时许多动物骨骼显示出人工砍砸形成的破裂。骨骼棱角分明，没有水流磨损的痕迹。圈状结构以外的附近区域有一件马的下颌骨与砂层堆积层面垂直。构成圈状结构的骨头多层叠堆在一起。有 3 件野牛的胫骨在中部折断，下端连接着完整的跗骨、跖骨。骨骼堆积可以分为 3 层，下层骨骼粗大，中、上层骨骼较小。下层多为残破的披毛犀头骨、肢骨，有两个十分完整的幼年犀牛头骨堆积在一起，还出土幼年猛犸象门齿尖端和臼齿各 1 件。圈状结构的东部和南部各出土 1 件刮削器。在 HY84T₄ 以东 10 米处的 HY84T₂ 探坑内有数百件动物骨骼杂乱地聚集在一起。圈状结构附近还发现有食肉动物粪化石。野牛和野马以幼年和老年个体为主，发掘者认为这些个体是比较容易通过狩猎获得的，人类对这些猎物进行屠宰利用——动物肢骨多呈螺旋状破裂，并且发生在相同部位上，应当是人类砍砸所致。

动物遗存的埋藏学研究是我们认识该遗址性质的关键。我们需要判断是哪些作用力导致了骨骼堆积在这个地方，是否完全与人类无关。如果与人类有关，人类在其中扮演了怎样的角色（例如人类如何获取、如何利用动物资源）；骨骼在特定区域的集中分布是如何形成的（尚且不论其是否构成圈状的结构），如果确定骨骼堆积没有受到自然作用的显著搬运和扰动，那么集中分布的模式反映了怎样的人类利用行为或者怎样的遗址功能。

发掘记录和描述显示，圈状结构位于边滩上，埋藏于极细粉砂层中，骨骼的产状、磨损情况没有表现出在强动力流水作用下形成的特点。冻融作用形成的石环是砾石集中在边缘并呈环状分布，细粒土和碎石位于中间的一种地貌结构。这是由于在颗粒大小混杂而又饱含水分的松散土层中，冻融作用造成了垂直分选和水平分选。[1]阎家岗圈状骨骼堆积在平面上的分布与冻融作用形成的结构具有相似性，即较大的骨骼在外围，有些中间区域由细颗粒物质——粉砂组成，但从空间分布看，并没有形成典型的环形结构，除非有些位置的动物骨骼后来受到流水等其他作用力的搬运又发生过位移。堆积物垂直分选和水平分选的具体情况以及详细的空间信息也还有待进一步观察分析。虽然 HY84T$_4$ 的圈状结构中下层骨骼较大，中、上层较小，但这种分布特点以及圈状骨骼堆积结构在遗址的其他区域没有出现。此外，圈状结构中多个肢骨存在关节处连接现象，并且集中分布，骨骼堆积整体上也存在不规律的集中分布情况，冻融改造作用很难解释这些现象的存在。

动物遗存中幼年和老年个体占主体，这种死亡年龄结构并不一定反映人类的狩猎行为。食肉动物的捕食活动也经常以幼年个体为目标。遗址中成堆分布的粪化石有些来自食肉动物，是食肉动物在遗址上活动的证据。带有动物（包括食肉动物和啮齿动物）啃咬痕迹的骨片占出土骨骼总数的 12%，人工打击形成的碎骨片占 14%（碎骨片的统计不包括人工砍砸的较大肢骨）。遗址中猛犸象的骨骼部位以头骨和下部肢骨为主，披毛犀的骨骼部位包括头骨、脊椎骨、肩胛骨、肋骨、髋骨、肱骨、尺骨、桡骨、股骨、胫骨、掌骨、距骨、跟骨。鹿类骨骼主要由角、颌骨，少量下部肢骨构成。马科的骨骼由头骨和下部肢骨构成。[2] 除了披毛犀，猛犸象、马科和鹿类均以头骨和下部肢骨为主，这种结构可以在人类拣剩活动或食肉动物捕食消费活动中形成，也可能出现在人类狩猎和屠宰动物的地点。

---

[1]　潘树荣、伍光和、陈传康等编：《自然地理学》，北京：高等教育出版社，1985年，第250—251页。

[2]　黑龙江省文物管理委员会、哈尔滨市文化局、中国科学院古脊椎动物与古人类研究所东北考察队编：《阎家岗：旧石器时代晚期古营地遗址》，北京：文物出版社，1987年，第67—70页。

有些野牛胫骨在中部折断，结合上文提及的野牛骨骼存在连接的状态、有些骨骼在同一位置断裂、食肉动物啃咬痕迹、人工砍砸痕迹以及食肉动物的粪化石等线索来看，食肉动物和人类活动在骨骼堆积形成过程中都发挥了作用，存在人类拣食利用自然死亡或在其他因素下死亡的动物尸体的可能性，也存在人类利用的动物骨骼在废弃后受到食肉动物或超大型动物破坏的可能。不同种类动物的死亡原因可能有所不同，人类对于不同种类动物可能存在着不同的发现和利用过程，这些差别尚很难根据现有的资料得到判断和进一步论证。

假设 HY84T$_4$ 和 HY83TA$_3$ 中动物骨骼的集中分布是人类活动的结果，那么是否与搭建帐篷或某种设施有关，该地点是否作为营地或者狩猎—屠宰地点被人类占用也是需要进一步分析的。阎家岗遗址的两处圈状结构从平面分布上看形状并不十分规则，整个遗址中没有发现火塘，只有零散分布的炭屑和 3 件烧骨。此外，遗物类型不丰富，仅发现有 7 件石制品，也没有发现可被人类利用的大石块。遗址所在区域为开阔平原，距山遥远，无岩石露头，遗址附近河流中缺乏砾石堆积，石料是稀缺资源。在较高纬度的疏林草原上，动物骨头往往是人类生活资源的重要来源，是植物和石料缺乏环境中的替代性资源，超大型动物骨骼有可能被用作稳固帐篷的材料。但是与东欧旧石器时代晚期用猛犸象骨搭建帐篷留下的遗迹相比，阎家岗圈状结构中超大型动物骨骼堆积的形态结构和密度都有明显不同。那么，圈状结构是否与屠宰活动有关呢？民族学观察显示：在狩猎地点对猎物进行初步处理的话，猎人会围绕动物尸体进行肢解、剥皮的工作，从而留下一个由废弃物堆成的圈状分布结构，其中可能包括了废弃的骨骼、屠宰过程中生产石器形成的石制品以及废弃的石器等。两处圈状结构中都存在动物胫骨在中间折断、远端连接着跗骨和跖骨的现象，存在着一定数量的人工砍砸形成的破裂骨片。这些现象提供了遗址上发生人类处理利用动物资源的线索，但需要注意的是遗址中工具非常缺乏。此外，这么多个个体的超大型动物和大型动物的骨骼堆积有可能在多次事件中形成，假设阎家岗遗址是狩猎屠宰地点，或者说骨骼堆积的形成都是人类活动的结果，那么该地点应当是人类在这一区域相对长时间活动和栖居系统中的一部分。然而，目前该遗址的研究资料还无法证明人类曾在相对较长的时间里反复在这里活动。该地点附近也尚未发现具有鲜明营地特征的遗址。

尽管目前我们可以从动物种属构成、骨骼改造痕迹判断食肉动物在骨骼堆积的形成中发挥了一定作用，流水作用在堆积后过程中也可能对骨骼产生了一些影响，但是骨骼堆积的埋藏学研究还存在很多不确定的和有待讨论的问题，例如动物死亡原因是什么？动物活动和人类活动在骨骼堆积中的作用过程如何？骨骼堆积反映了怎样的人类获取利用动物资源的行为？圈状堆积及附近区域混杂在一起的不同种类动物的大量骨骼是否经历了不同的堆积过程？HY84T$_4$的圈状结构可分为 3 层，每层之间是否有所关联，是否存在不同的堆积或占用事件？根据现有的考古材料，这些问题尚很难得到明确答案，我们需要对动物遗存的空间关系、每种动物的骨骼部位出现率、骨骼部位的空间分布、骨骼破裂程度和特征、骨骼改造痕迹（包括各类痕迹的识别和出现率统计、分布位置以及带有不同改造痕迹的骨骼空间分布的统计分析）做更为详细和深入的综合分析。将 HY84T$_4$ 和 HY83TA$_3$ 中聚集分布的骨骼与发掘区其他区域动物骨骼结合起来开展拼合工作以及整体空间分析，或许可以为解读骨骼聚集分布模式的形成提供更多线索。

六、小　结

动物遗存是我们探知过去人类生活方式与社会发展历程的重要窗口。与所有考古材料一样，动物骨骼在经历了复杂的过程之后最终成为考古研究材料，堆积形成的过程与人类的文化行为、古代社会环境密切相关，也经常会受到地质作用、动物活动和成岩作用的影响。本章介绍并讨论了不同作用力对动物骨骼堆积形成和改变的影响。食肉动物活动、人类活动（包括狩猎或拣剩、搬运与屠宰利用）都是常见的造成骨骼堆积的作用力，它们所形成的骨骼堆积构成和特点有所不同。在埋藏过程中骨骼堆积会经历来自多种作用因素的很多形式的改造[①]，例如原始的废弃骨骼数量总体减少，骨骼破裂、破碎甚至消失，空间分布格局发生变化等。

考古工作者的发掘策略，以及对考古材料的选择性收集也会造成骨骼的进一步减少或"消失"，导致骨骼所含信息提取的不完整或者偏差，进而影响我们对骨骼堆积内涵的认识（图2-19）。因此，研究人员应当参与到现场发掘之中，把动物遗存与遗址环境及其他考古材料进行关联思考，从多种视角寻找复原骨骼堆积形成过程的证据；应当尽可能全面地收集考古材料，可以通过干筛、水选、浮选的方法收集各种尺寸的动物遗存，并且详细准确地记录其出土环境、谨慎清理遗存，并把收集到的遗存全部纳入研究体系，包括按照尺寸、重量、类型（例如密质骨或松质骨）、骨骼部位、破裂特点和改造特征等进行分类、统计，最后结合遗存的多方面特征进行综合分析与解读。研究中尤其不要忽略破碎、微小的骨骼。细碎的物质遗存对于认识遗址的埋藏历史、分析遗址空间结构和功能、解读人类生计行为具有不容忽视的重要价值。

对于出土的动物骨骼，我们不应盲目地把它们与人类对动物资源的获取和利用行为做直接对应与关联，应当充分考虑到骨骼堆积形成与改变的多种可能。骨骼的改造特征、部位构成和空间分布以

---

① Domínguez-Rodrigo, M., "Hunting and scavenging by early humans: the state of the debate", *Journal of World Prehistory* Vol. 16. 1 (2002): pp. 1-54.

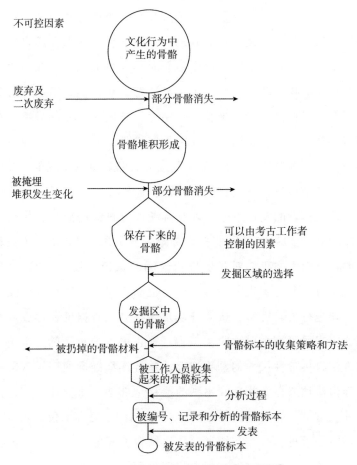

图 2-19　动物骨骼堆积形成过程示意图①

及动物死亡年龄结构等是判断动物骨骼如何出现在遗址上，判断它们是否完全体现了人类的活动，反映了怎样的人类活动细节和空间利用特点的重要视角。需要指出的是，动物骨骼的埋藏学研究应当在遗址环境背景研究的基础上综合其他类型堆积的形成过程分析而展开。

———————

①　Meadow, R., "Animal bones-problems for the archaeologist together with some possible solutions", *Paléorient* Vol. 6. 1（1981）: pp. 65-77.

推荐阅读

Binford, L., *Bones: Ancient Men and Modern Myths* (Studies in archaeology), New York: Academic Press, 1981.

Domínguez-Rodrigo, M., "Hunting and scavenging by early humans: the state of the debate", *Journal of World Prehistory* Vol. 16. 1 (2002): pp. 1-54.

Fisher, J. W., "Bone surface modifications in zooarchaeology", *Journal of Archaeological Method and Theory* Vol. 2. 1 (1995): pp. 7-68.

Lyman, R. L., *Vertebrate Taphonomy* (Cambridge Manuals in Archaeology), Cambridge: Cambridge University Press, 1994.

O'Connell, J. F., Hawkes, K., Jones, N. B., "Hadza hunting, butchering, and bone transport and their archaeological implications", *Journal of Anthropological Research* Vol. 44. 2 (1988): pp. 113-161.

Starkovich, B. M., Conard, N. J., "Bone taphonomy of the Schöningen 'Spear Horizon South' and its implications for site formation and hominin meat provisioning", *Journal of Human Evolution* Vol. 89 (2015): pp. 154-171.

Weiner, S., *Microarchaeology: Beyond the Visible Archaeological Record*, New York: Cambridge University Press, 2010.

张双权、高星、张乐等:《灵井动物群的埋藏学分析及中国北方旧石器时代中期狩猎—屠宰遗址的首次记录》,《科学通报》, 2011 年第 35 期, 第 2988—2995 页。

第三章
石制品的埋藏学研究

一、概　述

　　石制品是人类生产石器行为的产物，是旧石器时代遗址中最常见的一类遗物，有时甚至是唯一能够保存下来的物质文化遗存。因此，对石制品的埋藏学分析是旧石器时代遗址形成过程研究的重要视角，对于准确判断遗址性质和保存状况、复原人类行为来说非常关键。

　　人类打制石器的活动可以形成石制品堆积。石制品面貌和组合特征与人类获取、利用原料、打制、使用与废弃等一系列行为密切相关。在人类活动地点废弃以后，石制品会经历改造和变化。流水作用是影响石制品埋藏最为常见的因素。有些地点的石制品在经过打制或加工以后堆积在原地并被掩埋，此后它们在垂直和水平方向上都没有发生位移，或位移程度非常小。有些地点的石制品则是经过流水搬运和冲刷后再堆积的，或者受到其他作用力的扰动和搬运（例如人类再次活动、生物活动等），在远离生产和使用的地点堆积起来，石制品发生了较为明显的位移，它们的某些特征也发生改变。因此，在了解遗址形成的地貌环境的前提下，我们可以通过石制品的一系列特征——原料种类构成和来源、石制品类型组合、产状、磨损、石制品的尺寸分布、空间分布与拼合关系等分析石制品堆积的形成与变化过程，解读人类生产和利用石器的行为过程、遗址被占用的特点，甚至人群的流动模式等。

从石制品生命史的角度说，石制品堆积的形成经历了"生产""使用""废弃—堆积"的阶段。下面具体介绍石制品埋藏学研究的视角与方法，并结合案例对相关问题展开讨论。

二、原　料

石器生产与原料、技术传统、功能需求或生计方式、人群流动性等诸多因素有关。其中，原料的质量、形状与大小、丰富程度与可获性、原料产地与人类栖居地点的远近对石器生产活动产生尤为重要的影响。[1] 例如，原料的特性和质量影响剥片技术的应用、石核剥片程度，从而影响石制品组合的构成特点。均质性好、硬度大的原料，打片时容易控制，而层理发育均质性差的劣质原料，剥片时容易破裂，产生较多的碎片和断块。不同原料制成的工具在完成任务时的效能存在差异，在不同活动中具有不同功能优势。[2] 有些岩性的石器不耐用、功效低，废弃率比较高；有些质优原料制成的石器效能好，使用强度大，或者更可能经过维修被再利用。不同岩性的原料也影响着石制品废弃后的保存状况，有些岩性的石制品更容易在踩踏等作用力下发生破损。[3]

原料的原始尺寸和形状影响剥片技术，并对毛坯的尺寸有直接

---

[1] Andrefsky, W., "Raw-material availability and the organization of technology", *American Antiquity* Vol. 59. 1 (1994): pp. 21-34; Andrefsky, W., *Lithics: Macroscopic Approaches to Analysis* (2nd ed., Cambridge manuals in archaeology). Cambridge; New York: Cambridge University Press, 2005.

[2] Flenniken, J., *Replicative Systems Analysis: A Model Applied to the Vein Quartz Artifacts from the Hoko River Site* (Reports of investigations [Washington State University. Laboratory of Anthropology]; no. 59). Pullman, Wash.: Washington State University, 1981, pp. 16-19.

[3] McBrearty, S., Bishop, L., Plummer, T., et al., "Tools underfoot: Human trampling as an agent of lithic artifact edge modification", *American Antiquity* Vol. 63. 1 (1998): pp. 108-129.

影响。人们有可能倾向于利用大块的原料来剥制大块毛坯、制作大型工具。当人们可获取的原料只有小型砾石或其他小型母坯时，他们可能会使用砸击等技术方法进行剥片，以实现对原料的充分利用。这种特点的原料有时也可能限制某些预制石核技术的应用。同时，原料的原始形状对石器的形状、工具的修理和整形也具有重要影响。

原料，特别是优质原料的丰富程度和可获取性以及原料产地，在一定程度上影响着石核剥片的程度或原料利用率、工具加工的程度和风格、工具的使用程度与废弃等。史前人类可以从附近的河流、河谷堆积物中获取砾石原料，或者从山区的岩石露头中获取原料。如果原料产地位于人类生活地点附近，且数量丰富，那么人们可能会在营地进行剥片活动（有时也会在原料产地附近打制石器），并且生产多种类型的石器，包括精致工具和权宜性工具，这个过程中产生较多的碎片、碎屑、断块等废品。人们也有可能因此对活动地点相对较长时间或较高强度地占用。如果原料质量较差，人们可能主要运用权宜性的石器技术。如果原料质地优良但数量有限，那么人们可能主要会运用精致规范的石器技术，生产较多精致工具（当然，精致工具的多少还取决于其他因素）。从原料产地与营地的距离来看，产地越近，遗址中石制品越有可能出现如下特征：石片，特别是初级石片的数量较多；石核尺寸较大；石片尺寸的分布范围较大。[①] 如果产地较远，人们有可能会在产地对原料做初步加工或预先制作出毛坯，然后带回营地进一步剥片或加工，这会导致人类对原料进行充分开发利用并反复利用石器。有时，在某个地点生活时间较短的人群或者流动性强的人群可能在更广泛的地域范围中流动，产地较远的原料因而会发现于占据时间较短的遗址中。总之，人类对原料的开发利用能够为我们认识打制石器行为的过程和特点以及遗址占用模式提供线索。

---

① Kimura, Y., "On the critique of flake recovery rate and behavioral inference for early hominids: a reply to Braun et al. (2005)", *Journal of Human Evolution* Vol. 51. 1 (2006): pp. 102-105.

三、类型组合

剥片阶段产生的石制品包括石核、石片和残片、断块、碎屑等。石核是经过直接剥片或经过预制修理、剥片、再修理、再剥片步骤后的石料，记录了剥片的技术过程。石核的形态随着剥片的进行而不断发生改变，我们所发现的石核样貌和结构是最后一次剥片后最终形成的。因此，石核有时并不能完全揭示完整的剥片历史，对石核及剥片程序的认识还需要结合其他类型石制品的特征以及拼合的结果。石片是从石核上剥离下来的片状坯材。石片可以直接被当作工具使用，也可以作为毛坯被进一步修理成石器。石片的边缘形态、石片背面形态或凸起程度、石片远端形态影响着这类石制品被进一步选择利用的情况。

如果遗址中保存着一定比例的石核，说明遗址上可能发生过打制石器的活动，但如果石核相对于石片或断块的比例很高，则应考虑到遗址受到较强烈扰动的可能。对此，我们需要结合石制品组合的其他特征以及其他堆积物的特征进行分析和判断。遗址中石片数量和石核上片疤数量的比例对于解读遗址上的剥片行为以及遗址的埋藏过程具有一定的指示意义。[1] 理论上说，人类在一个地点生产石片，石片数量应该大于等于石核上片疤的数量。如果遗址中发现的石片数量与石核上片疤数量的百分比（Flake Recovery Rate，简称FRR）远大于100%，则说明人类可能曾在遗址上打制石片，或者把别处打制的石片带入遗址，亦或者人类将部分石核随身携带走，需要时随时剥片制作工具。如果遗址中石片数量远远少于石核上片疤的数量，则也存在多种可能原因：（1）很多小型或微小型石片可能被水流冲走；（2）有些石核是在其他地点经过初步整形剥片后被带回的；（3）石器打制者把一些石片作为工具随身带离了遗址。需要说明的是，石片数量与石核片疤数量的比例与原料岩性、原料产地

---

① Kimura, Y., "Tool-using strategies by early hominids at Bed II, Olduvai Gorge, Tanzania", *Journal of Human Evolution* Vol. 37. 6 (1999): pp. 807–831.

和获取难易度也有关系。东非人（FLK Zinjanthropus）地点包含大量石英小石片，而火山岩石片数量非常有限。石英石制品的 FRR 值为680.4%，而火山岩石制品的 FRR 值为 42.3%，响岩则仅为 8.3%。这种差异很难用流水扰动来解释。一方面其他证据显示遗址受到流水作用的扰动小，另一方面流水不可能只搬运某种特定原料的石制品。[①] 因此，对于这种现象我们可以从原料特性、人类对原料开发利用的策略、剥片地点的选择等方面寻找可能的答案。

剥片以后，人们根据需求或习惯选择刃缘锋利、形态合适的石片直接使用，也可能把石片进一步修理成不同形态或具有特定功能的工具再做使用。石器的加工和使用方式与文化—技术传统、人类开发利用的资源的特点、生计方式等因素有关。对石器的刃缘形态（例如平行、汇聚、椭圆）、以石片为毛坯的工具的远端终止形态（例如尖、钝、折断）、工具纵剖面形态（例如直、弯曲、扭曲）、工具横截面的形态（例如三角形、梯形等）、修理方式（例如单面、双面）、修理强度、精致程度、石器类型多样性[②]、石器多功能性等方面的观察，以及对不同刃缘和形态特点的工具所占比例、工具在石制品组合中所占比例的统计能够提供关于技术组织和栖居模式的信息。[③] 例如，精致工具是经过有意设计、控制和精细修理而形成的工具，通常外形规则、精美，刃缘平齐规整。精致加工有时可被视为在原料匮乏情况下，优质原料最大化利用的对策，也可能是技术传统的重要表现。精致工具的"生命史"长，耐用程度高、功用性强、便于维修，迁居过程中多被携带，不会被轻易丢弃。权宜加工则指不投入太多精力和成本而进行工具加工的技术。权宜工具通常

① Kimura, Y., "On the critique of flake recovery rate and behavioral inference for early hominids: a reply to Braun et al. (2005)", *Journal of Human Evolution* Vol. 51. 1 (2006): pp. 102–105.

② 石器（组合）特点，比如多样性、灵活性、多功能性等取决于很多因素，如人类从事的活动内容或者说需要完成哪些任务（即预期或需求）、计划行为、技术知识等，特别是流动频率。有些情况下石器类型多样性可能与人群流动频率存在负相关关系。

③ Binford, L. R., "Organization and formation processes: Looking at curated technologies", *Journal of Anthropological Research* Vol. 35 (1979): pp. 255–273.

简单，形态不规则、不稳定，耐用性不高，"生命史"较短——使用后通常直接被废弃，很少经过维修。如果人们在一个地点的栖居时间相对较长，营地较为稳定，所在区域的资源相对丰富，获取资源并不困难，生存风险、压力和不确定性较低，那么他们可能会采取以权宜加工为主的技术模式。

狩猎采集人群对于石器的生产、运输、维护会采取不同的规划策略。有一种策略是："装备"将要开展活动的地方，即准备好石料、经过初步剥片或修型的石核、毛坯。这种策略的应用取决于人类在栖居地点的停留时间或占用频率。如果占用时间长，那么该地点可能会被装备大量的石料或者制作工具的毛坯。随着占用时间的增加，大量生产过程中的废弃品会远远超过石器。[1]

剥片过程中会产生不同类型和比例的断块、碎屑、残片；修理加工过程往往更多地产生碎屑和小型残片。这些石制品经常被视为废品。废品的数量、类型和分布对于遗址埋藏过程的判断也非常关键。如果遗址中存在各个打制阶段的石制品，并且石核相对于石片、残片和断块的比例比较低，残片和断块数量远多于完整石片，小型石片、碎片或碎屑的数量远超出较大石片，那么遗址受到流水扰动的程度应当比较小或非常微弱，遗址很可能是打制石器场所的原地保留。假如遗址中石核数量相对于石片、残片或断块所占比例很高，同时完整石片相对于残片、碎屑的比例高，则说明遗址有可能受到高能地质作用的破坏。[2] 需要注意的是，在特殊的地貌环境和地质作用下，石制品有可能从打制地点被整体搬运、混合在一起堆积到新的地方。此外，在细微堆积单位中的废品所占比例能够帮助我们识别占据事件、解读人类栖居特点。微小废品的空间分布更是可以为复原遗址上人类打制石器的具体位置，以及人类活动空间的结构提

---

[1] Kuhn, S., *Mousterian Lithic Technology: An Ecological Perspective*, Princeton, NJ: Princeton University Press, 1995; Bar-Yosef, O., Van Peer, P., "The Chaîne Opératoire Approach in Middle Paleolithic Archaeology", *Current Anthropology* Vol. 50. 1 (2009): pp. 103–131.

[2] Schick, K., Toth, N., *Making Silent Stones Speak: Human Evolution and the Dawn of Technology*, New York: Simon & Schuster, 1993.

供重要线索。

对于遗址是否保留了人类原地打制石器的证据，记录了怎样的打制过程和行为特点，除了参考原料特点、石制品类型组合及不同类型特别是微小残片和碎屑所占比例，我们还需要结合自然堆积物所反映的堆积形成环境、石制品产状和磨损特征，以及石制品空间分布特征来进行综合分析。

四、产　状

石制品经过生产和使用，最终进入废弃和埋藏阶段。在这一阶段，石制品自身的特征、石制品组合以及空间分布很有可能发生变化。我们在通过石制品判断遗址性质，提取有关人类打制和使用石器行为的信息时，必须要分析石制品在哪些影响因素下发生过怎样的变化。产状指石制品出土时的长轴方向和倾向，是判断石制品堆积和堆积后过程中水动力条件或其他自然作用力强度的重要依据，可参照示意图进行判断（图3-1）。通常，长圆形砾石在水流的推动作用下，以长轴垂直于水流的方向向前滚动，因为这种状态下砾石运动所需的水动能最小。[①] 被废弃的石制品在长期受到流水特别是高能流水作用的影响下会呈现出向一个方向倾斜的趋势，而不是随意倾斜状态。湖泊环境中的石制品在波浪的影响下，其长轴可能会呈现和湖岸线平行的现象。[②] 在滑坡作用下，石制品也可能呈现出与斜坡相关的有规律性的倾向分布。[③] 一般来说，遗址中出土遗物的产状随意分布，那么遗址受到的扰动应当比较小，反之可能在堆

---

① 吴泰然、何国琦等编著：《普通地质学》，北京：北京大学出版社，2003年。

② Morton, A., *Archaeological Site Formation: Understanding Lake Margin Contexts* (BAR international series: 1211), Oxford: Archaeopress, 2004.

③ Bertran, P., Hetu, B., Texier, J. P., et al., "Fabric characteristics of subaerial slope deposits", *Sedimentology* Vol. 44. 1 (1997): pp. 1–16; Bertran, P., Texier, J. P., "Fabric analysis: application to Paleolithic sites", *Journal of Archaeological Science* Vol. 22. 4 (1995): pp. 521–535.

积后过程中受到较大扰动。很多埋藏在河湖相中的旧石器时代遗址，诸如内蒙古乌兰木伦遗址、河南老奶奶庙遗址、宁夏水洞沟遗址等，出土的遗物长轴分布没有表现出趋于特定方向的规律，表明遗物没有受到高能水流动力的搬运和扰动。[①]

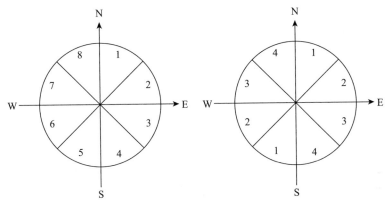

图 3-1　产状判断参考图

（左）倾向（0 为水平，9 为垂直），（右）长轴

　　需要指出的是，遗址堆积有可能先后受到不同作用力的改造而发生变化，产状的最终特点是复杂埋藏过程的结果。此外，产状对于不同地形中，例如平地、"沟"或凹陷地形、斜坡的堆积的指示性有所不同。因此，通过产状判断遗存是否以及受到哪些自然作用力的显著改造时，应当综合考虑遗址形成的具体地貌环境、自然作用堆积物特征以及人类活动堆积物的其他埋藏特征。

五、磨　损

　　在埋藏过程中石制品会在流水搬运、岩石崩塌、踩踏等作用下

---

　　① 刘扬、侯亚梅、杨泽蒙等：《鄂尔多斯乌兰木伦旧石器时代遗址埋藏学研究》，《考古》，2018 年第 1 期，第 79—87 页；陈宥成：《嵩山东麓 MIS3 阶段人群石器技术与行为模式——郑州老奶奶庙遗址研究》，北京大学博士学位论文，2015 年；关莹、高星、王惠民等：《水洞沟旧石器时代晚期遗址结构的空间利用分析》，《科学通报》，2011 年第 33 期，第 2797—2803 页。

发生磨损或破损。在流水搬运作用下，石制品边缘在一个表面或两个表面上都有可能发生破损，石制品边缘、片疤的脊有可能被磨圆。磨损程度能够为判断搬运距离或改造作用的强弱提供线索。法国北部一处旧石器时代早期遗址中的很多石制品的边缘都存在破损，并且较多石器的两面边缘存在比较严重的破损，很可能是在水流滚动过程中形成的。遗址中有磨损痕迹和没有磨损痕迹的石制品共存，并且它们的形态与尺寸分布基本相同。由此推断，有磨损和无磨损的两组标本应该有着相同的堆积动力，即流水搬运。[①] 宁夏水洞沟遗址第 7 地点是一处露天遗址，自然堆积物为粉砂或黏质粉砂。多数石制品没有磨损或是轻微磨损，只有少数为中度磨损（占 15.69%）和重度磨损（占 2.74%）。虽然自然堆积物的特征显示第 7 层存在流水冲蚀作用，对第 8—11 层堆积的局部造成影响，但第 8—11 层中石制品被流水搬运的距离应当不远，石制品受到的改造程度有限。[②] 内蒙古乌兰木伦遗址第 4 层—第 8 层中石制品的磨损程度非常微弱，仅有不超过 0.6% 的石制品属于轻微磨损，其余石制品边缘保存完好。[③] 结合遗址中自然堆积物的构成与特点，微小石制品（小于 20mm）所占比例较高来看，遗址受到的流水搬运和扰动程度有限。

尽管磨损程度对于遗址受到的搬运改造具有指示意义，但是磨损程度低或几乎没有磨损也不能完全说明遗址其他方面没有受到水流或其他自然作用的影响。很多旧石器时代遗址的研究都会注意到石制品的磨损状况，但是对不同磨损程度和不同磨损特征遗物的形成以及关联研究非常有限，未来对这些方面尝试分析或许可以为石制品的埋藏研究提供更多依据。

---

① Dibble, H. L., Chase, P. G., Mcpherron, S. P., et al., "Testing the reality of a 'living floor' with archaeological data", *American Antiquity* Vol. 62. 4 (1997): pp. 629-651.

② 裴树文、牛东伟、高星等：《宁夏水洞沟遗址第 7 地点发掘报告》，《人类学学报》，2014 年第 1 期，第 1—16 页。

③ 刘扬、侯亚梅、杨泽蒙等：《鄂尔多斯乌兰木伦旧石器时代遗址埋藏学研究》，《考古》，2018 年第 1 期，第 79—87 页。

流水作用和踩踏作用可以在石制品上形成与修理痕迹相似的破损，或者似使用痕迹，形成伪锯齿刃器或凹缺刮器。[1] 实验表明：踩踏可以在石制品的边缘留下随意分布的片疤，也会使石制品出现轻微磨圆或者较短的条痕；水流搬运可以造成石制品尖部等位置发生崩损，石制品边缘和背脊出现磨圆和光泽。[2] 以色列乌比迪亚（Ubeidiya）旧石器时代早期遗址的研究发现：在粉砂黏土堆积中，修理石片的比例为 8%—16%，在砂砾堆积中，修理石片所占比例高达 39%—67%[3]，经分析，研究人员认为这种变化可能与埋藏环境有关，踩踏、水流作用导致了一系列似修理石制品的出现，但也不能排除这其中确有一定比例的人类有意修理的石片。[4] 石制品的形态以及石器在修理和使用过程中其边缘或尖端形成的疤痕或磨损痕迹也有可能在埋藏过程中发生改变。我们发现的工具样貌并不一定代表它们被废弃时的样子。对石器类型进行分类和解读时不能完全依赖于功能形态，应当注意结合痕迹组合特征、痕迹在石制品上的分布位置、分布状态（随意分布或均匀分布）以及石制品的其他埋藏特征进行分析和判断。

在埋藏学研究中，除了石制品外，动物遗存以及天然石块的产状和磨损或磨圆特征也是重要信息。对天然石块的观察尤其容易被

---

[1] Dibble, H., Holdaway, S., "The Middle Paleolithic of Warwasi rockshelter", In: Olszewski, D., Dibble, H., (eds.) *The Paleolithic Prehistory of the Zagros*, University Museum Press Philadelphia, 1993, pp. 75-99; Bordes, F., Bourgon, M., "Le complexe moustérien", *L'Anthropologie* Vol. 55 (1951): pp. 1-23.

[2] 杨霞、陈虹：《石制品后埋藏微痕的实验研究述评》，《东南文化》，2017 年第 3 期，第 20—26 页。

[3] Bar-Yosef, O., Goren-Inbar, N., *The Lithic Assemblages of 'Ubeidiya': a Lower Palaeolithic Site in the Jordan Valley*, Qedem 34, Monographs of the Institute of Archaeology, Jerusalem: The Hebrew University of Jerusalem, 1993.

[4] Flenniken, J. J., Haggarty, J. C., "Trampling as an agency in the formation of edge damage: an experiment in lithic technology", *Northwest Anthropological Research Notes* Vol. 13. 2 (1979): pp. 208-214; Bar-Yosef, O., "Site formation processes from a Levantine viewpoint", In: Goldberg, P., Nash, D., Petraglia, M., (eds.), *Formation Processes in Archaeological Context* (Monographs in world archaeology; no. 17), Madison: Prehistory Press, 1993, pp. 13-32.

忽略，然而，天然石块对于认识遗址特别是洞穴遗址堆积形成过程、遗址环境变化及其对人类占据活动的影响至关重要。因此，发掘过程中对天然石块的产状、风化和磨圆、尺寸等特征也应当做仔细的观察和记录。

六、尺寸分布

自然作用和人类行为可以对不同尺寸的石制品造成分选，因此石制品尺寸分布也是判断石制品堆积成因和保存状况的重要依据。在考古发掘和研究中，个体相对较大、特征明显的遗物容易被发现，并且通常被收集和关注，而微小、破碎的遗物，例如石制品碎屑和微小的骨骼碎片容易被忽视。其实，微小的遗物（通常指长度小于20mm，有时指小于30mm的碎片或碎屑、碎块等）保留在原始空间背景中的概率相对更高[1]，对于遗物堆积成因、遗址保存状况的判断以及遗址功能和人类的空间利用行为的复原更具有指示意义。例如，在风力沉积环境中，微小的遗物通常最先被掩埋。[2] 在人类清理空间的行为中，微小的遗物容易因遗漏、忽视而被留在原地。[3] 此外，实验表明在同等的踩踏强度和时长里，微小石制品更容易被踩进地面或居住活动面，并且被踩入的深度要大于较大型石制品。民族考古研究发现[4]：布须曼人的火塘附近的微小遗物相比于较大的遗物更容易发生向下的位移。从这些意义上来说，在特定的埋藏环境中，微

---

① O'Connell, J. F., "Alyawara site structure and its archaeological implications", *American Antiquity* Vol. 52. 1 (1987)：pp. 74-108.

② Behrensmeyer, A. K., Boaz, D. D., "The recent bones of Amboseli National Park, Kenya", In: Behrensmeyer, A., Hill, A., Wenner-Gren Foundation for Anthropological Research, (eds.) *Fossils in the Making*, Chicago：University of Chicago Press, 1980, pp. 72-92.

③ O'Connell, J. F., "Alyawara site structure and its archaeological implications", *American Antiquity* Vol. 52. 1 (1987)：pp. 74-108.

④ Yellen, J. E., *Archaeological Approaches to the Present：Models for Reconstructing the Past* (Vol. 1), New York：Academic Press, 1977.

小遗物能够得到相对较好的保存。[1] 然而，微小遗物也容易在自然作用，特别是水流作用下被带走。因此，如果遗址中石制品的分选程度很弱，石制品尺寸分布范围大，即大型、小型和微小型石制品共存，并且其中微小型碎片和碎屑较多，同时遗址中存在石制品的不同密度的集中分布区，那么石制品应当是人类原地活动形成的堆积，水流等自然动力对堆积的影响较弱。如果较大型石制品占主体，而微小型、小型石制品缺失或者所占比例很低，或者微小型石制品虽然存在，但是在遗址中散布，那么我们就要考虑到石制品堆积受到地质作用搬运和扰动的可能。研究发现：遗址中"小于 20mm 的石制品占出土石制品总体数量的 60%—70%"的情况通常可以反映原地埋藏。[2] 当然，遗址中碎屑和碎片的数量和比例会受到原料岩性的影响。在剥片技术和剥片强度相同、遗址功能相同的条件下，节理发育的原料容易产生更多的微小石制品。实验数据显示：用石英石核剥片直至石核被废弃，这个过程中产生的碎片和碎屑比例可以高达 87.1%。[3] 以河南老奶奶庙遗址的考古材料为例，3F 层中小于 20mm 的石制品比例为 87%，3E 层为 65%，3C 和 3D 层为 70%，3B 层为 58%，这些石制品与尺寸较大的石制品共存。同时，石制品产状分布无规律、磨损程度较低，石制品存在分离的聚集区，遗址中存在保存相对较好的用火遗迹，这些现象共同揭示了石制品在埋藏过程中受到自然作用扰动比较有限的特点[4]，为各堆积单位中石制品的空间分析奠定基础。

---

[1]　Gifford-Gonzalez, D. P., Damrosch, D. B., Damrosch, D. R., et al., "The third dimension in site structure: an experiment in trampling and vertical dispersal", *American Antiquity* Vol. 50. 4 (1985): pp. 803–818.

[2]　Schick, K., Toth, N., *Making Silent Stones Speak: Human Evolution and the Dawn of Technology*. New York: Simon & Schuster, 1993.

[3]　Schick, K., Toth, N., *The Cutting Edge: New Approaches to the Archaeology of Human Origins* (Stone Age Institute publication series 3), Gosport, IN: Stone Age Institute Press, 2009, pp. 151–170.

[4]　陈宥成、曲彤丽、汪松枝等：《郑州老奶奶庙遗址空间结构初步研究》，《中原文物》，2020 年第 3 期，第 41—50 页。

七、空 间 分 布

　　很多旧石器时代遗址中的石制品或其他遗存从表面上看随机成堆地分布在一起，但其实人类活动能够形成特定的遗物空间分布模式，这在很多民族考古学研究中有所发现。对石制品进行空间分析能够为识别生产和使用石器的地点、判断石制品的移动、造成它们移动的原因，以及认识人类空间利用行为、栖居流动模式提供独特视角[1]，是石制品埋藏研究中的重要方法。空间分析不仅应用于石制品，对于动物遗存与燃烧遗迹的埋藏学研究来说同样至关重要。

　　空间分析需要结合石制品类型组合、石制品的分布密度和空间关系以及拼合状况（例如，通过同一石核上剥下的石片之间距离的远近）来进行。剥片和加工工具的区域所产生的石制品通常包含碎屑、残片以及预制、修理石核产生的石片，这些产品通常不会被人们带走利用，而是被废弃在石器打制的区域。实验发现：剥片产生的石制品碎屑、残片等主要分布在距离打制者一米以内的范围里。[2]使用区域中的石制品通常是使用过后被废弃的。一般来说，它们分布在从事某项活动的区域及其附近，比如使用过的石片或成型的工具很可能分布在食物加工和消费区域、装饰品或艺术品制作区域。这些石制品被带离了石器生产区域。使用区域被废弃的石制品包括修理、整形过的石制品，以及带有使用痕迹的石制品。在占用时间较长的遗址或反复占用的遗址中，经常性的空间清理使得一些石制品从石器生产或使用区域移动到垃圾堆放区。[3] 这种区域中的石制品

---

　　① Clark, A. E., "Time and space in the middle paleolithic: spatial structure and occupation dynamics of seven open-air sites", *Evolutionary Anthropology* Vol. 25 (2016): pp. 153-163

　　② Clark, A. E., "Using spatial context to identify lithic selection behaviors", *Journal of Archaeological Science: Reports* Vol. 24 (2019): pp. 1014-1022.

　　③ Bamforth, D. B., Becker, M., Hudson, J., "Intrasite spatial analysis, ethnoarchaeology, and Paleoindian land-use on the Great Plains: the Allen site", *American Antiquity* Vol. 70. 3 (2005): pp. 561-580.

通常尺寸较大，可能主要包含生产过程中的残片、修理石核的石片、带有石皮的石片。当然，我们在遗址中发现的不同类型石制品（组合）的空间分布通常并不能与当时的人类行为直接或完全对应。自然作用，例如动物的"到访"、水流冲刷、洞顶崩塌可以导致石制品发生磨损、尺寸分布发生变化，但更普遍且对考古研究影响最大的是造成石制品位移。后来的人类占据活动也可能对前一次占据事件形成的石制品空间分布以及特定空间中的石制品数量和构成进行改造。

石制品的平面分布，例如是否存在聚集分布、不同尺寸的石制品在空间分布上是否存在差异，可以为判断遗存是否经过搬运和改造以及程度如何提供线索，而不同活动空间中的石制品的关联能够为了解遗址占用过程提供线索。若遗址只经过较小或微弱的水流扰动，那么遗址上可能会保留着因不同活动内容而产生的石制品在平面上的聚集分布（石制品分布密度大，相对集中在较薄的层位中）。民族学资料显示：人类打制石器形成的遗存在空间分布上存在一定的规律和特点。例如，围绕火塘打制石器的时候，大量碎屑和碎片会掉落在工匠身体附近，相对靠近火塘的区域，而尺寸较大的石制品往往被扔到距离火塘相对较远的区域。[①] 打制石器的活动通常发生在一处空间，其中一些石制品会被人类选择带到另一处空间中使用或满足其他的目的。因此，我们在遗址内不同空间中，可能会发现不同类型或特定类型石制品所占比例存在差异。如果不同类型的石制品分别在不同空间中聚集分布，则说明遗址受到的扰动比较小。如果遗址受到很大的扰动，遗物的分布可能是完全混乱的，也可能围绕着障碍物如（大型）石块、倒塌的树干而堆积，或者在某种特定的地势（例如洼地、沟槽）中堆积下来，出现"密集分布"的现象，有时很大的石块或骨头下会压着较小的石制品、碎屑或骨骼碎

---

① Binford, L. R., "Dimensional analysis of behavior and site structure: learning from an Eskimo hunting stand", *American Antiquity* Vol. 43. 3 (1978): pp. 330-361.

块。人类对居住场所进行打扫和清理会导致不同尺寸的石制品混合在一起，被堆放到远离石器打制的区域或睡觉休息的区域。在洞穴中，它们可能被堆放到靠近洞壁或者洞穴较深的地方，石制品由此发生位移，其在打制和使用过程中形成的空间分布发生改变。[1] 踩踏作用也可以造成石制品在平面上的位移，有时移动距离将近1m，甚至达到2m远。[2] 总之，人类活动和自然作用都可以造成石制品"离开"最初被打制的地方。石制品的移动通常是没有方向性的，除非在某些地质作用如流水作用下。在排除自然作用造成石制品发生位移的前提下，从理论上说，一处地点被占用的时间越长，或者被多次反复占用的话，石制品的离心移动，即从中心（打制地点）向外"移动"的程度就越高，石制品被人类有意挑选利用而被带走或者在人类走动过程中被踢走、踢远的可能性就越大。[3] 这些过程可以通过可拼合石制品的空间分析进行复原。

石制品在纵向的密集分布可能暗示着人类对遗址长时间的占用或反复占用。低密度的分布可能表示遗址被占用时间比较短或间隔性占用。然而，与平面分布相同，很多因素，包括水流、冻融、地下水位的变化、雨水的渗透可以改变石制品的纵向分布[4]，导致不同堆积单位中的石制品的混合。即使石制品没有在自然作用下被搬运，也要考虑到堆积后过程中堆积物发生溶解，导致堆积物的体积减小，从而增加石制品密度的可能性。白蚁、蚯蚓等钻洞动物的活动，植

---

① Gifford-Gonzalez, D. P., Damrosch, D. B., Damrosch, D. R., et al., "The third dimension in site structure: an experiment in trampling and vertical dispersal", *American Antiquity* Vol. 50. 4 (1985): pp. 803 – 818; Goldberg, P., Miller, C. E., Schiegl, S., et al., "Bedding, hearths, and site maintenance in the Middle Stone age of Sibudu cave, KwaZulu-Natal, South Africa", *Archaeological and Anthropological Sciences* Vol. 1. 2 (2009): pp. 95–122.

② Gifford-Gonzalez, D. P., Damrosch, D. B., Damrosch, D. R., et al., "The third dimension in site structure: an experiment in trampling and vertical dispersal", *American Antiquity* Vol. 50. 4 (1985): pp. 803–818.

③ Clark, A. E., "Using spatial context to identify lithic selection behaviors", *Journal of Archaeological Science: Reports* Vol. 24 (2019): pp. 1014–1022.

④ Villa, P., Courtin, J., "The interpretation of stratified sites: a view from underground", *Journal of Archaeological Science* Vol. 10. 3 (1983): pp. 267–281.

物根的生长作用同样不能忽视，它们可以使石制品，特别是微小石制品发生纵向位移。虽然这些作用造成的遗物分布的改变程度比较小，但是在较长时期里同样会导致遗物纵向新结构的形成。[①] 踩踏也会使遗物的纵向分布发生变化，造成以前占据事件留下的石制品的密度增加。实验发现：踩踏对石制品垂直分布的影响与沉积物基质的可穿透性密切相关。在疏松的砂质堆积中，石制品容易发生较大程度的向下位移；在较致密的黏土堆积中，石制品发生的纵向位移非常小。踩踏导致的石制品位移程度可能会随遗址占用时长和占用强度的增加而增加。如果遗址被人类重复占用，那么后来的占据活动也会改变、扰乱前一次占据过程中形成的石制品堆积的结构，有可能使不同事件中废弃的遗存混杂在一起。[②]

总之，空间分析可以帮助我们识别原地打制石器的区域；判断石制品相对于这一区域所发生的移动，从而揭示出打制石器的操作链以及遗址被人类占用的特点（包括长期占用或短期占用、占用强度的大小、是否反复占用等）。需要注意的是，石制品出土时的空间分布很多时候不能代表或者不能够完全代表人类活动期间的空间利用，我们需要判断石制品在埋藏过程中是否发生位移，空间分布发生过怎样的改变。空间分析需要以遗物出土时的三维位置、分布格局（例如不同类型石制品的空间关系或石制品与其他遗存的空间关系）、分布密度、遗址内特定区域石制品堆积的厚度等方面的详细信息为基础。同时应当考虑石制品风化和磨损状况的一致性以及石制品尺寸分布情况，这样才能够为复原石制品堆积的形成和变化过程，以及识别遗址中不同活动区域的共时性提供可靠依据。

---

① Cahen, D., Moeyersons, J., "Subsurface movements of stone artefacts and their implications for the prehistory of Central Africa", *Nature* (*London*) Vol. 266. 5605 (1977): pp. 812–815; Vermeersch, P., "Middle Paleolithic Settlement Patterns in West European Open-Air Sites: Possblities and Problems", In: Conard, N. J., (ed), *Settlement Dynamics of the Middle Paleolithc and Middle Stone Age*, Tübingen: Kerns Verlag, 2001, pp. 395–420.

② Binford, L. R., "The archaeology of place", *Journal of Anthropological Archaeology* Vol. 1. 1 (1982): pp. 5–31.

八、拼 合

19世纪末期英国考古学家斯普莱尔（Spurrell）首次对考古遗址出土石制品进行了拼合研究。20世纪70年代起，这种方法再次广泛兴起，成为史前考古研究方法的重要组成。[1] 能够拼合在一起的石制品，在剥片开始之前在时间和空间上是一个整体，剥片开始后多件石制品从同一件毛坯或石料上分离开。接下来出于某些原因，有些石制品被"带到"遗址里的其他区域，或者被"带出"遗址。因此，通过拼合研究，我们可以复原剥片序列和石器技术，识别石器生产、利用和废弃的过程，识别出一个活动地点中的不同活动区域（例如剥片区域、修理或维修区域、使用区域、废弃区域），认识不同区域之间的关系。[2] 拼合方法也可以运用在骨骼和烧石块等多种类型遗物上。能够拼合在一起的遗物通常被看作来自同一事件的遗物组合。因此，对于同一遗址而言，这种方法可以帮助我们澄清考古材料的出土环境与整体性，判断遗物的同时性或区分不同占据事件，并且为分析堆积物，特别是文化遗存在埋藏过程中受到扰动、发生位移的情况提供重要线索[3]；而一个地区中出土于不同遗址的石制品的拼合还可以提供遗址同时性、遗址之间的关联、人群关系等方面的信息。[4]

---

[1] Hofman, J. L., "The refitting of chipped-stone artifacts as an analytical and interpretive tool", *Current Anthropology* Vol. 22. 6 (1981)：pp. 691–693.

[2] Clark, A. E., "From activity areas to occupational histories：new methods to document the formation of spatial structure in hunter-gatherer sites", *Journal of Archaeological Method and Theory* Vol. 24. 4 (2017)：pp. 1300–1325.

[3] Villa, P., "Conjoinable pieces and site formation processes", *American Antiquity* Vol. 47. 2 (1982)：pp. 276–290; Hofman, J. L., Enloe, J. G., "Piecing together the past：applications of refitting studies in archaeology", Oxford：British Archaeological Reports International Series 578, 1992.

[4] 陕西省考古研究院、商洛地区文管会、洛南县博物馆编著：《花石浪（I）——洛南盆地旷野类型旧石器地点群研究》，北京：科学出版社，2007年，第172—173页。

拼合方法可以概述为以下步骤。首先，将石制品按照原料进行分类，其中原料的宏观特征——石皮表面部分的颗粒大小和颜色，没有石皮的表面部分的颗粒大小和颜色以及石制品的保存状况是主要分类依据。接下来，对石制品的破裂类型进行观察和拼合。石制品的拼合关系包括拼对关系和拼接关系。拼对关系指石核与石片之间、工具与修理过程中产生的废片之间的拼合。拼接关系指石片或断块在剥片过程中因打击力度或节理等因素形成的破裂部分之间的拼合。

拼合率和拼合距离是遗物埋藏过程的重要指示。一般认为，拼合率高反映遗址没有经过高能动力的远距离搬运，遗物基本属于原地埋藏。当然，拼合率高也不一定代表原地埋藏，还必须注意拼合距离以及可拼合石制品的空间分布。拼合石制品的直线距离可以是人类剥片和使用石器过程的反映，也可能是自然作用扰动程度的反映。如果来自同一件石核上的很多石制品集中分布在一个有限的区域里，这说明石制品在堆积后过程中受到的扰动是很小的。① 反之，可拼合石制品的空间距离较远，则说明石制品发生了较远距离的"移动"，我们则需要观察这些石制品当前分布区域的环境以及石制品的分布状态，从而判断造成石制品移动的原因。南非库都山（Kudu Koppie）遗址中发现有 193 件可拼合石制品，构成了 84 个拼合组，拼合率为 4%。有将近 80% 的拼合石制品的垂直距离在 0—10cm 之间。有 20% 的拼合石制品的距离在 10—45cm 之间。有一件石核位于可与其拼合的石片之上的位置，二者相距至少 15cm。石核此后再也没有经过剥片。类似的情形还发生在另一个石核—石片拼合组上。因此，虽然石制品组合整体上没有受到明显扰动，但存在超过 10cm 的垂直位移，从地形特点和自然堆积物特征来看，这种位

① Isaac, G. L., "Towards the interpretation of occupation debris: some experiments and observations", *Kroeber Anthropological Society Papers* Vol. 37 (1967): pp. 31–57.

移可能发生在雨水冲刷、片流、根系扰动等作用力之下。[①]

比利时米尔Ⅱ（Meer Ⅱ）遗址的石制品出自于一个同质的砂层。石制品拼合率为18%，可拼合石制品来自不同的石制品集中分布区。拼合石制品的最大垂直距离为40cm。结合复杂的拼合序列，以及不同类型石制品的空间分布特点来看，研究者推测遗址上发生的是单次占据事件。该遗址属于旧石器时代末期，遗址中没有发现柱洞或其他遗迹结构，也没有发现可以导致石制品纵向散布的明显地质作用，石制品的纵向位移有可能是生物扰动造成的。[②]

法国阿玛塔（Terra Amata）遗址是一处旧石器时代早期的露天遗址。地层堆积分为3个单元——最上部是砂质堆积，中间是海滩砂粒堆积，最下部是一系列由小砾石透镜体和多层砂—淤泥堆积物组成的海岸堆积。该遗址是开展拼合工作的比较理想的对象，因为石器打制活动在原地发生，遗址的大部分区域都经过了发掘。在发掘过程中每部分堆积都被详细划分成很多层，最上部地层被划分成一系列水平层，包括活动面与"空白层"（没有人类占据时期的堆积）。这部分堆积中发现一件石核，可与10件石片拼合，并且这些石制品均发现于同一水平层之中，水平距离在2m以内。这一发现使得发掘人员认为活动面得到了很好的保存，受到自然作用的扰动非常小。然而，进一步的拼合工作发现，可拼合石制品事实上存在于同一地层单元中细分的不同水平层中，有些甚至跨越了不同地层单元，可拼合石制品大部分在20—30cm的垂直距离内散布，有的垂直距离可达40cm，但只是极少数情况。可拼合石制品的水平距离总体很短，68%的拼合石制品分布在同一探方或相邻探方之中。由于最上部堆积中磨损石制品仅占0.1%，研究者认为石制品的纵向位移可

① Sumner, T. A., Kuman, K., "Refitting evidence for the stratigraphic integrity of the Kudu Koppie early to Middle Stone Age site, northern Limpopo Province, South Africa", *Quaternary International* Vol. 343 (2014): pp. 169-178.

② Villa, P., "Conjoinable pieces and site formation processes", *American Antiquity* Vol. 47. 2 (1982): pp. 276-290.

能与海浪作用下的侵蚀、再堆积无关，而与踩踏、动物活动以及沉积物干湿变化有关。[1]

通过拼合，我们可以识别或检验人为划分出的水平层或堆积单位之间的关系，它们之间可能并不是独立的，而是存在关联，这将进而帮助我们解读人类活动事件的发生过程。

事实上，绝大多数经过拼合研究的遗址中，石制品的拼合率是比较低的，通常低于15%[2]，我们不能完全确定剩下的未拼合石制品是相同活动事件下形成的遗物组合的一部分，不能完全据此判断石制品具有相同成因，即使有些遗址中拼合率相对更高。拼合结果本身不能作为判断遗物原地埋藏的绝对证据。有时在水流或片流侵蚀作用下受到分选之后，相同尺寸等级的石制品也有可能拼合在一起。因此，不同尺寸、不同形状或类型的石制品的拼合，例如修理石片与两面器的拼合、小石片与大石核的拼合，能够为判断遗物保存于原始环境提供相对更加充分的证据。[3]

此外，我们对遗物空间分布的解读常常以民族学资料为参考。然而，人类活动的区域可能受到树荫变化、社交行为、从事活动人员数量的影响，很多活动区域在空间上存在重叠。[4] 同时，遗存空间结构的形成过程比较复杂，活动地点在废弃后经常受到自然作用或人类再活动的改造。在这种情况下，民族学资料并不完全适用于解释文化遗存在人类空间利用方面的含义，不是空间分析的

---

① Villa, P., "Conjoinable pieces and site formation processes", *American Antiquity* Vol. 47, no. 2 (1982): pp. 276-290.

② Vermeersch, P. M., "Middle Paleolithic settlement patterns in West European open-air sites: Possibilities and problems", In Conard, N. J. (ed.) *Settlement Dynamics of the Middle Paleolithic and Middle Stone Age*, Tuebingen: Kerns Verlag, 2001.

③ Hofman, J. L., "The refitting of chipped-stone artifacts as an analytical and interpretive tool", *Current Anthropology* Vol. 22. 6 (1981): pp. 691-693.

④ Yellen, J., *Archaeological Approaches to the Present: Models for Reconstructing the Past*, New York: Academic Press, 1977. Fisher, J. W., Strickland, H. C., "Ethnoarchaeology among the Efe pygmies, Zaire: Spatial organization of campsites", *American Journal of Physical Anthropology* Vol. 78. 4 (1989): pp. 473-484.

绝对依据。拼合对于遗址空间结构、人类空间利用行为的研究而言则成为十分必要的手段，可以使我们在判断遗物空间关系形成原因的基础上，结合文化遗存的集中分布特征或者各类遗物与火塘的空间关系，对人类占用遗址的过程做出更为可靠的解读。

九、研究案例

1. 陕西龙牙洞遗址

龙牙洞遗址的基本情况在第一章做过介绍，这是发育在石灰岩山体上的溶洞，其中出土了旧石器时代早期距今 50—25 万年前的大量石制品、动物遗存以及用火遗存。各个堆积时期的原料种类多样，变化不大，来自本地的砾石；石制品组合都主要由石锤、石核、石片、工具、断块和碎屑组成。石核在石制品中所占比例从早期到晚期呈现下降趋势，第 2 层与第 3、4 层相比差别显著，但石片在石制品中所占比例变化不大。从整体看，工具比例很低，研究者认为可能与原料产地近、容易获取有关。碎屑和断块的比例具有显著增加趋势，早期（第 2 层）所占比例较低可能是因为小型石制品在水流作用下被搬运、带出遗址。

该遗址石制品的总拼合率为 3.85%。石核—石片拼合组中，平面上的平均距离为 254.48cm；石片—石片拼合组中，最大平面距离可达 633.47cm，平均距离为 253.87cm；修理石片拼合组的最大平面距离为 518.48cm，最小为 99.3cm，平均距离为 268.65cm，在这些拼合组中最大（图 3-2）。研究者认为可拼合石制品分布距离和范围整体较大很可能是由于人们选择一些剥下的石片带到另一个区域直接使用，或者把修理好的工具带离制作地点，在使用地点废弃并掩埋起来。还有一种可能是：工匠在剥片过程中移动了位置，即石核发生了位移。因此，先前被剥下的石片与最终废弃的石核的距离有可能比较远，石片与石核拼合的平面距离存在较多变化。当然这些解读是以排除石制品受到明显自然作用搬运为前提的。上述的可能

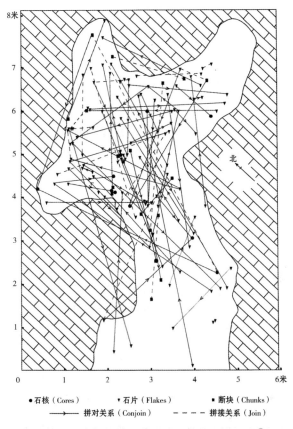

● 石核（Cores）　▼ 石片（Flakes）　■ 断块（Chunks）

——→ 拼对关系（Conjoin）　– – – – 拼接关系（Join）

图 3-2　龙牙洞洞内拼合石制品的平面分布①

解释可以根据不同区域不同类型石制品所占比例以及石制品的分布
密度进行进一步论证。不完整石片拼合组的平均平面距离最小，为
130.7cm，最小距离为 1cm，表明这类拼合组埋藏后受到的扰动较
少，但也不排除不完整石片废弃后受到踩踏发生破裂、破碎而被掩
埋起来，造成拼合距离短的可能。有些拼合石制品距离较远，但石
制品之间有洞壁岩体相隔，加之洞穴内的沉积物没有显示出强动力
的搬运作用，因此研究者推测这种情形很可能是人类在不同区域剥

---

①　陕西省考古研究院、洛南县博物馆编著：《花石浪（Ⅱ）——洛南花石浪龙牙洞
遗址发掘报告》，北京：科学出版社，2008 年，第 192 页。

片和使用石器行为的结果。龙牙洞内大多数拼合石制品的垂直距离为0—20cm（图3-3）。在87个拼合组中，有4组的垂直拼合距离超过30cm，其中最大的距离为48cm；有10组的垂直距离为20—30cm；其余拼合石制品之间的垂直距离小于10cm。对于石制品的纵向位移，研究者排除了生物活动的影响，认为沉积物的干湿变化是主要原因。在降雨量多的年分，洞顶的水滴频繁落到洞内堆积物上，黏土类堆积容易出现裂缝，小石片和碎屑在踩踏等作用力下掉进裂缝进入下面堆积物中的可能性比较高。①

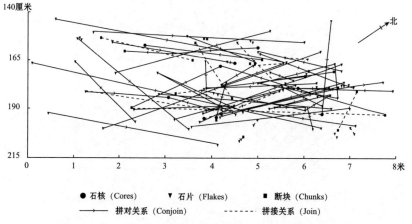

图3-3　龙牙洞洞内拼合石制品沿纵长轴方向的垂直位移②

2. 内蒙古乌兰木伦遗址

　　乌兰木伦遗址位于内蒙古鄂尔多斯市康巴什新区，地处乌兰木伦河左岸。人类活动堆积物形成的时期乌兰木伦河流域处于成湖期，该区域以湖泊环境为主。第2—8层（主要文化层）出土了大量石制品和动物遗存，以及火塘，距今约7—5万年。自然堆积物主要由粉

① 陕西省考古研究院、洛南县博物馆编著：《花石浪（Ⅱ）——洛南花石浪龙牙洞遗址发掘报告》，北京：科学出版社，2008年，第132—200页。

② 同上书，第193页。

砂或细砂构成，有些层位粉砂细砂交错①，反映了水流动力的变化。

对主要文化层石制品的埋藏学分析显示：各层中小于 20mm 的微小型石制品所占比例均高于 70%，石制品不存在分选现象。各层石制品的长轴都没有趋于特定方向。大部分石制品的边缘保存完好，没有发现中度和重度磨损的石制品。研究人员发现了 29 个拼合组，含 66 件石制品（出土石制品共 4043 件），拼合率为 1.6%。第 2 层的拼合组最多，水平距离最大为 260cm，最小为 2cm。各层拼合组的最大垂直距离均小于 50cm，最小者则处于同一水平面。研究者认为遗址的地貌环境特点以及石制品的埋藏特征表明石制品为原地堆积，基本没有经过水流作用的搬运扰动。② 然而，拼合所反映的石制品纵向位移、造成纵向位移的原因，以及拼合石制品的平面距离所反映的人类行为过程仍值得进一步探讨。

3. 河南方家沟遗址

方家沟遗址的基本情况在第二章做过介绍。旧石器时代的文化遗物绝大多数出自沟状堆积单位（G1）。G1 堆积最厚为 1.1m，自然堆积物主要由黄褐色粉砂构成，含一定数量的砾石、岩块、钙结核、大量石制品和少量动物遗存。遗物分布密度大，但不均匀，大多数遗物集中在沟的中部——东西长约 3m、南北宽约 2m、垂直距离约 1m 的范围之内，最密集处互相叠压成堆。G1 中存在 4 处遗物集中分布区——集中区 A、B、C、D③，其中集中区 C 靠近 G1 底部，该区域中存在着一件象的尺骨和桡骨，环绕着这件象骨分布着其他遗物（图 3-4 左）；集中区 D 包含重型石料和若干大块骨骼，其周围分布密集遗物（图 3-4 右）。G1 中的堆积物和堆积结构是如何形成

①　王志浩、侯亚梅、杨泽蒙等：《内蒙古鄂尔多斯市乌兰木伦旧石器时代中期遗址》，《考古》，2012 年第 7 期，第 3—13 页。

②　刘扬、侯亚梅、杨泽蒙等：《鄂尔多斯乌兰木伦旧石器时代遗址埋藏学研究》，《考古》，2018 年第 1 期，第 79—87 页。

③　林壹：《方家沟遗址的石器生产和遗址形成过程研究》，北京大学博士学位论文，2016 年。

的，石制品和动物骨骼是否为人类在沟内活动的结果，反映了怎样的人类活动，这些问题可以从以下几个方面寻找线索进行讨论。

图 3-4 左：方家沟遗址遗物集中区 C；右：方家沟遗址遗物集中区 D①

方家沟遗址位于嵩山东南麓，所在区域的地貌以低矮丘陵和山间平地为主，丘陵之间发育有小沟壑。晚更新世时，嵩山南麓发育洪积扇，宽阔的河漫滩为人类活动提供空间。一系列遗址在该地区形成，埋藏在 MIS3 阶段的古河道中。从堆积物的构成、特点和堆积结构来看，G1 中的堆积由粒径不等的黏质粉砂，一定数量的砾石、岩块、钙结核、石制品和动物骨骼组成，自然堆积动力可能发生过强弱变化，存在过相对高能的动力作用。从报道来看，沟内堆积没有显示出分层。遗物的分布不均匀——东西两端遗物很少，大多数遗物集中分布在沟中部。沟内的石制品、动物骨骼、砾石叠压成堆，共有 4 堆聚集区，每堆面积不超过 1m²。4 个聚集区的深度位置不同，其中的石制品可以拼合。G1 中石制品数量多、分布密集，这种分布状态与沟外同时期地面的遗物分布密度差异大。从石制品特征看，（1）遗物中既有尺寸大的，也有尺寸很小的，尺寸分布范围大，20mm 以下的碎屑占石英石制品总数的 68.1%。在石英石制品中废片类数量占 97.1%，石核占 1.8%。（2）石制品棱角鲜明，没有显著磨损。（3）石制品倾向分布随机，一部分石制品长轴与沟本身的走向一致。（4）石制品的拼合率为 2.86%。拼合石制品的平面距离

---

① 北京大学考古文博学院、郑州市文物考古研究院编著：《登封方家沟遗址发掘报告》，北京：科学出版社，2020 年，图版 19 和图版 32。

为 30—157cm，垂直距离为 0—85cm。有的可拼合石制品跨越了沟口和沟底。研究者认为拼合标本之间的垂直距离较大不完全是废弃后受到强烈改造所致，而可能与古地面的倾斜有关，认为石制品的特征以及拼合结果说明 G1 中遗物的形成是同时的，沟壁和沟底是人类活动的古地面，尽管水流对遗物的聚集分布起到作用，但没有改变遗物总体的分布模式。[①]

需要注意的是，如果遗物总体散开分布，但同时存在一些集中堆积区，那么说明遗物受到搬运扰动的程度不大。如果遗物围绕着大块的物体或障碍物堆积，则说明遗物很可能受到了较为强烈的自然作用力的搬运和扰动。[②] G1 中的遗物总体上集中分布在沟的中部，并且在沟的上部分散，越到沟底部位遗物的分布越集中。沟底存在大型动物骨骼和大石块，存在着小型遗物围绕着大型骨骼或石块分布的显著现象。尽管有观点认为遗物是人类依赖于"沟"的地形在沟内打制石器形成的，但结合自然堆积物所反映的堆积作用强度变化来看，是否一定能够排除石制品被某些作用力（可能多次）搬运堆积至沟内呢？结合沟底部发现的象骨及其埋藏特征看，还存在一种可能的情况，即人类打制的石器有些被带入沟内用于象尸骨的处理和利用，而有些则是在自然作用力下从沟外附近搬运堆积在沟内的。G1 中虽然有些石制品可以拼合，但有些垂直距离较大，反映了石制品显著的纵向位移，而垂直距离较大的拼合标本平面距离大多也较远。假设石制品都是在沟内原地打制留下的，纵向位移反映的石制品在堆积和堆积后过程中发生变化的原因也是必须要考虑的。从纵向分布看，石制品集中区 A、B 分布于沟口和沟中间部位。集中区 C 位于沟底缓坡上，存在一根象的桡骨，长 0.68cm，重 10.4kg。象骨周围（北、东、南三个面）密集分布石制品，且包含一件大型石

---

① 林壹、顾万发、汪松枝等：《河南登封方家沟遗址发掘简报》，《人类学学报》，2017 年第 1 期，第 17—25 页。

② Schick, K. D., Toth, N. P., *Making Silent Stones Speak: Human Evolution and the Dawn of Technology*, Simon and Schuster, 1993.

核。集中区 D 基本位于沟底，其中包含一件大型石英砂岩石块和数件大型骨骼，围绕大型骨骼密集地分布着小型石制品。如果反映了人类在沟内的移动，那么结合沟的地形与石制品集中分布区的空间位置关系，这种移动在空间上是否存在合理性？即沟口和沟中间位置的石制品是否都位于沟的缓坡上。如果不是，我们需要思考这些位置的石制品与沟底的集中区 C 和 D 中石制品的空间关系是如何形成的。或者石制品在人类活动过程中发生"移动"是否因为沟内存在不同的活动空间？如果是这样，这些空间在石制品组合和空间结构上是如何体现的呢？这些问题可以为我们思考石制品堆积的形成过程提供一些角度。还要注意的是石制品在沟上部和下部的密度差异。下部堆积中石制品数量若相对更多、密度更大，再结合小型石制品紧密地围绕着大型遗物堆积的特点，则不能排除在水流动力下堆积的可能。此外，尽管目前肉眼观察沟内的堆积没有分层，但不能排除堆积物在相对较短时间里分多次堆积到沟内的可能。当然，从上述石制品的埋藏特征、石制品类型保存较完整、石制品可拼合的情况来看，无论石制品是否在沟内原地形成并被掩埋，它们有可能形成于同一次人类活动事件，但人类活动发生的原始位置，沟内堆积物形成的过程并不能完全确定。人类在沟附近区域活动产生大量石制品，石制品经过若干次人为与自然作用的搬运堆积在"沟"这一空间中，在这些过程中有些石制品或碎屑很可能被冲到沟底或靠近沟底位置围绕大型物体堆积起来，并形成了石制品在不同纵向位置上的分布结构，这种可能性是否存在可再做讨论。

4. 西班牙阿里多斯 1（Aridos 1）遗址

阿里多斯 1 是西班牙马德里附近一处中更新世遗址，文化层非常薄。遗址中包含代表 1 个大象个体的骨骼遗存，其他种类的哺乳动物遗存几乎不见。动物骨骼上未发现食肉动物啃咬痕，很少量的骨骼上存在啮齿类的齿痕。遗址中包含 300 多件石制品，由石核、小型石片和残片、使用石片和工具等组成，其中石片占 83.1%，工具占 10%。具有切割刃缘的石制品占有较高比例，很多石片工具只有一个刃缘经过修理。生产石器所用的燧石原料主要来自距离遗址 3 公里以外的河岸，而石英岩是本地原料。燧石原料中有一部分是在遗址上经过剥片和加工的，石英岩也不都是在遗址上被修理制成工具的。石制品拼合率达 18.3%，有较多石制品是从同一块母坯上剥离的。石制品边缘新鲜。这些特征反映了石制品堆积的人类活动成因，并且它们没有经过严重的搬运改造。另外，动物骨骼和石制品集中共存于 40—50m² 的区域中（遗址发掘面积为 112m²），结合动物骨骼部位构成、骨骼改造痕迹等特征来看，研究者认为该地点是人类打制和利用石器的场所并记录了人类屠宰大象的单次事件。[①] 如果能够得到石制品拼合距离与石制品空间分布的进一步信息，更为详细、动态的人类打制和使用石器的行为将有可能得到揭示。

5. 法国圣奥恩贝当遗址（Bettencourt-Saint-Ouen）、弗雷斯诺瓦遗址（Fresnoy-au-val）、维莱尔亚当遗址（Villiers Adam）

这三处遗址是法国北部旧石器时代中期的露天遗址，分布在石器原料产地附近。遗址几乎被完整发掘了，发掘面积很大，为遗址内部的空间分析提供了理想材料。这些遗址的文化层堆积包含土壤与风成沉积物以及体现清晰的石器生产操作链的石制品，其中以勒瓦娄哇技术生产的石制品为主，包括尖状器、勒瓦娄哇石片和石叶。[②]

研究人员通过石制品拼合与分布密度判断石制品堆积的形成过程，区分自然作用，尤其是地质作用与人类行为过程；判断高密度区域是石核剥片的场所还是持续堆放垃圾的场所，以及中密度区和

① Villa, P., "Torralba and Aridos: elephant exploitation in middle Pleistocene Spain", *Journal of Human Evolution* Vol. 19. 3 (1990): pp. 299-309.

② Clark, A. E., "Using spatial context to identify lithic selection behaviors", *Journal of Archaeological Science: Reports* Vol. 24 (2019): pp. 1014-1022.

低密度区是如何形成的。在拼合研究中，可拼合在一起的石制品构成一个拼合组。拼合组中平面分布距离在 1m 以内的石制品被归为第一类拼合组。与第一类拼合组的分布距离在 2m 以内的拼合石制品被归为第二类拼合组。与第一类拼合组的分布距离超过 2m 的石制品被归为第三类拼合组（图 3-5）。第一类拼合组的石制品是聚集分布在一起的，很可能是打制石器原始场所的记录。如果这种推测成立，那么第二类拼合组和第三类拼合组则反映了石制品从打制区域向其他地方的"移动"。[①] 研究人员还利用 ArcGIS 软件对具有三维坐标的石制品制作密度图，观察不同密度区中石器技术类型的构成，揭示石制品从打制区域到被废弃时所在区域的移动。

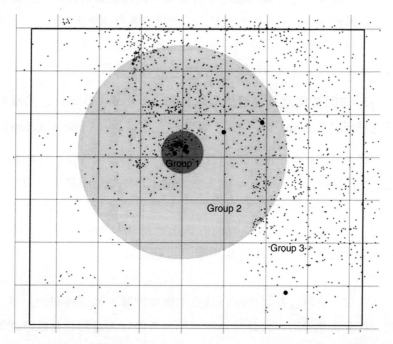

图 3-5　圣奥恩贝当遗址（Bettencourt-Saint-Ouen）拼合石制品分组示意图[②]

---

① Clark, A. E., "Time and space in the middle paleolithic: Spatial structure and occupation dynamics of seven open-air sites: Time and Space in the Middle Paleolithic", *Evolutionary Anthropology* Vol. 25. 3 (2016): pp. 153-163.

② Ibid.

第一类拼合组所在的区域以及高密度区被假定为大多数石核剥片发生的地方。因此,这个区域中发现的石制品反映了剥片行为。第二类拼合组中的石制品以及中密度区中的石制品应当是被移动过的(从打制区域向外移动),但移动距离比较短。第三类拼合组与低密度区中的石制品从打制区域向外移动的距离较远。研究者依据这种"移动"模型对石制品进行了空间分析。

河流作用可以造成小型、微小型石制品在遗址中的缺失或散布。[1]由于这些遗址中缺少石制品产状信息的收集,因此研究者通过石制品的分选状况(统计小于 20mm 或 30mm 的石制品在遗址中所占比例)和空间分布(微小型石制品存在于高密度区中还是均匀地散布)来判断石制品受到河流作用改造的情况。如果没有经过河流作用的搬运,那么小型石制品应当集中分布在高密度区——原地打制石器的区域。相反,如果经过了河流作用的搬运,那么小型石制品会被完全冲走或者较为均匀地散布在整个遗址上。从出土石制品整体的空间分布看,如果石制品存在相互分离的集中分布区,那么很有可能保持了人类活动形成的面貌,受到地质作用的改造非常有限。分析结果表明:这三处遗址的石制品空间分布特征并不是在地质作用影响下形成的。

这些遗址的空间结构特点是:石制品存在高密度的集中分布区,并且高密度区周围的很大面积范围里是低密度区。高密度区含有大量碎片、碎屑、修理石核的石片以及带有石皮的石片。也就是说,大量打制过程中的石制品被保留在原地。在这些遗址中,同一拼合组中 50% 以上的石制品在平面上的距离在 1m 以内,而这些石制品的类型绝大多数为带石皮的石片、维修石核石片以及碎屑,与石核初步剥片直接相关。圣奥恩贝当遗址和弗雷斯诺瓦遗址中有 50% 左右

---

[1] Schiffer, M. B., "Toward the identification of formation processes", *American Antiquity* Vol. 48. 4 (1983): pp. 675–706; Dibble, H. L., Chase, P. G., McPherron, S. P., et al., "Testing the reality of a 'living floor' with archaeological data", *American Antiquity* Vol. 62. 4 (1997): pp. 629–651.

的可拼合石制品位于高密度区中。这一现象支持了石制品的技术类型组合所揭示出的高密度区是人类原地打制石器场所的结论。圣奥恩贝当遗址存在四个高密度区，其中经过剥片的石核数量分别是 5、6、9 和 14，说明剥片活动集中发生在这几个区域。其他的活动发生在剥片区以外的低密度区。高密度区中的大多数石制品在产生之后没有被人类选择带到其他地方使用或用于其他方面。维莱尔亚当遗址中的石制品存在较多规模很小的高密度集中区，可能反映了人类对遗址的反复占用。圣奥恩贝当遗址和弗雷斯诺瓦遗址中的石制品数量很多，并且集中分布在剥片区。石制品的离心分布结构比较清晰、完整。第二类拼合组石制品所占比例较高，说明这些石制品可能受到踩踏或堆积后改造作用的较大影响。以上现象表明遗址被人类占用的时间可能较长，并且几乎没有被反复占用。

由于排除了地质作用对石制品空间分布的影响，研究者推测有些石制品，特别是勒瓦娄哇石片、不带石皮的石片、石叶以及工具是被人类从高密度的石核剥片区移动到低密度区的，可能是为了使用。这些遗址中没有发现系统的空间清理维护的证据，没有发现较大型石制品的集中分布。然而，在低密度区，石核所占比例很高，可能与空间清理有关，它们是被人们有意扔放到低密度区的。[①]

石制品的移动可以由很多因素造成。其一是非人为因素，例如河流作用、生物扰动、踩踏等。石制品是否存在相互分离的聚集分布、不同密度区中石制品类型组合及不同类型所占比例、石制品的拼合状况等可以帮助我们判断遗址中石制品的移动是否由自然作用造成。其二，人类在一个地方（指遗址内部的一处空间）打制石器后有一些会被人类选择带到原始打制空间以外的区域使用或堆放。被人类带走进行使用的石制品通常包括不带石皮的石片、石叶以及

---

① Clark, A. E., "From activity areas to occupational histories: new methods to document the formation of spatial structure in hunter-gatherer sites", *Journal of Archaeological Method and Theory* Vol. 24. 4 (2017): pp. 1300-1325.

修理过的石制品。该研究案例表明，在缺少遗迹和其他类型遗物的情况下，石制品的空间分析以及以石核剥片活动与石制品的离心移动（即离开剥片地点）为主要成因的空间结构可以为揭示遗址在堆积后过程中发生的变化、复原动态的人类行为和遗址占用模式等方面提供重要信息。

十、小　结

当我们发现石制品堆积时，需要在认识堆积形成时的地貌特征的基础上，分析石制品的原料构成和来源、类型组合、产状、保存状况、尺寸分布以及空间分布等，从而认识石制品的堆积动力和形成过程，以及石制品在堆积后过程中可能发生的改变。拼合研究和空间分析是尤其需要开展的，不仅用于石制品，也可用于动物骨骼的分析，这方面的研究能够保证我们对地层或堆积单位的关系、遗址性质、遗物特征的变化作出更为客观、准确的判断和解读。将拼合研究与石制品尺寸分布、石制品类型构成特点、石制品分布密度相结合进行的空间分析，是复原遗址上曾经发生的石制品剥片、修理、利用和废弃等动态人类行为以及空间占用模式所不可缺少的。

推荐阅读

Clark, A. E., "From activity areas to occupational histories: new methods to document the formation of spatial structure in hunter-gatherer sites", *Journal of Archaeological Method and Theory* Vol. 24. 4 (2017): pp. 1300–1325.

McBrearty, S., Bishop, L., Plummer, T., et al., "Tools underfoot: human trampling as an agent of lithic artifact edge modification", *American Antiquity* Vol. 63. 1 (1998): pp. 108–129.

Schick, K., Toth, N., *Making Silent Stones Speak: Human Evolution and the Dawn of Technology*. New York: Simon & Schuster, 1993.

陕西省考古研究院、洛南县博物馆编著：《花石浪（Ⅱ）——洛南花石浪龙牙洞遗址发掘报告》，北京：科学出版社，2008 年

杨霞、陈虹：《石制品后埋藏微痕的实验研究述评》，《东南文化》，2017 年第 3 期，第 20—26 页。

刘扬、侯亚梅、杨泽蒙等：《鄂尔多斯乌兰木伦旧石器时代遗址埋藏学研究》，《考古》，2018 年第 1 期，第 79—87 页。

第四章
用火遗存的埋藏学研究

一、概　述

用火是人类史前史上的重大技术发明，对于人类演化和社会文化发展具有不可替代的意义。人类可以用火加工食物、取暖、照明，驱赶野兽。在火的诸多功用之中，对早期人类生存和演化产生尤为关键影响的是加工食物，这也是我们能够在遗址中发现相对较多线索的一个方面。化石证据显示，在直立人阶段人类的身体结构发生了显著变化[①]，与考古证据所显示的该阶段肉食成为人类食物的重要构成密切相关。然而，食用没有加工过的生肉，一方面在咀嚼上费时费力，另一方面不利于消化。除了使用石器把肉切割成小片或小块这种方式，早期人类还可能使用火把生肉转变成易于咀嚼和消化的熟肉。块茎类等植物性食物也很可能被早期人类加热后食用。[②] 大脑和肠道器官的运作需要耗费大量能量，它们每单位质量消耗的能量差不多，由于熟食更利于消化和吸收，用火加工食物可能促使较

[①] Wrangham, R., "Control of fire in the Paleolithic: Evaluating the cooking hypothesis", *Current Anthropology* Vol. 58. S16 (2017): pp. S303–S313.

[②] Gowlett, J. A. J., "The early settlement of northern Europe: Fire history in the context of climate change and the social brain", *Comptes Rendus*, *Palevol* Vol. 5. 1–2 (2006): pp. 299–310; Wrangham, R. W. 2009, *Catching Fire: How Cooking Made Us Human*, Basic Books, New York.

少的能量被用于消化，而更多的能量被投入到大脑。直立人的身体体型和脑量与南方古猿相比有显著增加，有可能与吃熟食减少了咀嚼的时间以及咀嚼和消化过程中的能量耗费有关，同时人体从熟食中获得了更多的能量。① 总之，用火加工食物能够改善食物质量，拓展人类的可食用资源，对于人脑的增大和人类身体结构的演化起到关键作用。② 从长期来看，吃熟食为人类成功繁衍与生存奠定了基础。用火还为早期人类走出热带非洲，扩散到温带环境，特别是在气候寒冷或干凉的冰期的迁移提供保障，为人类生存地域的开拓创造了条件。随着人类认知和技术的发展，火被应用于更多的方面，例如制作粘合剂、木器、骨器以及复合工具，对石料进行热处理、烧制陶器等，促进了史前人类改变生计策略，赋予人类更多的适应生存优势。使用火还具有社会效应，可以创造出把群体成员聚集在一起的环境氛围。人们围火而坐，分享食物、交流沟通，有助于促进成员之间的合作，加强社会关系。随着狩猎采集社会的发展，用火在人类社会的仪式活动中也扮演重要角色。总之，控制性用火的行为改变了人类的生存"环境"，为人类开辟了新的生活方式。

那么，火何时开始在人类生活中发挥作用，人类从何时起习惯性地使用火或控制性用火呢？早期用火行为的出现与发展是旧石器时代考古研究中经常存在争论的热点问题。有观点认为，一些含有燃烧遗存的遗址揭示了在匠人或直立人出现时期（距今约 200 万年前）人类使用火的可能，这有助于解释早期直立人大脑的显著增大、身体结构的演化、食物构成的转变——更高质量、热量的食物被纳入食谱以及早更新世人群走出非洲扩散到欧亚大陆等现象。需要注意的是，人类用火的最初阶段可能与自然火关系密切，特别是在非

---

① Aiello, L. C., Wheeler, P., "The expensive-tissue hypothesis: the brain and the diges-tive system in human and primate evolution", *Current Anthropology* Vol. 36. 2 (1995): pp. 199-221.

② Gowlett, J. A. J., "The discovery of fire by humans: a long and convoluted process", *Philosophical Transactions*, *Biological Sciences* Vol. 371. 1696 (2016): 20150164.

洲赤道附近地区，因为该区域存在着发生自然火的较多可能。早期人类有可能对自然火进行利用，然后逐渐学会控制用火。[①]

然而，早更新世，特别是距今 100 万年以前直到中更新世中期用火的考古证据非常缺乏，既有的一些证据从埋藏学的角度看还存在不确定性。非洲发现了年代最早的疑似人类用火的证据。例如，肯尼亚库比·福拉地区 FxJj20 遗址（东地点和主地点）（距今 150 万年）发现了 4 块可能为烧土的堆积，直径大约 30—40cm，厚度 10—15cm[②]，其中三块"烧土"由大块胶结的砂质黏土构成，颜色为淡红色或橘色，有些部位为深红色。热释光研究表明，这些土块确实被烧过。另一块"烧土"为灰黑色砂质黏土，有的部分发生了炭化。肯尼亚柴索万嘉（Chesowanja）遗址也发现有烧过的土，受热温度可达 400℃[③]，年代距今 140 万年。肯尼亚奥罗格赛利（Olorgesailie）遗址发现了似"火塘"的结构，是一处下凹的堆积结构，其中包含石制品和动物骨骼，不见木炭。南非施瓦特克朗（Swartkrans）遗址发现距今 150 万年前的烧骨。然而，这些发现都存在着一些疑问，即不能确定燃烧遗存是人类用火还是自然野火燃烧的结果，或者有些燃烧遗存可能经过了自然作用力的搬运，因而不足以证明遗址上发生过原地用火活动。

近些年，库比·福拉地区 FxJj20 AB 地点的新发掘发现了人类用火的证据。遗址位于一个由东向西倾斜的缓坡上，分析显示，斜坡没有影响到遗物的分布位置。遗址中出土了大量石制品和骨骼碎片，

---

① Gowlett, J. A. J., Wrangham, R. W., "Earliest fire in Africa: towards the convergence of archaeological evidence and the cooking hypothesis", *Azania* Vol. 48. 1 (2013): pp. 5-30; Hlubik, S., Cutts, R., Braun, D. R., et al., "Hominin fire use in the Okote member at Koobi Fora, Kenya: New evidence for the old debate", *Journal of Human Evolution* Vol. 133 (2019): pp. 214-229.

② Clark, J. D., Harris, J. W. K., "Fire and its roles in early hominid lifeways", *The African Archaeological Review* Vol. 3. 1 (1985): pp. 3-27.

③ Walton, D., Gowlett, J. A. J., Wood, B. A., et al., "Early archaeological sites, hominid remains and traces of fire from Chesowanja, Kenya", *Nature* Vol. 294. 5837 (1981): pp. 125-129.

小于 20mm 的石制品占 40%，石制品倾向分布没有规律。遗址的自然堆积物由细砂和粉砂组成，分选很差，反映了遗址形成过程中较弱的流水动力。微形态分析显示，遗址有可能因为季节性洪水被快速掩埋，没有受到流水和生物活动的明显扰动与破坏。[1] 傅里叶红外光谱分析表明遗址中存在烧过的物质。从空间分布来看，烧过的物质存在集中分布区，这个区域与动物骨骼分布区存在较大面积的重叠。此外，遗址中存在四个较大尺寸石制品的高密度分布区、两个小型—微小型石制品的高密度分布区，前者和后者均没有重叠，但小型—微小型石制品的集中分布区与动物骨骼和燃烧物质的分布区重叠。这一发现虽然不能完全证明非洲早更新世早期人类控制用火，但反映了人类活动与火之间存在着关联。这个地区经常有野火发生，人类可能以某种方式对自然火进行了利用。[2] 南非万德威尔克（Wonderwerk）洞穴距今 100 万年前的堆积中发现了保存状况良好的灰化植物遗存和烧骨、具有壶盖形破裂的石制品以及加热过的沉积物，微形态和傅里叶红外光谱分析证明这些遗存反映了原地燃烧事件。燃烧遗存数量多，在洞穴的第 10 层整个堆积中都有分布，并且堆积物中缺少动物粪便，从这些现象判断，燃烧遗存的形成很可能与人类行为有关，而不是自然燃烧事件的结果。[3]

西亚黎凡特地区的亚科夫女儿桥（Gesher Benot Ya'aqov）遗址发现了距今约 78 万年前人类用火的证据。[4] 然而，该地区缺乏此后

---

① Hlubik, S., Cutts, R., Braun, D. R., et al., "Hominin fire use in the Okote member at Koobi Fora, Kenya: New evidence for the old debate", *Journal of Human Evolution* Vol. 133 (2019): pp. 214–229.

② Hlubik, S., Berna, F., Feibel, C., et al., "Researching the nature of fire at 1.5 mya on the site of FxJj20 AB, Koobi Fora, Kenya, using high-resolution spatial analysis and FTIR spectrometry", *Current Anthropology* Vol. 58. S16 (2017): S243–S257.

③ Berna, F., Goldberg, P., Horwitz, L. K., et al., "Microstratigraphic evidence of in situ fire in the Acheulean strata of Wonderwerk Cave, Northern Cape province, South Africa", *Proceedings of the National Academy of Sciences-PNAS* Vol. 109. 20 (2012): pp. E1215–E1220.

④ Alperson-Afil, N., "Continual fire-making by Hominins at Gesher Benot Ya'aqov, Israel", *Quaternary Science Reviews* Vol. 27. 17–18 (2008): pp. 1733–1739.

很长一段时期里的人类用火证据，直到距今约 40—30 万年前，甚至更晚时期，用火证据才有所增加。以色列凯泽姆（Qesem）洞穴距今 42 万年前的用火遗存①以及塔布恩（Tabun）洞穴距今 35—32 万年前的用火遗存就是其中重要的代表。② 凯泽姆洞穴中发现有烧骨、烧过的石制品和沉积物，这些遗存普遍分布在 7.5m 厚的堆积中。下部堆积中只有一些不连续的燃烧遗存透镜体③，而上部堆积中存在较厚的富含灰烬的堆积，其中还包含大量烧骨碎片和烧土块。塔布恩（Tabun）洞穴 E 层中发现有深棕色或黄色的燃烧遗迹，与其周边堆积物的颜色不同。这一层中还分布着若干块易碎的白色堆积物，其中包含受过热的燧石。④

欧洲也同样缺乏旧石器时代早期的用火遗存⑤，仅有零星的距今 40 万年前的证据。英国山毛榉坑（Beeches Pit）遗址（距今约 40 万年）是欧洲旧石器时代早期用火证据的重要代表。该遗址记录了丰富的人类打制石器活动（很可能存在多次活动事件）。当时该地点靠近水边，且距离燧石原料产地很近。拼合研究显示，遗物受到的扰动破坏很有限。遗址中常见燃烧遗存，包括烧过的燧石——大多呈红色、破碎状，热释光分析显示其燃烧温度超过了 400℃。遗址中还发现了具有清晰界限的遗迹，其底部和边缘为发生氧化的红色沉积物，上边覆盖深色的堆积物，周围分布有密集的烧骨以及烧过的燧

---

① Barkai, R., Rosell, J., Blasco, R., et al., "Fire for a Reason: Barbecue at Middle Pleistocene Qesem Cave, Israel", *Current Anthropology* Vol. 58. S16 (2017): pp. S314-S328.

② Shimelmitz, R., Kuhn, S. L., Jelinek, A. J., et al., "'Fire at will': The emergence of habitual fire use 350 000 years ago", *Journal of Human Evolution* Vol. 77 (2014): pp. 196-203.

③ Karkanas, P., Shahackgross, R., Ayalon, A., et al., "Evidence for habitual use of fire at the end of the Lower Paleolithic: Site-formation processes at Qesem Cave, Israel", *Journal of Human Evolution* Vol. 53. 2 (2007): pp. 197-212.

④ Garrod, D. A. E., Bate, D. M. A., Joint Expedition of the British School of Archaeology in Jerusalem and the American School of Prehistoric Research (1929-1934), *The Stone Age of Mount Carmel*, Oxford: The Clarendon Press, 1937, pp. 66.

⑤ Parfitt, S. A., Ashton, N. M., Lewis, S. G., et al., "Early Pleistocene human occupation at the edge of the boreal zone in northwest Europe", *Nature* Vol. 466. 7303 (2010): pp. 229-233.

石石制品，研究人员推测该遗迹有可能是火塘。① 德国北部薛宁根遗址（Schöningen）13 II—4 层中发现有变红的沉积物以及疑似燃烧过的植物遗存，曾经也被视为欧洲的早期用火证据之一。然而，微观研究（岩相学和微形态）显示：变红的沉积物是堆积形成后铁的沉淀和氧化造成的，少量炭化植物遗存很可能是在自然野火中形成的。② 同样，薛宁根 13 II—3（Schöningen 13 II—3）层中疑似烧过的沉积物和薛宁根 12B（Schöningen 12 B）中疑似的烧木经检测都没有被加热过。这项研究表明旧石器时代早期人类在欧洲较高纬度地区的生活似乎并不必须依赖火，同时揭示出微观方法在用火遗存的埋藏学研究中的重要性和必要性。③ 但是也有观点认为，不同时期的用火风格和方式会造成用火遗存的不同保存状况，所以很难根据可见的考古材料复原欧洲早期人类用火和适应生存的历史。④

东亚旧石器时代早期的用火证据曾以北京周口店遗址第一地点第 10 层和第 4 层的发现为代表。后来对遗址西剖面的微形态和矿物学分析指出：曾经被判断为"灰烬"的堆积物，其真实成分并不是燃烧形成的，比如第 10 层的"燃烧遗存"是静水环境中富含有机物的堆积物，其中包含烧骨和石制品，但不存在燃烧遗迹或典型火塘结构。堆积中没有发现烧木材所形成的灰烬成分，也没有发现燃烧留下的植硅石和硅聚集（如果灰烬由于成岩作用发生溶解而没有被保存下来，那么堆积中至少应当能够发现在相同埋藏环境下不易溶

---

① Gowlett, J. A. J., "The early settlement of northern Europe: Fire history in the context of climate change and the social brain", *Comptes Rendus*, *Palevol* Vol. 5. 1-2 (2006): pp. 299-310.

② Urban, B., Bigga, G., "Environmental reconstruction and biostratigraphy of late Middle Pleistocene lakeshore deposits at Schöningen", *Journal of Human Evolution* Vol. 89 (2015): pp. 57-70.

③ Stahlschmidt, M. C., Miller, C. E., Ligouis, B., et al., "On the evidence for human use and control of fire at Schöningen", *Journal of Human Evolution* Vol. 89 (2015): pp. 181-201.

④ Roebroeks, W., Villa, P., "On the earliest evidence for habitual use of fire in Europe", *Proceedings of the National Academy of Sciences-PNAS* Vol. 108. 13 (2011): pp. 5209-5214.

的植硅石和硅聚集）。第10层中有些骨骼确实经过了燃烧，但由于堆积在静水环境中，它们不能反映原地的用火事件。[①] 第4层主要是崩积作用改造后的黄土堆积，也存在具有层理结构的流水沉积物，没有发现灰烬堆积。虽然存在红色沉积物，但应当是成岩作用下形成的（第4层总体上经历了很强的成岩作用改造[②]）。这些认识引起了学术界的激烈争论，周口店遗址人类原地用火问题也没有最终的结论，但这些争论引发了我们对遗址环境、遗存埋藏过程、堆积物与人类活动关系的特别关注，推动了我们对旧石器时代遗址埋藏学研究的思考。需要注意的是，上述微形态分析的样品是从遗址的西剖面获取的，从取样位置来说具有局限性。此外，近10年来，研究人员对西剖面所在区域展开了新的发掘，在第4层中发现了带有围石结构的火塘，其附近分布有烧骨和石制品。堆积中还存在丰富的植硅石，堆积物具有高磁化率值和红度值，这一发现提供了周口店第一地点以及东亚地区旧石器时代早期人类用火的新证据。[③] 然而，尽管我国较多旧石器时代早期遗址报道了燃烧遗存的发现，但经过埋藏学分析的材料极为有限。因此，有关早期人类控制性用火在我国出现与发展的问题仍然有待探讨。

综上，旧石器时代早期（特别是较早阶段）旧大陆用火遗存的发现非常有限，燃烧遗迹不容易得到保存和判断，燃烧遗存形成的原因和埋藏过程经常存在争议。有些遗存表面看上去像是用火形成的，但是通过微观视角和遗址形成过程的整体分析，我们会发现它们与人类用火或原地用火行为无关。从更新世早期与燃烧有关的现

---

① Weiner, S., Xu, Q., Goldberg, P., et al., "Evidence for the use of fire at Zhoukoudian, China", *Science* Vol. 281. 5374 (1998): pp. 251–253; Goldberg, P., Weiner, S., Bar-Yosef, O., et al., "Site formation processes at Zhoukoudian, China", *Journal of Human Evolution* Vol. 41. 5 (2001): pp. 483–530.

② Goldberg, P., Weiner, S., Bar-Yosef, O., et al., "Site formation processes at Zhoukoudian, China", *Journal of Human Evolution* Vol. 41. 5 (2001): pp. 483–530.

③ 高星、张双权、张乐等：《关于北京猿人用火的证据：研究历史、争议与新进展》，《人类学学报》，2016年第4期，第481—492页。

有考古材料来看，早期人类对火的利用是比较偶然的、零星的。[①] 直到中更新世晚期，距今 25—20 万年前人类对火的控制使用才明显加强，稳定地用火成为人类技术和行为组合中的一部分（含有明确的直接和间接用火证据的遗址数量明显增加，这类遗址的规模增加或者占用时间相对更长[②]），与人类文化更加充分地交织在一起——人们在日常生活和象征行为中都会使用火。晚更新世，常见用火遗迹尺寸和结构多样、多个用火遗迹在平面上重叠，反映了人类对火的利用的加强、适应行为的发展，同时这些发现能够为分析遗址空间结构和遗址占用过程提供非常重要的信息。

人类用火行为最早何时出现，在怎样的背景下出现，特定时空背景中人类用火行为的细节、强度以及与用火活动相关的空间利用与维护等问题，直接关系到我们对人类演化历程的认识以及对旧石器时代人类适应行为和栖居模式的复原。对这些问题的探讨必须以对遗址中燃烧遗存的准确识别以及对其形成过程的认识为前提。在旧石器时代考古研究中，灰烬、木炭、烧骨、烧过的沉积物、烧过的石制品、烧裂的岩块经常被视为遗址上发生用火活动的证据。然而，我们必须要分析这些遗存如何形成、如何被保存或者如何从遗址中消失。这些遗存中某一类的存在，甚至多种燃烧遗存的组合并不一定反映人类控制性用火或者原地用火。有些遗存也可以在自然作用过程中产生或者形成堆积。若要证明遗址中存在过人类用火行

---

① Sandgathe, D. M., Dibble, H. L., Goldberg, P., et al., 2011, "Timing of the appearance of habitual fire use", *Proceedings of the National Academy of Sciences-PNAS* Vol. 108. 29 (2011): pp. E298-E298.

② Gowlett, J. A. J., Wrangham, R. W., "Earliest fire in Africa: towards the convergence of archaeological evidence and the cooking hypothesis", *Azania* Vol. 48. 1 (2013): pp. 5-30; Wadley, L., "Some combustion features at Sibudu, South Africa, between 65 000 and 58 000 years ago", *Quaternary International*, Vol. 247. 1 (2012): pp. 341-349; Goldberg, P., Dibble, H., Berna, F., et al., "New evidence on Neandertal use of fire: Examples from Roc de Marsal and Pech de l'Azé IV", *Quaternary International* Vol. 247. 1 (2012): pp. 325-340; Berna, F., Goldberg, P., "Assessing paleolithic pyrotechnology and associated hominin behavior in Israel", *Israel Journal of Earth Sciences* Vol. 56 (2008): pp. 107-121.

为，我们首先需要判定曾经发生过燃烧事件，其次证明燃烧遗存与人类的活动有关，然后才能进一步提取有关人类用火和占用遗址行为的信息。对此，我们需要将微观和宏观视野的研究结合起来，对物质材料受热或燃烧的状况进行判断，对燃烧过的物质材料或者与燃烧有关的堆积结构的形成与变化过程进行谨慎分析，在此基础上分析燃烧遗存的空间结构，解读它们与遗址占用事件之间的关联。

二、 燃烧或加热形成的物质遗存[①]

1. 木炭与灰烬

史前人类使用的燃料包括树枝、树干、草、树叶、动物粪便、骨头，其中以树枝、树干最为常见。不同物质燃烧形成的灰烬成分是不同的。燃烧木材可以形成木炭和灰烬。木炭的出现与燃烧条件、燃料种类和保存状况有关。木炭是木材不完全燃烧的产物，需要在至少350℃的温度下燃烧15分钟才能形成，而当温度超过800℃时，木炭的内在结构就会瓦解，呈粉末状。相比于灰烬，木炭的化学性质在不同的环境中更加稳定，因此木炭在遗址中相对更为常见。[②] 然而，木炭质地很轻，在埋藏过程中也容易受到流水或其他自然作用力的搬运，或者容易在物理作用下发生破碎。

木材完全燃烧的部分形成灰烬——白色粉末状无机残留物（新鲜的纯灰烬是白色的，如果灰烬中含有一些包含物，如木炭碎屑，其颜色会有所不同，可能会呈现灰色或灰白色等）。有研究表明，不同的燃烧强度也会导致新鲜灰烬在颜色上的差异——中度燃烧产生

---

① 指的是在高温下受热，或者长时间暴露在热源中，或者同时在这两种条件下所形成的或经过改造与破坏的物质。

② Mentzer, S. M., "Microarchaeological approaches to the identification and interpretation of combustion features in prehistoric archaeological sites", *Journal of Archaeological Method and Theory* Vol. 21（2014）: pp. 616-668.

的灰烬偏黄色或褐色，而重度燃烧后则产生典型的灰色或白色灰烬。① 灰烬在露天环境中很难得到保存，容易被流水和风力搬运，但是在快速掩埋的条件下或者在洞穴等具有遮蔽结构的环境中被发现的概率通常相对高一些。灰烬的保存还取决于水文环境和成岩作用的发生。燃烧木材形成的灰烬由方解石、植硅石和硅聚集组成，以方解石为主。石灰岩洞穴中或者含钙较多的黄土堆积中 PH 值大于 8，灰烬通常能够得到较好保存，但是在这种环境中硅聚集和植硅石会发生溶解。在 PH 值小于 8 大于 7 的环境中灰烬的组成成分发生变化——方解石溶解，与遗址中有机物或动物粪便分解释放的有机酸反应生成碳酸羟基磷灰石。如果埋藏环境的 PH 值下降至 7 以下，碳酸羟基磷灰石会发生溶解，重新结晶形成更加稳定难溶的磷酸盐矿物。所有不稳定的碳酸盐和磷酸盐矿物都溶解后，留下的则只有很少量的硅聚集和植硅石。② 此时，不仅灰烬的组成成分改变，灰烬的体积也发生变化。

烧草的主要产物是植硅石，几乎没有以方解石为成分的灰烬③（燃烧食草动物的粪便所形成的灰烬也主要由植硅石组成，还有钙质球形微晶）。烧草生成的灰烬通常与少量未充分燃烧的有机物混合在一起。因此，在野外从颜色上观察到的烧草形成的灰烬并不是纯白色的，在偏光显微镜下它们与烧木材形成的灰烬相比灰度和均质性皆弱一些。如果草在高温下燃烧，所有的有机质被破坏，那么留下的只有由白灰色植硅石残留物构成的灰烬。④ 植硅石在 PH 值小于 7 的环境中是比较稳定的。如果保存状况良好，它们能够提供有关燃

① Wattez, J., "Contribution à la conaissance des foyers préhistoriques par l'étude des cendres", *Bulletin de la Société Prehistorique de France* Vol. 85. 10-12 (1988): pp. 353-366.

② Weiner, S., *Microarchaeology: Beyond the Visible Archaeological Record*, New York: Cambridge University Press, 2010.

③ Miller, C. E, Sievers, C., "An experimental micromorphological investigation of bedding construction in the Middle Stone Age of Sibudu, South Africa", *Journal of Archaeological Science* Vol. 39. 10 (2012): pp. 3039-3051.

④ Courty, M. A., Goldberg, P., Macphail, R., "Soils and micromorphology in archaeology", Cambridge: Cambridge University Press, 1989, pp. 106.

料的信息，例如植物的种类以及植物被燃烧的部位。① 当然，遗址中大量植硅石的存在不一定是以草为燃料烧火形成的，还有可能源于人类的其他行为，例如把大量的草带到洞穴中铺垫地面，或者为了清理空间把草垫子烧掉。②

灰烬是判断燃烧事件是否发生的关键证据。然而，对于灰烬与人类用火行为的关系，我们需要谨慎分析。一方面要注意区分自然火和人工火。自然火指火山喷发、闪电等引起的燃烧现象以及粪便自燃等。自然燃烧形成的物质在空间分布上会较为广泛，没有规律，而人类用火可以形成火塘等结构，或者说人类用火可以形成有限的、具有一定规律的遗存空间分布模式。狩猎采集人群有可能在同一个地点反复用火，从而留下多层或部分重叠的灰堆，也可能形成固结的灰烬。另一方面，人类用火形成的灰烬的原始面貌特征很多时候不一定能够保存。灰烬的组成、体积、形态可能受到某种或多种作用因素的改造而发生剧烈变化。在露天遗址中灰烬特别容易受到搬运而发生移动，原始堆积结构被破坏或彻底瓦解。因此，在很多情况下对灰烬进行识别并由此得出有关人类行为特点的准确结论是非常困难的。目前微形态和矿物分析是检验灰烬是否存在、判断灰烬在堆积后过程中发生变化的有效手段。③

① Albert, R. M., Weiner, S., Bar Yosef, O., et al., "Phytoliths in the Middle Palaeolithicdeposits of Kebara Cave, Mt. Carmel, Israel: Study of the plant materials used for fuel and otherpurposes", *Journal of Archaeological Science* Vol. 27. 10 (2000): pp. 931-947.

② Wadley, L., Sievers, C., Bamford, M., et al., "Middle Stone Age bedding construction and settlement patterns at Sibudu, South Africa", *Science* Vol. 334. 6061 (2011): pp. 1388-1391; Goldberg, P., Berna, F., "Micromorphology and context", *Quaternary International* Vol. 214. 1-2 (2010): pp. 56-62.

③ Schiegl, S., Goldberg, P., Bar-Yosef, O., et al., "Ash deposits in Hayonim and Kebara Caves, Israel: macroscopic, microscopic and mineralogical observations, and their Archaeological Implications", *Journal of Archaeological Science* Vol. 23, no. 5 (1996): pp. 763-781; Weiner, S., *Microarchaeology: Beyond the Visible Archaeological Record*, New York: Cambridge University Press, 2010.

2. 烧骨

烧骨是旧石器时代遗址中最为常见的燃烧遗存之一。烧骨可以在以下几种情况下形成：（1）骨头在野火中或者自燃事件中被烧；（2）含有油脂的新鲜骨头，特别是脊椎骨和骨骺部位被用作燃料[①]；（3）人类食用后的骨头被丢进火堆或扔在火堆附近；（4）烧烤肉的时候部分骨骼被烧；（5）骨骼在偶然的情况下被烧，例如在埋有骨骼的沉积物上边生火，火堆以下 5cm 深度掩埋的骨骼可能被烧到。[②]与火的直接接触可以引起骨骼颜色、骨骼表面和骨骼结构的变化。变化的程度跟燃烧时间、燃烧温度、骨骼与火的接触方式有关。实验研究显示：随着燃烧程度的增加，在 300℃—800℃ 或 1000℃ 的环境下骨骼的颜色会出现从原始的米黄色逐渐到深褐色、黑色（骨胶原炭化）、灰白色，最终为白色的变化。[③] 如果燃烧温度没有超过650℃，骨骼通常呈现出深褐色或黑色。假如一个出土单位中的动物骨骼大部分都是黑色炭化的，说明它们是在相对低温环境下燃烧的。当然，只有去掉肉的骨头的各个位置有可能在烧过后都变成黑色，如果骨头上有肉，带肉位置的骨头颜色不容易发生变化。烧过的牙齿也会呈现出与烧骨相似的颜色变化特征，并且更容易爆裂为许多小的、不规则碎块。[④] 在高温环境下燃烧（超过 650℃ 或 800℃），骨骼

---

① Schiegl, S., Goldberg, P., Pfretzschner, H., et al., "Paleolithic burnt bone horizons from the Swabian Jura: Distinguishing between in situ fireplaces and dumping areas", *Geoarchaeology* Vol. 18. 5 (2003): pp. 541–565.

② Niven, L., Martin, H., "Zooarcheological analysis of the assemblage from the 2000–2003 excavations", In: Dibble, H., McPherron, S. J. P., Goldberg, P., (eds.), *The Middle Paleolithic Site of Pech de l'Azé IV*, Cham: Springer, 2018, pp. 95–116; Stiner, M. C., *The Faunas of Hayonim Cave (Israel): a 200 000-Year Record of Paleolithic Diet, Demography and Society*, American School of Prehistoric Research, Bulletin 48. Harvard University, Cambridge: Peabody Museum Press, 2005.

③ Lyman, R. L., *Vertebrate Taphonomy*, Cambridge: Cambridge University Press, 1994, p. 386.

④ Stiner, M. C., *The Faunas of Hayonim Cave (Israel): a 200 000-Year Record of Paleolithic Diet, Demography and Society*, American School of Prehistoric Research, Bulletin 48. Harvard University, Cambridge: Peabody Museum Press, 2005, p. 48.

中的有机质和水分会全部流失，骨骼变为白色，最终变成酥粉结构。[1] 需要注意的是，不同实验中烧骨颜色对应的烧成温度存在差异，因此烧骨的颜色可以帮助我们推断燃烧环境的大致温度范围，但不能作为判断具体烧成温度的依据，更何况骨骼在成岩作用下也可能发生变色。

燃烧会对骨皮质的保存产生影响，可以导致骨皮质开裂、脱落，最终骨皮质全部消失。[2] 烧骨表面发生的变化可能不会减少比较深的骨表痕迹的可见度，但是会影响比较浅的改造痕迹的保存，例如切割痕、啃咬划痕等。[3] 另外，骨头在不同状态下（例如是否带肉、是否破裂）受到火的改造后其外表和内壁呈现的特征会有所区别。[4]

骨骼燃烧后还会变得易碎。燃烧程度越高，骨头就越脆弱，因而越容易受到各种作用力（例如踩踏或其他挤压作用）的破坏变成更小的碎块或粉末。[5] 然而，与未经烧过的骨头相比，烧骨相对不易受到酸性环境的破坏，可能因为其中的矿物转化成了更稳定的形式。[6]

总之，燃烧会影响骨骼和牙齿在遗址中的保存状况，改变它们

---

① Shipman, P., Foster, G., Schoeninger, M., "Burnt bones and teeth: an experimental study of color, morphology, crystal structure and shrinkage", *Journal of Archaeological Science* Vol. 11. 4 (1984): pp. 307-325.

② Schmidt, C., Symes, S., *The Analysis of Burned Human Remains* (1st ed.), London; Burlington, MA: Academic Press, 2008.

③ Clark, J. L., Ligouis, B., "Burned bone in the Howieson's Poort and post-Howieson's Poort Middle Stone Age deposits at Sibudu (South Africa): behavioral and taphonomic implications", *Journal of Archaeological Science* Vol. 37. 10 (2010): pp. 2650-2661.

④ Cain, C. R., "Using burned animal bone to look at Middle Stone Age occupation and behavior", *Journal of Archaeological Science* Vol. 32. 6 (2005): pp. 873-884.

⑤ Schiegl, S., Goldberg, P., Pfretzschner, H., et al., "Paleolithic burnt bone horizons from the Swabian Jura: Distinguishing between in situ fireplaces and dumping areas", *Geoarchaeology* Vol. 18. 5 (2003): pp. 541-565.

⑥ Macphail, R., Goldberg, P., "Archaeological materials", In: Stoops, G., Marcelino, V. & Mees, F. (eds.), *Interpretation of Micromorphological Features of Soils and Regoliths*, Elsevier, Saint Louis: Elsevier, 2018.

的原始特征，但同时烧骨可以为我们提供燃烧事件发生原因及其背景以及人类用火特点等方面的重要信息。需要注意的是，深色或黑色的骨头不一定是烧骨，有可能是在埋藏过程中受到铁、锰氧化物浸染的结果。然而，与矿物浸染相比，燃烧对骨头的改造通常可以达到骨表更深的位置。同一件骨骼上还有可能同时出现因燃烧所致以及矿物浸染所致的变色情况。[①]

对烧骨性质以及燃烧背景的判断最好可以结合微形态和傅里叶红外光谱方法进行检测分析。微形态方法将在后面章节做具体介绍。傅里叶红外光谱仪可以判定有机物与无机物对红外线辐射的分子吸收特征，根据红外线吸收光谱，我们可以发现或判断考古遗址中堆积物的组成。该方法对成岩作用造成的物质组成变化非常敏感，因此也是识别考古材料在堆积后过程中发生变化的重要方法。[②]

德国霍菲尔（Hohle Fels）遗址格拉维特文化时期 IIcf 层中含有大量毫米级骨骼，也有少量尺寸稍大的骨骼碎片、少量炭屑以及石制品碎屑。该层分布面积超过 $12m^2$，厚度 3—10cm，分布在距离洞口约 13m 的洞内深处。堆积中含有大量烧骨（烧骨和非烧骨的比例相当），烧骨的性质得到了红外光谱分析的确定，因此这一层也被称为"烧骨层"。由于所含炭屑很少，烧骨比例又高，说明骨头很可能被当做燃料使用。微形态观察发现：烧骨颜色多样，包括褐色、深褐色、黑色，还有少量为白色并且破碎更严重。IIcf 堆积具有较弱的层状结构，这种结构可以形成于流水作用，也可以形成于垃圾倾倒，由于炭屑和骨骼没有完全分离，因此烧骨在流水作用下堆积或者在静水环境中堆积的成因被排除。该层堆积结构具有孔隙多、疏松、没有被踩踏压实的特点（图 4-1）。由踩踏造成破裂的骨骼数量极

① Karkanas, P., Shahackgross, R., Ayalon, A., et al., "Evidence for habitual use of fire at the end of the Lower Paleolithic: Site-formation processes at Qesem Cave, Israel", *Journal of Human Evolution* Vol. 53. 2 (2007): pp. 197—212.

② Weiner, S., *Microarchaeology: Beyond the Visible Archaeological Record*, New York: Cambridge University Press, 2010.

少，在有些区域，不同燃烧程度的烧骨混杂在一起，这种堆积特点有可能形成于人类倾倒、堆放垃圾的行为。"烧骨层"位于距离洞口较远的洞穴内部，环境潮湿，因此这个区域不太可能发生自燃事件。人类占用洞穴期间，该地区气候寒冷、干燥，处于缺乏木材的环境之中，因此大量烧骨的出现及其在较大范围内的成层分布很可能是人类使用骨头作为燃料，然后把烧骨从火塘中清理出去，堆放在其他区域的结果。使用骨头作为燃料可以起到处理食物垃圾、改善燃烧条件、维护火塘的作用。[①] 结合遗址中其他类型的丰富遗物，以及人类把烧骨和其他废弃物清理到特定空间的行为来看，人类在这一时期对洞穴的占用强度很高。[②]

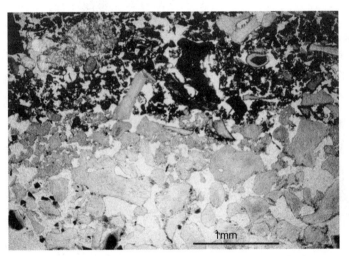

图 4-1　霍菲尔遗址（Hohle Fels）IIcf 烧骨层的显微照片。下部是没有烧过的骨头堆积，上部为包含烧骨和炭屑的堆积[③]

① Yravedra, J., Álvarez-Alonso, D., Estaca-Gómez, V., et al., "New evidence of bones used as fuel in the Gravettian level at Coímbre cave, northern Iberian Peninsula", *Archaeological and Anthropological Sciences* Vol. 9. 6 (2017): pp. 1153-1168.

② Schiegl, S., Goldberg, P., Pfretzschner, H., et al., "Paleolithic burnt bone horizons from the Swabian Jura: Distinguishing between in situ fireplaces and dumping areas", *Geoarchaeology* Vol. 18. 5 (2003): pp. 541-565.

③ Ibid.

法国派西·拉泽（Pech de l'Azé IV）遗址的第8层①、罗克·马萨（Roc de Marsal）遗址②、西班牙科姆布雷（Coímbre）遗址等都发现有由大量黑色烧骨构成的堆积物，反映了人类控制用火并把动物骨骼当做燃料的行为。南非斯卜杜（Sibudu）遗址旧石器时代中期的堆积单位中存在很高比例的烧骨，烧骨与火塘的分布密切关联，从烧骨较高的破碎程度以及骨骼表皮的开裂破损看，这些烧骨有可能是人类把吃剩的、废弃的骨头扔进火塘而形成的。③

　　火塘的存在是判断人类使用骨头作燃料的重要依据，然而遗址中并不经常发现这种遗迹，可能与火塘没有得到较好的保存有关。因此，对于以骨为燃料的判断还是更多地依赖骨骼本身的特征，比如在原地埋藏的前提下，堆积单位中存在大量的烧骨，特别是骨头破裂严重并且发生碳化甚至变成骨灰（这两个特征表明骨头在高温环境下燃烧了很长时间），烧过的松质骨所占的比例远远超过烧过的密质骨（松质骨含有较多的油脂，相对于密质骨而言更适合用作燃料）。如果人类吃掉肉之后把骨头扔进火堆里以达到清理垃圾的目的，那么烧骨中包含的松质骨和密质骨的比例有可能相当④，但这也取决于人类对动物骨头屠宰和消费的具体方式以及此类活动与其他活动的空间位置关系。

　　在与火不直接接触的情况下，骨骼也会发生变化。比如民族学

---

　　① Niven, L., Martin, H., "Zooarcheological analysis of the assemblage from the 2000-2003 excavations", In: Dibble, H., McPherron, S. J. P., Goldberg, P., et al., (eds.), *The Middle Paleolithic Site of Pech de l'Azé IV*, Cham: Springer, 2018, pp. 95-116.

　　② Goldberg, P., Dibble, H., Berna, F., et al., "New evidence on Neandertal use of fire: Examples from Roc de Marsal and Pech de l'Azé IV", *Quaternary International* Vol. 247. 1 (2012): pp. 325-340.

　　③ Clark, J. L., Ligouis, B., "Burned bone in the Howieson's Poort and post-Howieson's Poort Middle Stone Age deposits at Sibudu (South Africa): behavioral and taphonomic implications", *Journal of Archaeological Science* Vol. 37. 10 (2010): pp. 2650-2661.

　　④ Théry-Parisot, I., Costamagno, S., Brugal, J. P., et al., The use of bone as fuel during the palaeolithic, experimental study of bone combustible properties. In: Mulville, J., Outram, A. (eds.), *The Zooarchaeology of Milk and Fats*, Proceedings of Archaeozoology 9th ICAZ Conference, 2005, pp. 50-59.

资料显示：狩猎采集部落用石锤把骨头砸碎，然后放在容器中水煮，冷却后从中提取油脂。在容器中煮骨头将会分解其中的蛋白质与油脂，使矿物溶出。有机质与矿物的缺失将会改变骨骼的特征，使其孔隙增加，变得更脆弱，在埋藏过程中更易受到化学作用、物理作用的破坏，从而导致骨骼被保存下来的概率下降。

概括而言，通过烧骨研究用火行为和遗址占用特点需要首先判定骨骼确实被烧过（遗址中经常发现被矿物浸染的深色骨骼，不要将其误认为是烧骨）；其次，分析烧骨是如何形成的以及如何出现在遗址上，要区分自然火和人类用火形成的烧骨，识别原地堆积和经过自然作用或人类活动搬运的二次堆积；再次，分析烧骨与非烧骨所占的比例，以及烧骨与其他遗物，例如石制品的关系；最后但特别重要的是分析烧骨存在的空间结构，特别是与火塘以及遗址中功能明确的活动区域的空间关系。

3. 烧过的石制品

经过高温燃烧的石制品通常具有清晰的特征，是燃烧遗存中最容易被保存下来的，能够为解读与用火相关的行为和空间利用特点，为探讨旧石器时代的工具技术（例如制作特定形态类型的石器、制作粘合剂等）和复杂认知的发展提供重要依据。

燧石在与火直接接触的情况下（通常也只有在这种情况下）会出现鲜明的破损。位于火塘外面的石器，即使贴近火塘的边缘，也不会受到热量的影响，这也说明与火塘内的燃烧温度相比，火塘外围的温度极大地下降。[①] 一般来说，当直接暴露在 300—500℃ 的火里时，燧石会出现变色、壶盖形破裂（图 4-2）、细裂纹或严重断裂、破碎等特征。[②] 在一项将燧石扔进露天火堆中加热一个小时的实

---

① Sergant, J., Crombé, P., Perdaen, Y., "The 'invisible' hearths: a contribution to the discernment of Mesolithic non-structured surface hearths", *Journal of Archaeological Science* Vol. 33. 7（2006）: pp. 999–1007.

② Ibid.

图 4-2　烧过的燧石上的壶盖形破裂①

验中，最初的 143 件大于 1cm 的石制品和 530 件碎屑分别破裂成 240 件和 3419 件。② 石制品的变化程度与受热程度相关：在轻度燃烧的情况下石制品会出现微泛红的光亮和少量孤立裂纹；中度燃烧时，石制品出现壶盖形破裂和裂纹，颜色发生改变；重度或过度燃烧后，石制品则全面脱水，变成白色或灰色。③ 实验人员把一组石制品扔进平地生火的火堆中，一小时之后发掘火堆及其外围区域并进行空间分析，结果发现：燃烧严重的石制品几乎只发现在火堆内部，而中度或轻度燃烧的石制品（大多数为碎屑）在火堆内部和外围均有发现，但它们在火堆周围的分布不均匀。石制品被扔进火塘之后，一些小的碎片（主要是壶盖形破裂碎片）很快就被崩出，崩到火塘以外 2.5—3m 的地方。因此，在遗址保存状况良好、能够判断燃烧事件具有人工性质的情况下，经过严重燃烧的石制品的空间分布可以指示平地生火的火塘或非结构性火塘的位置。④

---

① Patterson, L. W., "Thermal damage of chert", *Lithic Technology* Vol. 20. 1 (1995): pp. 72-80.

② Ibid.

③ Alperson-Afil N, Richter D, Goren-Inbar N., "Phantom hearths and controlled use of fire at Gesher Benot Ya'aqov, Israel", *Paleo Anthropology* 2007: pp. 1-15.

④ Sergant, J., Crombé, P., Perdaen, Y., "The 'invisible' hearths: a contribution to the discernment of Mesolithic non-structured surface hearths", *Journal of Archaeological Science* Vol. 33. 7 (2006): pp. 999-1007.

总之，石制品的变化特征能够指示遗址上是否发生过燃烧事件。不同燃烧程度的石制品的空间分布能够为判断燃烧事件的性质、火塘的位置提供依据。

遗址中人为烧过的石制品有可能与垃圾的处理有关，也可能与石制品的热处理有关。热处理将火、热量以及石料结构建立起新的关联，使石料变得相对容易开发和获取（主要适用于硅质岩），为提高剥片和石器修理效率与质量创造条件。[①] 研究人员在南非品纳科角（Pinnacle Point）遗址应用热释光等方法识别出经过热处理的硅质岩，揭示了旧石器时代中期的现代人在石器制作过程中习惯性地采取热处理的行为。南非斯卜杜（Sibudu）、布朗姆勃斯（Blombos）等遗址发现了旧石器时代中期人类加热石片毛坯，然后将其通过压制法修理成两面器的现象。旧石器时代晚期欧亚大陆普遍出现的小石叶、细石叶和小型两面器技术的稳定、有效应用也离不开热处理技术。

4. 烧土

燃烧过程中火堆下边的沉积物基质在热传导作用的影响下会发生变化，其中一个重要方面是颜色的变化，可能变成红色、深褐色或黑色，这种堆积物通常被称为烧土。烧土是考古遗址中相对常见的燃烧遗存。然而，并不是所有原地用火事件都能形成烧土。影响烧土形成的因素有很多[②]，包括燃烧温度、燃烧时间、沉积物与热源的位置关系、沉积物的特点（例如湿度、所含有机物的多少、致密

[①] Henshilwood, C., Lombard, M., "Becoming Human: Archaeology of the Sub-Saharan Middle Stone Age", In: Renfrew, C., Bahn, P. (eds.), *The Cambridge World Prehistory*, Cambridge: Cambridge University Press, 2014, pp. 106-130.

[②] Canti, M. G., Linford, N., "The effects of fire on archaeological soils and sediments: temperature and colour relationships", *Proceedings of the Prehistoric Society* Vol. 66（2000）: pp. 385-395; Aldeias, V., Dibble, H. L., Sandgathe, D., et al., "How heat alters underlying deposits and implications for archaeological fire features: A controlled experiment", *Journal of Archaeological Science* Vol. 67. 3（2016）: pp. 64-79.

程度等）以及是否在以前烧过且留有灰烬的地方再次烧火等。地表在受热且达到足够高温度的情况下会形成烧土，很多研究表明需要达到500℃以上，但不绝对。与火接触的地表堆积物在受热的最初2—3个小时中发生的变化最显著。也就是说，相对短时间的燃烧事件就可以导致沉积物基质发生变化，并有可能留下其他考古证据，比如烧石制品、烧骨等。[①] 燃烧过程中最先且受到影响最大的是位于热源下面的最上层沉积物（即紧挨热源的部分），这部分沉积物升温最快。随着深度的增加温度会迅速下降，例如在800—900℃的地表燃烧环境中，地表以下1cm位置的温度有可能下降至400—500℃[②]，在500℃—700℃的地表燃烧环境中，地表以下5cm位置的温度甚至有可能仅为50℃。[③] 当然，如果燃烧时间更长，那么热量或许可以传递到更深的位置，沉积物可能达到相对更高的温度。燃烧会形成灰烬，而灰烬具有隔热功能，特别是当沉积物具有一定湿度的时候，沉积物基质的温度很难达到500℃。如果沉积物的致密程度高，则会阻碍气流通过，影响余火或余烬的温度。[④] 需要注意的是，火堆的周边或外围区域温度会急剧下降，其中分布的沉积物、石制品等几乎不会发生改变，无论它们埋藏的位置是深是浅。

烧土是否呈现红色，取决于沉积物基质的类型和性质。红色烧土的形成需要有富含铁的矿物的氧化，同时沉积物中几乎没有或只有很少量有机物，因为有机物可以作为还原剂，阻止含铁矿物的充

① Aldeias, V., Dibble, H. L., Sandgathe, D., et al., "How heat alters underlying deposits and implications for archaeological fire features: A controlled experiment", *Journal of Archaeological Science* Vol. 67. 3 (2016): pp. 64-79.

② Canti, M. G., Linford, N., "The effects of fire on archaeological soils and sediments: temperature and colour relationships", *Proceedings of the Prehistoric Society* Vol. 66 (2000): 385-395.

③ Courty, M., Goldberg, P., Macphail, R., *Soils and Micromorphology in Archaeology* (Cambridge manuals in archaeology). Cambridge: Cambridge University Press, 1989, p. 107.

④ Aldeias, V., Dibble, H. L., Sandgathe, D., et al., "How heat alters underlying deposits and implications for archaeological fire features: A controlled experiment", *Journal of Archaeological Science* Vol. 67. 3 (2016): pp. 64-79.

分氧化。此外，有机物含量多有可能造成沉积物湿度的增加，使沉积物难以达到高温。如果在同一地点持续反复烧火，那么沉积物基质有可能在相对较低温度下逐渐发生变化。[1]

另一方面，遗址中的堆积物受矿物组成和成岩作用的影响可能出现与烧土颜色相似的变化，很容易使我们将其与燃烧事件联系起来。在埋藏过程中，由于长时间的风化和淋溶作用，沉积物基质受热后发生的变化还有可能会消失。因此，想通过沉积物的变化判断是否发生燃烧事件还需要结合其他的燃烧遗存和证据。对于考古遗址中特别是露天遗址中观察到的深色或红色堆积物，我们可以结合遗址的微环境和堆积结构，运用科技手段判断其成因。[2] 在确定堆积物受过热后，我们可以进一步根据其形成的温度、燃烧强度、堆积物构成和空间分布等特征，分析其是否形成于人类的控制性用火活动。

5. 烧过的石块

人类生火时可以使用石块围成火塘，这些围石的颜色随着火塘的使用可能会发生改变，还可能形成裂纹或完全裂开，这类石块在这里称为烧过的石块。除了围建火塘，使用石块加热食物也会形成烧石块。在没有发明陶器以前，人们可以采用石煮法、利用土灶和石块或石板进行烧烤等方法进行食物加工。石煮法就是把在附近加热好的石块扔进盛有水的容器（用木头、动物的皮或胃制成的容器），利用石块的热量加热食物。利用土灶加工食物的方法是在地上挖比较深的坑，坑底放燃料点燃，然后在上面压上一层石块，待燃料完全燃

---

[1]　Aldeias, V., Dibble, H. L., Sandgathe, D., et al., "How heat alters underlying deposits and implications for archaeological fire features: A controlled experiment", *Journal of Archaeological Science* Vol. 67. 3 (2016): pp. 64-79.

[2]　Goldberg, P., Miller, C. E., Mentzer, S. M., 2017, "Recognizing fire in the Paleolithic archaeological record", *Current Anthropology* Vol. 58. S16 (2017): pp. S175-S190.

烧、石块变红以后，在石块上放置待加热的食物，最后把灶坑用土封上。① 这些方法都是在食物不与火直接接触的情况下，利用石块传递和保持热量或产生蒸汽以达到制作熟食或煮水的目的。使用石块进行食物加工能够更好地、长时间地保持热量，并且能够节省燃料，这对于燃料缺乏的地区而言是一种十分重要的生计方式。在确定属于原地堆积的基础上，烧石块的存在及其分布特点也能够为揭示人类用火行为和占用遗址的特点提供依据。

上述各类燃烧遗存——灰烬、烧骨、烧石制品、烧土、烧过的石块等的发现是判断是否发生过燃烧事件的重要证据。除此之外，旧石器时代中、晚期遗址中发现的加热树皮或树胶制成的粘合剂残留物也是用火的记录。然而，仅仅根据燃烧遗存的存在推断人类的控制性用火行为是远远不够的。我们必须考虑到这些遗存形成和埋藏过程的复杂性，观察它们存在于怎样的环境之中，它们是否存在一定的空间分布模式，这些遗存是否通过某种结构被关联起来，例如火塘、灰烬层或活动面等，否则我们将难以准确判断这些遗存的人工性质。上述遗存以及它们的"结构"在埋藏过程中很容易被搬运或受到破坏。灰烬就经常发生改变，这无论在发掘现场还是在显微镜之中都是可以观察到的。生物活动、人类活动以及成岩作用都可以造成灰烬等燃烧遗存的原始面貌特征的改变。例如，蚯蚓等钻洞动物、植物的根可以扰乱灰烬堆积单位的关系或火塘结构。熊可以破坏加工过肉食的火塘中的灰烬和木炭，把火塘中的石头和骨头从其原始位置移走。② 人类和动物的踩踏会破坏火塘结构，但是在这种情况下燃烧遗存的矿物构成和形态特征仍是可以识别的。人类清扫和维护空间的活动可以改变灰烬、烧骨、木炭等的原始空间分布。

---

① Thoms, A. V., "The fire stones carry: Ethnographic records and archaeological expectations for hot-rock cookery in western North America", *Journal of Anthropological Archaeology* Vol. 27. 4 (2008): pp. 443-460.

② Aldeias, V. 2017, "Experimental approaches to archaeological fire features and their behavioral relevance", *Current Anthropology* Vol. 58. S16 (2017): pp. S191-S205.

被人类活动改造后的灰烬结构不均匀，但它们与风力或流水改造后的灰烬不同，后者可能会保存层理结构，物质颗粒存在磨圆。[①] 在成岩作用下，灰烬中的碳酸盐晶体可能会溶解，甚至全部消失，留下的是少量硅聚集、植硅石，可能还有磷酸盐。总之，在根据燃烧遗存的特征和分布提取关于人类用火目的、用火方式和行为细节以及遗址占用特点的信息时，需要充分考虑到这些考古材料的成因以及它们在埋藏过程中发生的改变。

三、火　塘

如前所述，燃烧事件留下的线索有很多，但某种或某几种与燃烧或加热有关的遗存的存在并不能指示原地用火，必须充分考虑到它们的形成与埋藏环境，否则不能据此推断用火的细节和人类行为的特点。相对于灰烬、木炭、烧骨等考古材料来说，火塘是人类原地用火最为直接且通常更为可靠的证据。火塘通常是狩猎采集人群在一处地点生活的中心区域[②]，人们经常围绕着火塘从事食物加工和消费、制作工具、休息睡觉、交流等活动。因此，火塘是旧石器时代遗址空间分析和功能分析的核心。保存良好的火塘能够为了解遗址占据的时间和强度、空间使用方式、人口规模提供关键证据。

旧石器时代的火塘很多属于简单平地堆烧的结构，平面上通常呈圆形或椭圆形，直径 50—100cm，上部为浅色的灰烬，下部为含炭屑较多的堆积，底部可能由红色烧土构成。底部有时是平的，有时是略凹陷的。一般来说，火塘中间位置的灰烬最厚，越往边缘，

---

① Courty, M., Goldberg, P., Macphail, R., *Soils and Micromorphology in Archaeology* (Cambridge manuals in archaeology), Cambridge: Cambridge University Press, 1989, pp. 111.

② Yellen, J., *Archaeological Approaches to the Present: Models for Reconstructing the Past* (Studies in archeology), New York: Academic Press, 1977, pp. 95.

灰烬越薄，所以火塘剖面通常呈透镜体状或盆状（图4-3）。①旧石器时代晚期或者更晚时期的火塘还存在着使用石块围成烧火空间或底部铺石板的形式②（图4-4），这类火塘内部燃烧形成的堆积物与简单平地堆烧火塘的情况相似。下面重点讨论火塘特征以及在相关研究中应当注意的问题。

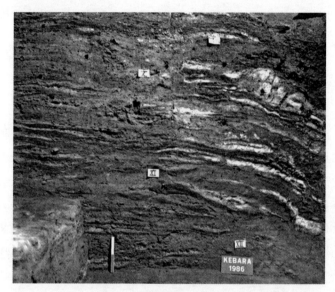

图4-3　以色列 Kabara 遗址莫斯特文化堆积纵剖面所显示的
透镜体状的火塘（图上 1cm＝实际 20cm）③

火塘的位置对于其保存状况具有重要影响。通常情况下，位于上部没有遮挡物的空间中的火塘（例如位于洞口外、帐篷外的火塘）

---

① Bar-Yosef, O., "Site formation processes from a Levantine viewpoint", In: Goldberg, P., Nash, D., Petraglia, M., (eds.), *Formation Processes in Archaeological Context* (Monographs in world archaeology; no. 17), Madison: Prehistory Press, 1993, pp. 13–32; Wadley, L., "Some combustion features at Sibudu, South Africa, between 65 000 and 58 000 years ago", *Quaternary International* Vol. 247. 1 (2012): pp. 341–349.

② 对于底部铺石板的火塘，可以结合石板上部与下部堆积物构成以及石板下部沉积物基质是否受热发生变化将其与灶坑进行区分。

③ Schiegl, S., Goldberg, P., Bar-Yosef, O., et al., "Ash deposits in Hayonim and Kebara Caves, Israel: macroscopic, microscopic and mineralogical observations, and their Archaeological Implications", *Journal of Archaeological Science* Vol. 23. 5 (1996): pp. 763–781.

图 4-4　山西柿子滩遗址 S29 地点第 3 文化层铺石板的火塘①

在废弃后容易受到破坏，不容易保存。洞穴内的火塘经常分布在洞内不太远离洞口的位置，这里是人类在洞内活动最频繁的区域。具体的位置有可能会靠近洞壁或岩厦的岩壁，但不在滴水线附近。在托·法拉（Tor Faraj）遗址中，火塘在与洞壁相距约 50cm 的地方近乎平行分布。② 火塘的这种位置分布可能有利于某个方位热量的聚集（当然，这也取决于洞口方向与风向），但是这些燃烧活动产生的火塘通常比较小。③

　　有些火塘位于没有被烧过的堆积物之上，有些则位于之前的燃烧遗迹之上，后一种情况最终有可能呈现出很厚的火塘堆积。位于洞内较深处的用火遗存有可能是自然作用或人类活动造成的二次堆积的结果，例如流水搬运、灰烬的清理和垃圾倾倒等。在科巴拉（Kebara）洞穴的后部存在着大量灰烬的集中分布，研究发现这些灰烬不是原地用火形成的，而是经过人类活动的改造、再次堆积形成的"灰烬堆"，即人类有意把灰烬收敛起来并将其转移到生活空间中的另一处地方。因此，对于集中的、较厚的灰烬堆不要轻易将其判

---

　　①　宋艳花、石金鸣：《山西吉县柿子滩遗址 S29 地点发掘简报》，《考古》，2017 年第 2 期，第 35—51 页。

　　②　Henry, D., "The palimpsest problem, hearth pattern analysis, and Middle Paleolithic site structure", *Quaternary International* Vol. 247. 1（2012）：pp. 246-266.

　　③　Meignen, L., O. Bar-Yosef, P. Goldberg, et al., "Le feu au Paléolithique Moyen：Recherches sur les Structures de Combustion et le Statut des Foyers：l'exemple du ProcheOrient", *Paléorient* Vol. 26（2001）：pp. 9-22.

断为火塘堆积。另一方面，如果清理灰烬将其集中堆放的行为在相当长的一段时间里反复出现，则反映了人类的控制性用火行为，对用火空间的管理以及对洞穴较高的占用强度。

火塘按照面积可以分为小、中、大三类：小型小于 $0.3m^2$、中型 $0.3—0.6m^2$、大型大于 $0.6m^2$[①]（不同研究者对于尺寸标准的界定存在差异）。火塘的尺寸取决于在遗址上活动的人口规模和遗址占用时长[②]，但是根据火塘推断人口规模，必须以确定火塘的"同时性"为前提。判断不同火塘是在一次占据事件还是多次占据事件中形成是遗址形成过程研究的重要内容，我们可以通过以下方面进行分析：（1）每个堆积单位中活动核心区的数量。如果存在多个不同的活动核心区或者说多个具有不同功能的火塘，那么火塘有可能反映了多次占据事件，当然，这也取决于占据事件的性质、特定时期的人群规模与社会组织特点。（2）火塘中燃烧物质遗存的多少。如果一个火塘被反复使用，那么燃烧遗物的出现率有可能比较高，因为前一次用火事件留下的遗物，无论被掩埋与否都还可能再次受热、燃烧。[③]（3）同一占据事件中，或者说在同一个活动面上的多个火塘之间应当相隔一定的距离。根据弗里曼（Freeman）的理论，无论火塘周围发生什么活动，都发生在半径约 1.8m 的范围内，因此当一个活动面上存在多个火塘时，火塘之间的间隔应当大于 1.8m。有的研究表明火塘之间的间隔应当在 3m 或 2.4m 左右[④]，总之，同时使用

---

① Vallverdú, J., Vaquero, M., Cáceres, I., et al., "Sleeping activity area within the site structure of archaic human groups: evidence from Abric Romaní Level N combustion activity areas", *Current Anthropology* Vol. 51. 1 (2010): pp. 137–145.

② Vaquero, M., Pastó, I., "The definition of spatial units in Middle Palaeolithic sites: the hearth-related assemblages", *Journal of Archaeological Science* Vol. 28. 11 (2001): pp. 1209–1220.

③ Stiner, M. C., Kuhn, S. L., Weiner, S., et al., "Differential burning, recrystallization, and fragmentation of archaeological bone", *Journal of Archaeological Science* Vol. 22. 2 (1995): pp. 223–237.

④ Gamble, C., "An introduction to the living spaces of mobile peoples", In: Gamble, C. S., Boismier, W. A. (eds.), *Ethnoarchaeological Approaches to Mobile Campsites*, International Monographs in Prehistory, Michigan, Ann Arbor, 1991, pp. 1–24.

的火塘之间必须间隔一定的距离，以确保坐在火塘周围的人不被火烧到，并且使火塘周围的空间得到最大利用、火塘的能量得到更高效利用。假设一个堆积单位中发现了多处火塘，有些火塘分布在其他火塘周边活动区中，那么前者与后者一定不是同时使用的，应该代表了不同的占据事件。[①] 如果火塘数量与火塘之间的分布紧密度存在负相关关系，即火塘数目越多，它们之间的间隔就越小，那么这种关系可能主要在两个因素下形成：其一，在有限的生活空间中人口增加；其二，多次占据事件的叠加会造成多个火塘存在近距离的分布状态。[②] 对阿布力克·罗曼（Abric Romaní）岩厦 N 层的研究发现：靠近岩壁区域的五个火塘（H1-H5）呈弓形分布，并且有规律地间隔着，平均间隔1.3m。这些燃烧遗迹由垂直分层的非常薄的含木炭透镜体构成，可能是在使用木材较少的情况下长期反复地累积烧火形成的。同时，H1-H5 分布的区域几乎不见其他文化遗存。如果这些火塘具有"同时性"，那么这一区域有可能代表了休息—睡眠空间。[③]

火塘与人类围绕火塘从事活动留下的物质遗存通常存在一定的空间分布模式或规律。火塘周围可以形成低密度遗物区和高密度遗物区。低密度区可能是休息—睡眠区，而高密度区则通常反映的是加工食物、消费食物、制作工具等活动。[④] 在高密度区，火塘周围的垃圾或废弃物能够为解读火塘利用与遗址空间利用提供重要信息，

① Henry, D., "The palimpsest problem, hearth pattern analysis, and Middle Paleolithic site structure", *Quaternary International* Vol. 247. 1 (2012): pp. 246-266.

② Vaquero, M., Pastó, I., "The definition of spatial units in Middle Palaeolithic Sites: the hearth-related assemblages", *Journal of Archaeological Science* Vol. 28. 11 (2001): pp. 1209-1220.

③ Vallverdú, J., Vaquero, M., Cáceres, I., et al., "Sleeping activity area within the site structure of archaic human groups: Evidence from Abric Romaní Level N combustion activity areas", *Current Anthropology* Vol. 51. 1 (2010): pp. 137-145.

④ Yellen, J., *Archaeological Approaches to the Present: Models for Reconstructing the Past* (Studies in archeology). New York: Academic Press, 1977; Binford, L. R., "Dimensional analysis of behavior and site structure: learning from an Eskimo hunting stand", *American Antiquity* Vol. 43. 3 (1978): pp. 330-361.

比如根据民族学资料，小型、微小型废弃物更可能集中分布在靠近火塘的区域，而较大的遗物更多分布在相对远离火塘的区域。① 但是在很多遗址中，火塘与遗物的这种分布规律并不明显或者不存在。这种空间分布模式是否能够形成，或者在多大程度下能够被保存下来，还与人类的技术行为特点、人类利用遗址的特点（例如反复性、时长）以及遗址在埋藏过程中受到的改造情况密切相关。例如，在托·法拉（Tor Faraj）遗址，随着逐渐远离火塘中心，遗物的尺寸并没有呈现增大趋势，研究者认为这可能与该遗址石制品的尺寸整体很小，石核和石器被充分重复利用有关。②

火塘堆积的厚度（尤指灰烬的厚度）与燃烧时间、所用燃料、同一位置生火次数密切相关。因此，厚度经常被用来衡量火塘是否被反复使用，人类是否对遗址较长时间占用。斯卜杜（Sibudu）洞穴是一处基本营地，其中含有丰富的火塘，包括少量大火塘和较多的小火塘，火塘堆积的厚度从 2cm 到 20cm 不等。③ 大火塘直径可达2m，平面形状通常不规则，灰烬堆积厚度大、灰烬延展扩张分布，使得燃烧遗迹的面积扩大。在同一个地方或差不多相同的位置反复生火可以形成这样的现象。④ 小火塘的平面形状一般近圆形，最小的直径只有 20cm，很有可能是一次用火事件下形成的。⑤ 斯卜杜（Sibudu）遗址、科巴拉（Kebara）和哈约尼姆（Hayonim）等遗址中都存在着大型火塘和小型火塘重叠分布的现象，在堆积剖面上表

① Binford, L. R., *Working at Archaeology*, New York: Academic Press, 1983.

② Henry, D., "The palimpsest problem, hearth pattern analysis, and Middle Paleolithic site structure", *Quaternary International* Vol. 247. 1 (2012): pp. 246-266.

③ Wadley, L., "Some combustion features at Sibudu, South Africa, between 65 000 and 58 000 years ago", *Quaternary International* Vol. 247. 1 (2012): pp. 341-349; Goldberg, P., Miller, C. E., Schiegl, S., "Bedding, hearths, and site maintenance in the Middle Stone Age of Sibudu Cave, KwaZulu-Natal, South Africa", *Archaeological and Anthropological Sciences* Vol. 1. 2 (2009): pp. 95-122.

④ Yellen, J., Archaeological approaches to the present : Models for reconstructing the past (Studies in archeology (Academic Press)). New York: Academic Press, 1977.

⑤ Sievers, C., Wadley, L., "Going underground: experimental carbonization of fruiting structures under hearths", *Journal of Archaeological Science* Vol. 35. 11 (2008): pp. 2909-2917.

现为多个灰烬"透镜体"或火塘纵向叠压分布。如果遗址中的某个区域发生多次用火事件且发生频率较高，那么就会出现这种堆积结构，火塘厚度很可能比一次用火事件形成的要厚。[1] 但有些情况下，燃烧时间长、强度大的用火活动却留下了很薄的灰烬堆积[2]，其原因在于灰烬的厚度还取决于埋藏过程中成岩作用、人类的踩踏、火塘清理活动的发生，当然也与燃料的种类有关。用火遗迹在这些作用下发生的改变需要利用微观方法加以识别。以燃烧木材形成的灰烬为例，有些灰烬保留了原始方解石成分和比较疏松的结构（图4-5），方解石晶体大小比较一致，有些灰烬虽然保留了原始的方解石成分，但发生胶结，形成硬面（图4-6）。在特定埋藏环境下，比如PH值较低或者缺乏碳酸盐缓冲体系，灰烬中的方解石可能会部分或全部被碳酸羟基磷灰石取代[3]，或者进一步发生溶解。人类的踩踏可以使

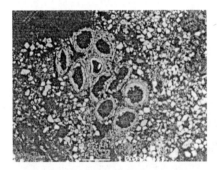

图4-5 保存状况很好的灰烬堆积：
富含方解石晶体、具有疏松的结构[4]

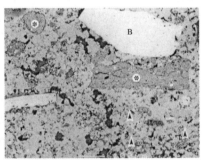

图4-6 胶结的方解石灰烬堆积
（B表示骨头；星号表示硅聚集）[5]

---

① Vallverdú, J., Vaquero, M., Cáceres, I., et al., "Sleeping activity area within the site structure of archaic human groups: Evidence from Abric Romaní Level N combustion activity areas", *Current Anthropology* Vol. 51. 1 (2010): pp. 137-145.

② Butzer, K. W., *Archaeology as Human Ecology: Method and Theory for a Contextual Approach*, Camrbidge; New York: Cambridge University Press, 1982, p. 82.

③ Schiegl, S., Goldberg, P., Bar-Yosef, O., et al., "Ash deposits in Hayonim and Kebara Caves, Israel: macroscopic, microscopic and mineralogical observations, and their Archaeological Implications", *Journal of Archaeological Science* Vol. 23. 5 (1996): pp. 763-781.

④ Ibid.

⑤ Ibid.

灰烬堆积结构变得致密或者使灰烬在更大的范围里分散开。另外，如果人类对遗址占用的时间比较长，那么他们很可能会不断清理火塘中的"垃圾"，把灰烬等物质清理到一旁或其他区域重新堆积[①]。在这种情况下，用火遗迹不会很厚。

从平面分布来看，若人类占据时间较长，同一处火塘被反复使用，或者在火塘相邻位置多次用火的情况下，燃烧的中心区会不断发生变化，用火遗迹会发生扩张[②]，其平面特征发生变化。尽管改变不大，但容易造成火塘平面形状不规则，边界不清晰。例如，科巴拉（Kebara）和哈约尼姆（Hayonim）遗址中的火塘存在向外延展扩散的分布状态，平面上多个用火遗迹交错分布。[③] 人类再次占据遗址特定区域时会清理之前占据事件中留下的燃烧遗存，此前的火塘的形态、尺寸、堆积厚度就会发生改变。有些火塘的边缘会被后来的用火事件破坏或改变，从而变得不完整，燃烧遗存也可能变得分散、脱离原始的遗迹结构。露天的火塘由于更容易受到流水、风力作用的改造而不容易保存清晰的界限。总的来说，人类活动地点从废弃至掩埋之间的时间间隔越长，用火遗迹受到破坏的程度可能越大。

民族考古研究可以在已知用火发生的环境背景、用火目的、燃烧事件细节等情况下建立起参考依据，帮助我们解读史前人类用火行为与用火遗存特征形成之间的关系以及用火遗存的埋藏过程。在一项对东非哈扎（Hadza）部落用火的研究中，研究人员记录了烧火地点（在营地的帐篷内、在营地帐篷外、营地以外的地方）、火的功用（烧火做饭、多个家庭共用火塘做饭、睡眠取暖、烧烤块茎食物、

① Cain, C. R., "Using burned animal bone to look at Middle Stone Age occupation and behavior", *Journal of Archaeological Science* Vol. 32. 6 (2005): pp. 873-884.

② Vallverdú, J., Vaquero, M., Cáceres, I., et al., "Sleeping activity area within the site structure of archaic human groups: Evidence from Abric Romaní Level N combustion activity areas", *Current Anthropology* Vol. 51. 1 (2010): pp. 137-145.

③ Schiegl, S., Goldberg, P., Bar-Yosef, O., et al., "Ash deposits in Hayonim and Kebara caves, Israel: macroscopic, microscopic and mineralogical observations, and their Archaeological Implications", *Journal of Archaeological Science* Vol. 23. 5 (1996): pp. 763-781.

伏击狩猎时生火）、燃烧时间（每日低温持续燃烧 4 个月、两个月里每日持续生火几次）、燃料以及燃烧遗迹从废弃后到取样的时间间隔（有些样品的收集发生在用火之后的几天；有些则发生在 1 年后）等项目，在此基础上对不同用火事件和不同埋藏环境中形成的用火遗存特征进行比较。研究发现，不同功能的火塘和不同燃烧时长的火塘形成的灰烬厚度以及灰烬中的包含物有所不同，沉积物基质受到的影响存在区别。不同用火地点的燃烧遗存的保存状况也存在区别：若火塘能够被一些遮蔽物遮挡，例如位于帐篷内或洞穴、岩厦中，则能够得到相对更好的保存。火塘保存状况与短期内是否被覆盖、堆积速率、埋藏环境（PH 值、堆积物孔隙、水文环境）、动物和植物的扰动以及风雨侵蚀有关。[①]

总之，火塘的形态特征、在遗址中的分布位置，火塘的物质组成、厚度、结构以及不同用火遗迹之间的位置关系是复原用火事件（包括所用燃料、用火目的、用火过程）的基础，能够为识别活动面或遗址空间结构、判断人口规模和遗址占用模式提供重要线索。与其他类型燃烧遗存一样，在分析和解读火塘时必须考虑到它们在埋藏过程中是否发生变化，导致变化的因素有哪些。

四、 研 究 案 例

1. 以色列亚科夫女儿桥（Gesher Benot Ya'aqov）遗址

该遗址位于约旦河谷北部的古胡拉（Hula）湖畔。遗址堆积由细颗粒的湖相沉积物和文化遗存组成，记录了距今约 79 万年前湖泊的波动以及人类多次反复的栖居活动。[②] 人类的活动包括打制石器、

---

① Mallol, C., Marlowe, F. W., Wood, B. M., et al., "Earth, wind, and fire: Ethnoarchaeological signals of Hadza fires", *Journal of Archaeological Science* Vol. 34. 12 (2007): pp. 2035-2052.

② Alperson-Afil, N., Richter, D., Goren-Inbar, N., "Phantom hearths and the use of fire at Gesher Benot Ya'aqov, Israel", *Paleo Anthropology* 2007: pp. 1-15.

获取和屠宰动物资源、采集多种类的植物性食物资源。遗址中含有大量丰富的阿舍利工业石制品，原料以燧石为主。[1] 石制品中存在很多长度为 2—20mm 的微小碎屑，也包含大于 20mm 的较大型石制品（简称大型石制品）。有些燧石石制品具有壶盖形破裂特征。对这些燧石进行的热释光测定表明它们被烧过。[2] 遗址中并没有发现火塘、木炭、灰烬，而烧过的石制品也不一定代表遗址上发生过人类用火活动。研究人员对烧过的石制品所占的比例及其空间分布做了进一步分析，进而判断它们形成的原因。如果湖边曾经发生野火，那么遗址中应当出现很高比例的烧过的石制品，并且散布在整个发掘区域中。如果人类在火塘周围打制石器，附近则会形成由微小石制品组成的堆积，其中有一些被烧过，也就是说烧过的微小石制品和没有烧过的微小石制品会共存于火塘及其附近。[3] 在人类用火的情况下，我们应当可以在遗址中发现相对较低比例的烧石制品，它们在遗址中的分布存在高密度区并且与未烧过的石制品的空间分布并不完全重叠。以该遗址 V-5 层和 V-6 层为例，V-5 层的发掘面积为 6.39m^2，发现有 36770 件微小石制品以及 408 件大型石制品，绝大多数以燧石为原料。燧石石制品中 1.81% 的微小石制品和 0.31% 的大型石制品具有烧过的特征。V-6 层发掘面积为 7.04m^2，发现有 6585 件微小石制品和 356 件大型石制品，绝大多数以燧石为原料。微小的燧石石制品中 1.84% 被烧过。可见，这两层中烧过的燧石石制品在所有燧石石制品中所占比例都非常低。研究人员对燧石石制品进行了空间分析并制作出分布密度图，以观察烧过的燧石石制品

① Alperson-Afil, N., Goren-Inbar, N., *The Acheulian site of Gesher Benot Ya'agov. Volume II, Ancient Flames and Controlled Use of Fire* (Vertebrate paleobiology and paleoanthropology), New York: Springer, 2010.

② Sergant, J., Crombé, P., Perdaen, Y., "The 'invisible' hearths: a contribution to the discernment of Mesolithic non-structured surface hearths", *Journal of Archaeological Science* Vol. 33. 7 (2006): pp. 999—1007.

③ Alperson-Afil, N., Richter, D., Goren-Inbar, N., "Phantom hearths and the use of fire at Gesher Benot Ya'aqov, Israel", *Paleo Anthropology* 2007: pp. 1–15.

是否存在聚集分布。如果存在聚集分布，其与未烧过的微小石制品在空间分布上的重叠程度如何，由此判断烧石制品的形成原因。分布密度图（图4-7）显示：V-5层中未烧过的微小燧石石制品在发掘区东南部形成了高密度区，而烧过的微小石制品存在两个高密度区，分别位于东南区和西北区。V-6层中未烧过的微小燧石石制品从

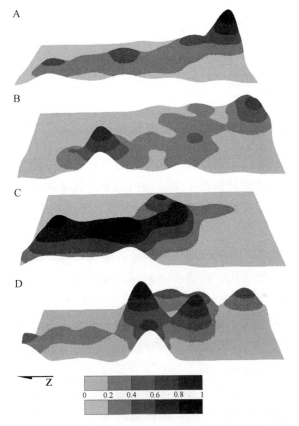

图4-7　亚科夫女儿桥遗址发掘区 C 的 V-5 和 V-6 层中烧过和

没烧过的微小石制品的分布密度①

（A. V-5层没烧过的微小石制品分布；B. V-5层烧过的微小石制品的分布；
C. V-6层没烧过的微小石制品分布；D. V-6层烧过的微小石制品分布）

———————

① Alperson-Afil, N., Richter, D., Goren-Inbar, N., "Phantom hearths and the use of fire at Gesher Benot Ya'aqov, Israel", *Paleo Anthropology* 2007：pp. 1–15.

发掘区中心到西部区普遍分布，而中心区存在烧石制品的两个高密度区。综上，一方面，烧过的石制品在所有出土石制品中所占比例很低，另一方面，烧过的石制品没有在遗址中广泛地散布，而是呈现出特定的空间分布模式。烧过和未烧过的微小石制品在空间上的分布并不完全吻合，仅存在部分重叠。在烧过的石制品的高密度分布区中，它们所占的比例远超过没有烧过的石制品。这一系列的特征表明 V-5 层和 V-6 层中烧过的石制品并不是在自然的燃烧事件中形成的，燃烧遗存的空间分布在堆积形成后没有受到自然作用的显著改造。因此，遗址特定区域应当发生过人类原地用火活动并且有可能存在火塘。[①]

2. 南非斯卜杜（Sibudu）遗址

斯卜杜遗址位于南非德班北部，是通阿提（Tongati）河畔的一座岩厦遗址。该遗址保存了丰富的旧石器时代中期文化堆积，其中包含大量火塘。火塘在平面上一般呈圆形或半圆形，具有多种尺寸，有些小型火塘直径仅有 20cm，大型火塘直径则可达 2m。有些火塘底部呈凹陷状态，有些底部则较平。大多数火塘是在地面上直接生火形成的。火塘及其他燃烧遗迹的厚度分布在 2—20cm 之间。一些大型火塘中存在很厚的灰烬，说明火塘可能被反复使用或人类曾使用大量木材烧火。遗址中的一个区域分布着由 5 块大砾石围成的结构性火塘，直径 100cm，堆积厚约 12cm。火塘底部稍微凹陷，由烧红的堆积物构成，其上部是富含碳的黑色燃烧堆积物，再之上是白色灰烬。白色灰烬中含有大量烧白的骨骼。这处火塘有可能反映的是原地高温燃烧的营火。该区域的另一个层位中发现有一个大型火塘、若干小型火塘和两处灰烬垃圾堆积。大型火塘直径至少有300—350cm，厚度为 12cm。该火塘具有典型火塘的内部堆积结构。

---

① Alperson-Afil, N., Richter, D., Goren-Inbar, N., "Phantom hearths and the use of fire at Gesher Benot Ya'aqov, Israel", *Paleo Anthropology* 2007: pp. 1–15; Alperson-Afil, N., Goren-Inbar, N., *The Acheulian site of Gesher Benot Ya'agov. Volume II, Ancient Flames and Controlled Use of Fire* (Vertebrate paleobiology and paleoanthropology), New York: Springer, 2010.

火塘的西北边缘有一个扁平大石块，火塘底部的黑色堆积中埋有加工过的赭石碎块。大火塘的旁边不远处有一个较小火塘，直径40—60cm，厚度4cm。小火塘表面的白色灰烬部分发生胶结形成了硬面，这个面上存在赭石粉末。研究人员推测这两处火塘之间存在关联。小火塘可能是大火塘旁边的一处特殊活动区域。[①] 然而，从火塘之间的间隔看，大火塘和小火塘也有可能不属于同一活动事件。火塘周围的灰色灰烬集中分布区则有可能是堆放垃圾的地方，其中包含混杂在一起的石制品、岩块、骨头以及白色、棕色、黑色等反映不同燃烧程度的烧骨。灰烬集中分布区没有显示出层状堆积结构或不同类型遗存聚集分布的空间结构。[②]

3. 我国旧石器时代遗址中的用火遗迹

我国旧石器时代早期的北京周口店遗址第一地点、陕西洛南龙牙洞遗址、辽宁金牛山遗址等都见有用火遗迹的报道。然而，保存较好的、特征清晰的用火遗迹更多地见于旧石器时代晚期和末期的遗址中，也有少量发现于旧石器时代中期遗址，例如，河南老奶奶庙遗址和新疆通天洞遗址等。老奶奶庙遗址出土了多处用火遗迹，分布在反映多个占据事件的多个层位中。从地貌、自然堆积物特征、遗物的产状、尺寸分布、风化和磨损状况看，遗存受到流水等自然作用的改造有限，石制品和动物骨骼在废弃后被较为迅速地掩埋。[③]研究者对出土用火遗迹的数量、尺寸、分布结构、用火遗迹与遗物的空间关系进行观察与分析，并根据这些特征对人类占用遗址的过程进行了讨论。在此基础上，进一步探讨了人类的空间利用方式，并对人群流动性进行了推测。遗址的第3层是主要文化层，被划分

[①] Wadley, L., "Some combustion features at Sibudu, South Africa, between 65 000 and 58 000 years ago", *Quaternary International* Vol. 247. 1 (2012): pp. 341-349.

[②] Goldberg, P., Miller, C. E., Schiegl, S., et al., "Bedding, hearths, and site mainte-nance in the Middle Stone Age of Sibudu Cave, KwaZulu-Natal, South Africa", *Archaeological and Anthropological Sciences* Vol. 1. 2 (2009): pp. 95-122.

[③] 陈宥成：《嵩山东麓 MIS3 阶段人群石器技术与行为模式——郑州老奶奶庙遗址研究》，北京大学博士学位论文，2015 年。

为若干亚层，记录了多个占据事件。用火遗迹按照尺寸被分为四类：大型火塘（长径大于 60cm，往往在 100cm 左右，结构一般比较清晰）、中型火塘（长径大于 40cm，小于/等于 60cm）、小型火塘（长径大于 20cm，小于/等于 40cm）、非常小型的火塘（长径小于/等于 20cm）。以 3E 层为例，该层发现有若干大小不等的火塘，火塘 A 和火塘 C 规模最大。火塘 A 和火塘 C 间隔至少 3m（图 4-8），这两个火塘可能是同一居住事件中具有关联的两个火塘，也可能是两次居住事件中独立的火塘。同时，本层中还存在两个形态较小的火塘，它们与火塘 A 和火塘 C 之间都相距一定距离，同理，它们之间是否存在关联仅从火塘的分布不能得到明确的结论。3E 层的石英石制品存在两处分布相对集中的区域，标为 A1 区和 B1 区。鸵鸟蛋壳碎片也存在两处分布相对集中的区域，标为 A2 区和 B2 区。动物骨骼碎片的两处相对集中分布区，标为 A3 区和 B3 区。A1、A2、A3 这 3 个区域几乎重叠，和火塘 A 距离最近，分布在火塘 A 北面略偏西处，但也不排除部分遗存和火塘 E 有关联。同样，B1、B2、B3 这 3 个区域也较为重叠，与火塘 A 的距离很远，其附近暂未发现火塘，可能与垃圾堆放有关。火塘 A 附近的遗物密度是整个发掘区最高的，并且从野外观察来看这个火塘的堆积最厚，是 3E 层利用强度最高的火塘。该火塘周围可能发生了打制石器、处理和消费鸵鸟蛋以及其他动物资源的活动。不同功能区重叠分布在火塘的一侧，火塘的南侧似乎没有得到很好的利用。一种可能是当时人群利用遗址时正值西北风盛行的冬季或邻近时节，火塘 A 燃烧产生的烟尘随西北风向东南方吹，故火塘的东南方不适合从事活动。火塘 E 附近的遗物也主要分布在其西北侧（图 4-8）。而火塘 C、D 南侧堆积被破坏，暂不清楚其南侧遗物分布情况。另一种可能是人们对火塘 A 周围的空间有区分使用，即火塘北侧为打制石器和处理、消费动物资源的区域，而南侧则为睡眠休息的场所。

　　整体来看，3E 层遗物密度相对较高，不同火塘周边的遗物分布密度存在差异，火塘之间相距一定距离，火塘之间没有相互叠压，而是分散地分布于发掘区的不同位置，这些现象更可能反映的是一次相对较长的占据事件，以及人们对空间的有序利用。① 当然，详细和深入的解读还有待于对火塘内部结构、石制品和动物遗存的分布密度、微小遗存与较大型遗物空间分布关系以及拼合等方面做进一步的综合研究。

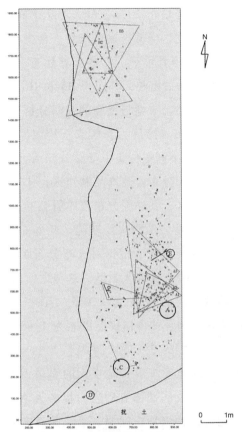

图 4-8　老奶奶庙遗址 3E 层火塘和遗物的空间分布②

（1 和 2 表示遗物拼合组）

　　① 陈宥成、曲彤丽、汪松枝等：《郑州老奶奶庙遗址空间结构初步研究》，《中原文物》，2020 年第 3 期，第 41—50 页。
　　② 同上。

旧石器时代晚期的宁夏水洞沟遗址第 2 地点、山西柿子滩遗址 S29 地点、河北泥河湾盆地虎头梁、湖南玉蟾岩等更多遗址发现有结构清晰的用火遗迹。水洞沟遗址第 2 地点第 2 文化层发现了多处火塘（H1-H7），均为平地堆烧形成。火塘平面分布范围清楚，形状为不规则圆形。火塘的直径最小 20cm，最大可达 100cm。火塘的结构是：下部为烧红的沉积物，中部为黑色灰烬，含少量石制品与化石，上部为密集的石制品与碎骨堆积。有些火塘附近存在烧石块。H1、H2、H3、H4 周围的遗物最密集，其次为 H5 和 H6，H7 周围分布少量石制品碎屑和动物骨骼。火塘与遗物的空间分析显示：H1 周围分布着剥石片区，外围分布着碎屑丢弃区或石片加工区，更外围分布着食物消费区；H5 周围不同侧位集中分布着碎屑丢弃区或石器加工区以及食物消费区，外围分布着装饰品制作区；H7 的一个侧位分布着较大面积的食物消费区，其外围分布着碎屑丢弃区或石器加工区。这些现象反映了不同火塘的不同主要功能。此外，多处火塘存在相连或叠压现象，或者相距很近。根据对火塘分布距离和个体活动波及范围的考虑（图 1-16），研究人员认为这些火塘代表了 2—7 次占据事件，同期火塘数量最小为 1、最大为 5。当同一占据事件中火塘数量为 1 时，推测占用遗址的群体规模可能为 1—5 人，而当火塘数量为 5 时，群体规模可能为 5—25 人。[1]

柿子滩遗址 S29 地点发现有平地生火的简单火塘、围有砂岩石块的火塘、坑状火塘以及底部铺有砂岩石板的火塘，其中最常见的是平地生火的火塘。这种火塘中间厚、边缘薄，火塘中包含炭屑和烧土。遗物呈现出以火塘为中心集中分布的空间特征。[2] 泥河湾盆地的虎头梁 73101 地点发现有 3 个火塘。火塘 $Ⅱ_{5-6}$ 的平面为椭圆形，火塘内的燃烧堆积厚 5—16cm，为黄褐色或黄黑色堆积物，含有大

---

① 关莹、高星、王惠民等：《水洞沟旧石器时代晚期遗址结构的空间利用分析》，《科学通报》，2011 年第 33 期，第 2797—2803 页。

② 宋艳花、石金鸣：《山西吉县柿子滩遗址 S29 地点发掘简报》，《考古》，2017 年第 2 期，第 35—51 页。

量炭屑、烧骨和烧过的鸵鸟蛋壳以及少量的石器。火塘周围发现有 4 块较大砾石，砾石周围有很多破碎的动物肢骨和少量石器。火塘 VI$_{7-8}$ 内发现有炭屑、烧骨和烧过的鸵鸟蛋壳碎片。火塘边缘还发现有穿孔贝壳和赤铁矿。该遗址发现的三个火塘之间散布大量石制品碎屑。[1] 泥河湾盆地马鞍山遗址发现有围砾石或石块的近圆形火塘、形状不规则的火堆（火堆内包含烧骨和灰烬），还发现有一处原地挖坑而成的灶。用火遗迹的周围存在多处石制品密集分布区，还散布着较多破裂的动物骨头。[2]

从我国旧石器时代遗址用火遗存的大多数报道来看，燃烧遗存宏观与微观特征的综合研究、燃烧遗存与人类活动关系的判定以及空间分析等方面存在着很大的空间。在旧石器时代早、中期典型明确的用火遗迹非常有限的情况下，我们更需要把宏观和微观方法结合起来，准确判断遗存是否被加热过，判断燃烧事件的性质以及燃烧遗存经过了怎样的扰动和改造。对于用火遗存的空间分析，当前的研究仍较多地依赖于民族考古学的证据，未来应当在对用火遗存特征进行精细、准确分析的基础上，结合不同类型遗物的空间分析，例如烧过与未烧过的石制品或动物骨骼的分布密度以及空间关系、不同类型和不同尺寸石制品或动物骨骼的分布密度及其与火塘的关系，对用火行为的细节、空间利用特点和人类占用遗址的动态过程作出全面和深入的解读，为探讨我国旧石器时代狩猎采集人群栖居模式和社会与人口变化提供可靠证据。

五、小　结

人类控制性用火的出现与发展在史前人类适应生存行为演化的

---

① 盖培、卫奇：《虎头梁旧石器时代晚期遗址的发现》，《古脊椎动物与古人类》，1977 年第 4 期，第 287—300 页。

② 谢飞、李珺、刘连强：《泥河湾旧石器文化》，石家庄：花山文艺出版社，2006年，第 171 页。

研究中具有重要意义。这方面的研究以识别遗址中各类燃烧遗存、分析其形成过程为基础。首先，我们需要判断遗址中是否存在烧过的物质。研究中应谨慎使用"颜色"作为判别标准，因为物质材料颜色的变化有可能在非燃烧环境中产生，例如矿物浸染可以使骨头变成与烧骨相似的颜色[①]；有机物的腐殖质可能是黑色的[②]；自然的氧化过程中可能形成红色或深色堆积物[③]。我们需要结合科技手段对相关考古材料进行微观检测，并将其放在遗址细微的环境背景中进行分析。[④] 其次，遗址中存在燃烧形成的遗存或受热的物质材料并不表明一定存在人类的用火行为。我们需要考虑到自然燃烧事件可达到的温度范围，分析自然燃烧事件对骨骼、石制品、沉积物造成的影响与人工火的区别[⑤]，以及燃烧遗存是否存在规律性的空间结构，从而判断燃烧遗存的成因。如果自然燃烧事件被排除，我们则需要判断燃烧遗存是否为原地埋藏，是否经过自然作用力的搬运与改造。不能仅仅因为发现了烧骨、炭屑或灰烬，我们就得出原地用火的结论并对遗址功能作出推断。最后也更为重要的是，分析燃烧遗存的存在环境，包括遗存是否存在一定的分布模式，它们相互之间及其与其他非燃烧遗存之间的空间分布关系，或者根据火塘的形状和尺寸、火塘内部和外围堆积物的构成、堆积厚度与分布特点（火塘是

---

① Stiner, M. C., Kuhn, S. L., Surovell, T. A., et al., "Bone preservation in Hayonim Cave (Israel): a macroscopic and mineralogical study", *Journal of Archaeological Science* Vol. 28. 6 (2001): pp. 643–659.

② Stahlschmidt, M. C., Miller, C. E., Ligouis, B., et al., "On the evidence for human use and control of fire at Schöningen", *Journal of Human Evolution* Vol. 89 (2015): pp. 181–201.

③ Canti, M. G., Linford, N., "The effects of fire on archaeological soils and sediments: temperature and colour relationships", *Proceedings of the Prehistoric Society* Vol. 66 (2000): pp. 385–395.

④ Goldberg, P., Miller, C. E., Mentzer, S. M., "Recognizing fire in the Paleolithic archaeological record", *Current Anthropology* Vol. 58. S16 (2017): pp. S175–S190.

⑤ Bentsen, S., "Using pyrotechnology: fire-related features and activities with a focus on the African Middle Stone Age", *Journal of Archaeological Research* Vol. 22. 2 (2014): pp. 141–175.

空间分析与人类用火行为研究中最直接，也通常是相对可靠的考古学证据）复原用火各个阶段的人类行为，包括使用燃料的情况——燃料种类和特性、燃料数量；用火地点或位置的选择与设定；火塘的使用与维护过程或使用强度；以及火熄灭以后，人类对火塘的清理、踩踏或者再次利用（例如再次生火，或者往火塘中倾倒垃圾等）。需要注意的是，火塘中的堆积物、火塘的空间分布在埋藏过程中同样会受到水流、风力、滑坡作用、PH值变化、动物活动以及人类再次活动的改造。[①] 这些作用过程最终可以使得火塘中的堆积物增加或者减少，使堆积物结构、火塘的形态和尺寸发生变化。在空间分析和用火行为过程研究中应当考虑到这些因素。总之，在对以上问题进行分析和认识的基础上，我们才可以对人类用火行为与利用空间的行为作出可靠的解读，进而探讨特定时空背景下的人口规模与人群适应生存策略等问题。

推荐阅读

Alperson-Afil N, Richter D, Goren-Inbar N., "Phantom hearths and controlled use of fire at Gesher Benot Ya ' aqov, Israel", *Paleo Anthropology* 2007: pp. 1-15.

Goldberg, P., Miller, C. E., Mentzer, S. M., 2017, "Recognizing fire in the Paleolithic archaeological record", *Current Anthropology* Vol. 58. S16 (2017): pp. S175 - S190.

Gowlett, J. A. J., "The early settlement of northern Europe: Fire history in the context of climate change and the social brain", *Comptes rendus*, Palevol Vol. 5. 1-2 (2006): pp. 299-310.

Henry, D., "The palimpsest problem, hearth pattern analysis, and Middle Paleolithic site structure", *Quaternary international* Vol. 247. 1 (2012): pp. 246-266.

Schiegl, S., Goldberg, P., Pfretzschner, H., et al., "Paleolithic burnt bone horizons

---

① Aldeias, V., "Experimental approaches to archaeological fire features and their behavioral relevance", *Current Anthropology* Vol. 58. S16 (2017): pp. S191-S205.

from the Swabian Jura: Distinguishing between in situ fireplaces and dumping areas", *Geoarchaeology* Vol. 18. 5 (2003): pp. 541−565.

Weiner, S., Xu, Q., Goldberg, P., et al., "Evidence for the use of fire at Zhoukoudian, China", *Science* Vol. 281. 5374 (1998): pp. 251−253.

Weiner, S., *Microarchaeology: Beyond the Visible Archaeological Record*, New York: Cambridge University Press, 2010.

Wrangham, R., "Control of fire in the Paleolithic: Evaluating the cooking hypothesis", *Current Anthropology* Vol. 58. S16 (2017): pp. S303−S313.

高星、张双权、张乐等:《关于北京猿人用火的证据:研究历史、争议与新进展》,《人类学学报》,2016 年第 4 期,第 481—492 页。

第五章
微观视野下的埋藏学研究
——微形态方法及其应用

一、方　法

　　宏观物质文化遗存及其宏观特征常常是考古学研究重点关注的对象。然而，遗址中的人类活动证据经常以很复杂和曲折的方式被记录下来，其中有很多无法或难以被肉眼发现。如若只依靠宏观分析，我们很难准确、全面地认识堆积的形成与变化，最终会影响我们对遗址性质、遗址结构和内涵以及人类占用行为过程的判断和解读。因此，对遗址进行微观视角的观察和研究十分必要，有时微观信息或微观考古材料（微观考古材料指需要借助仪器和设备从微观视野中观察和分析才能发现、获得的物质遗存，包括自然沉积物的成分和结构、微小的生物遗存和人工制品、生物遗存和人工制品的组成成分与结构特征等）在复原过去人类生活方式和社会文化方面的价值甚至超过了宏观信息。[①] 当前，在微观视野下识别细微的堆积单位和堆积环境，发现和判别堆积物的构成与特征，把宏观和微观考古材料放在细微的环境背景下进行整合分析已经成为遗址形成过

---

　　① Weiner, S., *Microarchaeology: Beyond the Visible Archaeological Record*, New York: Cambridge University Press, 2010.

程研究的重要方法体系。

微形态学（Micromorphology）是关于显微水平上的土壤组分、物像及垒结（由固体颗粒及其固有的孔隙的空间排列所表达）的描述。它本是土壤科学的分支学科，是了解自然因素和人为因素造成的土壤形成过程的基础。[①] 20世纪50年代，该方法开始应用于考古学，成为获取微观考古材料、对遗址进行微观视角研究的有效方法，其研究对象是完整的、未经破坏的堆积物[②]，起初，该方法较多地用于古环境的复原，20世纪八九十年代起被越来越多地用于遗址形成过程的分析，对于堆积结构复杂且包含遗迹的遗址的分析与解读尤为有帮助，推动了诸如活动面的形成与特征、人类活动细节和遗址空间利用特点、人类控制性用火行为的出现与发展、农业对土地景观的影响、动物圈舍与动物饲养等考古学问题的研究与阐释。[③]

微形态方法由取样、制样、显微镜观察与描述、分析和解释这几个部分组成。[④] 首先，采用特定的策略和技术方法、根据研究的问题以及发掘时发现的特殊现象在遗址中收取土样。堆积过程和堆积后过程是这种方法所要解决的核心问题，因此，样品必须保持由上至下纵向地、整块地收取，制样和观察分析也要注意上下方向。土样块可以跨越不同的地层收取，也可以在某个地层或堆积单位内部收取。很多研究对遗址的整个地层堆积进行连续取样（根据埋藏条

---

① Brewer, R., Sleeman, J. R., "Soil structure and fabric: their definition and description", *Journal of Soil Science* Vol. 11. 1 (1960): pp. 172-185；黄瑞采编著：《土壤微形态学：发展及应用》，北京：高等教育出版社，1991年。

② Macphail, R. I., Goldberg, P., "Recent advances in micromorphological interpretations of soils and sediments from archaeological sites", In: Barham, A. J. & Macphail, R. I. (eds.), *Archaeological Sediments and Soils: Analysis, Interpretation and Management*, London: Institute of Archaeology, 1995, pp. 1-24.

③ Courty, M., Goldberg, P., Macphail, R., *Soils and Micromorphology in Archaeology* (Cambridge manuals in archaeology), Cambridge: Cambridge University Press, 1989.

④ Goldberg, P., "Micromorphology in archaeology and prehistory", *Paléorient* Vol. 6. 1 (1980): pp. 159-164.

件调整），由此便可对遗址的形成过程以及地层年代序列获得整体的把握和清楚的认识。此外，对于同一地层或堆积单位还可以在发掘区中的不同位置取样，以便横向比较不同区域的埋藏环境和堆积形成特点，或者为发现人类在不同区域活动的特点提供线索。取样时的技术方法因堆积物特点而异，包括：（1）对于黄土或者相对致密的黏土粉砂，可以直接收取土柱，将其用卫生纸包裹，然后用胶带缠紧；（2）对于粗颗粒堆积物、较软的堆积物，可以使用库比纳盒或 PVC 管收取土样；（3）对于洞穴中稀松堆积物或包含很多分选差的角砾的堆积物，可借助蘸石膏的粗纱布取样——将石膏纱布覆盖在堆积物上，起到固定的作用，待石膏变硬后，再取样。取样之后，我们需要对样品做详细标记，标记内容包括样品号、样品的三维坐标（特别注意顶面深度）、出土单位。接着对样品进行拍照并将取样位置标在图纸上。接下来是制样的过程：先将土样在 60℃ 条件下烘干，然后在真空条件下浸入树脂将其凝固。此后，从上到下纵向切割样品，切下来一个片状的剖面，然后把样品贴到一个玻璃片上，再将样品打磨至 30 微米厚，最终制成薄片。薄片尺寸不宜过大和过小，一般来说 5×7.5cm 或 8×20cm 为宜。[①]

薄片是微形态分析的直接对象（图 5-1），研究人员需要用偏光显微镜观察薄片（图 5-2），由此发现、识别自然作用堆积物的组成和结构特征（包括各种组成物质以及孔隙的空间排列，颗粒物质的形状、尺寸和出现率），以及人类活动成因堆积物的组成和结构特点。[②] 在使用显微镜观察以前，应当结合地貌环境与发掘过程中观察和记录的堆积物特征，先通过肉眼观察微形态薄片，初步把握薄片上显示的堆积物颜色、密度、横向和纵向结构；然后通过显微镜在

---

① Goldberg, P., Macphail, R., "Short contribution: Strategies and techniques in collecting micromorphology samples", *Geoarchaeology* Vol. 18. 5（2003）: pp. 571-578.

② Courty, M., Goldberg, P., Macphail, R., *Soils and Mcromorphology in Archaeology*（Cambridge manuals in archaeology）. Cambridge; New York: Cambridge University Press, 1989.

逐渐增大倍数的情况下（放大 5 倍、10 倍、50 倍、100 倍、200 倍、400 倍），通过单偏光和正交偏光的视野分别进行观察，发现和判断物质组成、颗粒大小、颜色、分选、丰度（分布频率）、球度和圆度、粗物质与细物质的相对分布以及微结构。

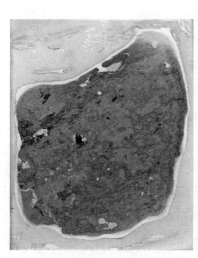

图 5-1　微形态薄片①

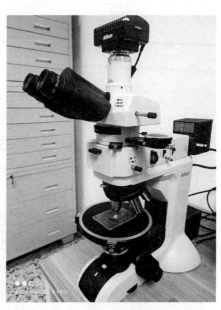

图 5-2　使用偏光显微镜观察微形态薄片

　　对薄片特征的定性描述存在通用的术语，能够为微形态研究提供参考"数据库"②，并且这是遗址间比较以及学术交流所必需的。考古遗址微形态薄片中常见的物质包括矿物和有机物，其中单矿物颗粒，例如石英、方解石、云母等，主要来自土壤、沉积物或岩石；复合矿物颗粒包括改造过的土壤碎片、岩石，例如花岗岩、石灰岩等。生物源的无机物指骨骼、植硅石、硅藻、化石等；有机物包括粪便、植物的根等。薄片中常见的人工制品包括陶器、石器等。

　　粒度：指物质颗粒的尺寸大小，一般用颗粒直径（粒径）表示。

　　①　照片来源：河南老奶奶庙遗址微形态薄片。

　　②　黄瑞采编著：《土壤微形态学：发展及应用》，北京：高等教育出版社，1991 年。

根据地质学的划分方法，粒径小于 $4\mu m$ 为黏土粒级；$4—63\mu m$ 为粉砂粒级（其中，$4—16\mu m$ 为细粉砂，$16—63\mu m$ 为粗粉砂）；$63\mu m—2mm$ 为砂粒级（其中 $63—250\mu m$ 为细砂，$250\mu m—2mm$ 为粗砂）；2mm 以上为不同级别的砾石。[1]

颜色：包括物质在单偏光镜、正交偏光镜下的颜色。非均质矿物在正交偏光镜下具有干涉色——矿物中各个方向上光的传播速度有差异的结果，并在转动载物台 360° 时呈现 4 次消光。干涉色与物质的双折射率、薄片的厚度和光程差相关，可以分成几个级序（参照米歇尔-列维色谱图）。第一级序的干涉色从浅灰到白色，被称为低级色，此后的级序颜色鲜艳，并逐渐变浅，最高级序的干涉色呈现出浅粉或浅玫瑰色并逐渐过渡至高级白色。[2] 在标准厚度（$25\mu m$-$30\mu m$）的薄片中，不同种类的非均质矿物呈现不同的干涉色，据此我们可以判断薄片中的矿物种类。例如，石英的干涉色从浅灰到白色，属于第一级序。需要注意，如果颗粒较厚，干涉色级序会增高。

丰度：判断物质占据优势、常见、少见或罕见的指标。可以根据某种物质在薄片的可见视野中的占比（占薄片面积的百分数）来判断它们的丰度（图 5-3）。

球度、磨圆度与表面粗糙—平滑程度：颗粒物质的球度与磨圆度是判断堆积环境的重要指标，与沉积物的搬运过程有关。球度很难精准测定，经常通过目测进行总体评判和归类，可参考比较图表（图 5-4）。磨圆度指颗粒物棱角的相对明显程度，通常分为：棱角分明、棱角次分明、次磨圆、磨圆四类（图 5-4）。颗粒表面粗糙—

---

① Goldberg, P., Macphail, R., *Practical and Theoretical Geoarchaeology*, Oxford：Blackwell Publishing, 2006.

② 帕尔费诺娃、亚里洛娃著，方明、熊德祥译，黄瑞采、潘中力校：《土壤学中的矿物学研究》，北京：科学出版社，1966 年，第 76—78 页。

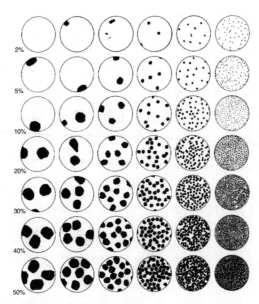

图 5-3　物质丰度的估判参考，丰度超过 50%可以根据互补白色面积进行估判[1]

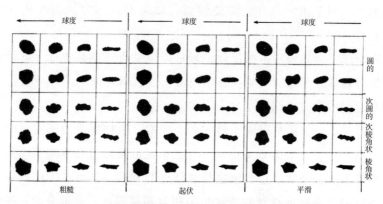

图 5-4　颗粒磨圆度、球度、粗糙—平滑度评估图[2]

平滑程度也是堆积环境的指示，与物质的风化、结晶、颗粒的运移等因素有关。磨圆度和表面粗糙—平滑程度也通常是根据比较图表进行评估的。

---

[1]　Bullock, P., *Handbook for Soil Thin Section Description*, Wolverhampton：Waine Research, 1985.

[2]　Ibid.

分选：物质的分选与物质尺寸、丰度有关，指的是物质尺寸分布的均一性或多样性程度，能够反映堆积动力及其变化。分选程度存在几种类型，见下图（图5-5）。分选好的沉积物中，特定大小的物质为绝对主体，高达90%；分选差则指不同大小的物质混杂。

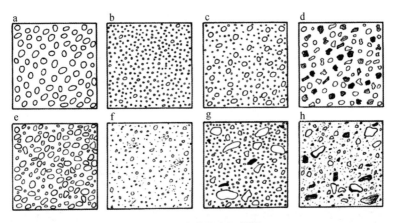

图5-5　分选程度评估图

a.分选极好的粗砂；b.分选良好的粉砂；c.分布于分选良好的粉砂中的分选良好的砂；d.分选良好的不同组成成分的砂粒；e.中度分选的砂；f.分选差的粉砂；g.分布于分选良好的粉砂中的分选很差的砂粒；h.无分选

粗物质与细物质相关分布：指粗、细物质组成的几何结构关系。包含若干类型[1]（图5-6）：单一型——只有一种大小级别的垒结单元；葡萄型——粗物质被细物质覆盖包围，例如砂粒被黏粒包膜；衔粒型——粗物质被细物质桥接；填隙型——细垒结单元团聚体填充在粗垒结单元之间的空隙中，这些团聚体没有完全填满空隙；斑晶型——粗垒结单元存在于细垒结单元的致密基质中。有些类型可进一步分出亚型，比如单一型可分为粗颗粒单一型（见于砂粒堆积）和细颗粒单一型（见于黏土），衔粒型根据桥接形态分为凹衔粒型和凸衔粒型；填隙型分为紧密填隙型（粗垒结单元存在接触点）、单隙

---

① 黄瑞采编著：《土壤微形态学：发展及应用》，北京：高等教育出版社，1991年，第36—37页。

填隙型（粗垒结单元之间的距离小于它们的平均直径）、双隙填隙型（粗垒结单元之间的距离是它们平均直径的 1 倍或 2 倍）、开放填隙型（粗垒结单元之间的距离是它们平均直径的 2 倍以上）、细填隙型（细物质团聚体远远小于粗垒结单元）、均等填隙型（细物质团聚体与粗垒结单元大小基本一致）等；斑晶型分为紧密斑晶型（粗垒结单元存在接触点）、单隙斑晶型（粗垒结单元之间的距离小于它们的平均直径）、双隙斑晶型（粗垒结单元之间的距离是它们平均直径的 1 倍或 2 倍）、开放斑晶型（粗垒结单元之间的距离是它们平均直径的 2 倍以上）。

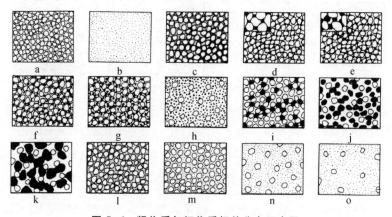

图 5-6　粗物质与细物质相关分布示意图

（a. 粗颗粒单一型；b. 细颗粒单一型；c. 葡萄型；d. 凹衔粒型；e. 凸衔粒型；f. 紧密填隙型；g. 单隙细填隙型；h. 双隙细填隙型；i. 单隙均等填隙型；j. 双隙均等填隙型；k. 双隙粗填隙型；l. 紧密斑晶型；m. 单隙斑晶型；n. 双隙斑晶型；o. 开放斑晶型）

　　微结构描述需要依据孔隙的特征。在土壤学研究中，孔隙被分为以下几种类型（图 5-7）：堆叠孔隙（包含简单堆叠孔隙［存在于单粒之间，相互连接的孔隙］、复合堆叠孔隙［小团聚体之间的孔隙，相互连接］、复杂堆叠孔隙［单粒和小团聚体间的孔隙]）、孔洞（较大孔隙，圆形或椭圆形、星形、平滑或粗糙，与其他大小类似的孔隙不相互连接）、胞孔（较大孔隙，其壁由较平滑简单的曲线组成，呈弧形或瓶形）、孔道（长方形、圆柱形或弧形，表面平滑）、面状孔隙等。① 需要注意的是，堆积中经常存在着复杂结构，可能不只存在某一种单一类型。

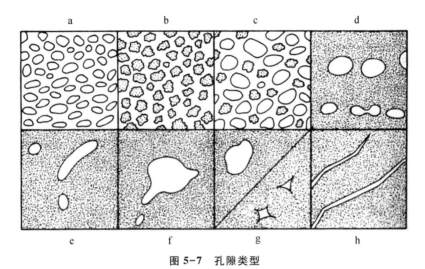

图 5-7　孔隙类型

a. 简单堆叠型；b. 复合堆叠型；c. 复杂堆叠型；d. 胞孔；e. 孔道；f. 囊孔；g. 孔洞；h. 面状孔隙

微结构：指物质颗粒和孔隙的大小、形状与空间排列。包括若干主要类型：单粒结构——几乎完全是大小不等的砂粒，颗粒之间几乎或完全没有细物质，颗粒松散或只有部分接触；桥粒结构——几乎完全是砂粒大小的颗粒，颗粒之间被细物质（黏粒）桥接；包粒结构——几乎全是砂粒大小的例子，大多数颗粒被细物质包膜。粒间团聚体结构——几乎全是砂粒大小的颗粒，颗粒之间是细物质的微团粒；粒间胞孔结构——几乎全是砂粒大小的颗粒，除了简单的堆叠型孔隙外，存在许多胞孔；粒间孔道结构——几乎全是砂粒大小的颗粒，除了简单的堆叠型孔隙外，存在一系列孔道；孔洞结构——没有孤立的团聚体，堆积物整体被散布的互不连接的孔洞或

---

① 黄瑞采编著：《土壤微形态学：发展及应用》，北京：高等教育出版社，1991 年，第 46—50 页。

孔道、囊孔分隔；孔道结构——没有孤立的团聚体，孔隙以孔道为主；胞孔结构——没有孤立的团聚体，占优势的孔隙是胞孔；囊孔结构——没有孤立的团聚体，占优势孔隙为囊孔；团块结构——圆形或多褶皱的团聚体，相互之间不匹配，团聚体间包含了融合在一起的小的复粒；团粒结构——团粒被复合的堆叠型孔隙分割，很少有可观察的小单元；次棱角块状结构——团聚体被各方向的短的面状孔隙分割为次棱角状的团聚体；棱角块状结构——团聚体具有棱角边脊，孔隙很少并且被交错的面状孔隙分割；复合结构——两种或多种微结构的混合型。堆积中经常不只是某一种类型的结构，而是复合结构。

在对微形态薄片描述和统计的基础上，我们综合土壤学、矿物学等方面的知识根据上述特征对遗址堆积形成的动力因素、堆积形成后的变化及影响因素（包括气候因素、地质因素、人类行为因素、生物活动因素和化学因素）进行判断，然后解读遗址的形成过程或特殊堆积现象的成因。

下面以南非斯卜杜（Sibudu）遗址和法国派西·拉泽 IV（Pech de l'Azé IV）遗址为例介绍微形态薄片的观察与描述。斯卜杜是一处岩厦遗址，位于陡峭的悬崖之中，悬崖岩体由层状的石英岩和页岩构成。遗址距离现在的印度洋海岸线 15 公里，高于附近的通阿提河（Tongati）20 米。岩厦的形成与当时河流的侵蚀有关。河流侵蚀了悬崖底部，造成其上的岩石崩塌，最终形成了岩厦的形态。薄片中识别出的物质包括骨头、木炭、植硅石、硅聚集、洞顶崩塌的碎屑物、石制品碎屑、淤泥、粉砂、灰烬、磷酸盐、小型哺乳动物的粪便、蛋壳等。这些物质组成中的大多数在各层微形态样品中都存在，但是所占比例及结构在不同层位中存在区别。几种主要物质的微观特征描述如下：（1）骨头，主要为粉砂粒级到几厘米大小的碎骨，磨圆度较高。骨头有深棕色、黄色和白色的。有些骨头成层集中分布，有些混乱分布。（2）木炭，尺寸范围从砂粒到厘米粒级，无特征炭屑和保存着木头纹理结构的木炭都有发现。多数木炭棱角鲜明，少量磨圆度高。有些是零散分布的，有些具有层状堆积结构。（3）植硅石，存在很多种类，有些堆积环境中植硅石呈微薄层状分布，几乎没有混杂矿物和有机物，有些堆积环境中的植硅石不具薄层结构，与岩石碎块、木炭、碎骨混杂在一起。（4）崩塌的碎屑物和石制品碎屑，棱角鲜明。（5）砂，主要由石英和长石组成，也包含来自基岩的云母、黏土矿物，有些经过了风化。砂粒棱角分明或为次棱角状，很少有次磨圆和磨圆程度的。（6）黏土团聚体，直径从细砂粒级到十几厘米，包含石英粉砂，团聚体为圆形或接近圆形，有些具有层状堆积结构。（7）碳酸盐灰烬，呈毫米粒级的块状，或者为 10 微米大小的部分溶解的方解石颗粒。由于溶解，堆积中很少见到典型的"菱形"颗粒。（8）磷酸盐，多数灰烬经过了改造，方解石灰烬被微晶磷酸盐取代。（9）小型哺乳动物粪便，由烧骨、纤维物质构成的圆形小球状物质，直径约 1.5mm。微形态观察识别出该遗址存在多种不同类型的微堆积环境。第一种类型：富含磷酸盐（结构比较疏松的磷酸盐矿物的微团聚体），堆积物由具有层状或微薄层状结构的物质颗粒（可能是黏土）组成。第二种类型：以薄层状有机物堆积为主，这种环境中可见木炭、烧骨、石制品、大石块、河谷中的沉积物以及磷酸盐。第三种类型：大量木炭堆积，分布结构混乱，有时和烧红的沉积物分布在一起。第四种类型：以薄层状分布的植硅石为特征，植硅石类型多样，这种环境中有时存在磷酸盐和烧骨。有的堆积单位中植硅石堆积不具薄层结构，其中包含岩石碎块、木炭、碎骨。第五种类型：以人类活动成因堆积物为主，包括动物骨骼、磷酸盐、植硅石、木炭，也存在砂、粉砂粒级的石英颗粒。各类物质混杂在一起，没有层状或聚集分布的特征。有的堆积单位中植硅石到处可见，但不是主体构成物，有的堆积单位中不见植硅石。第六种类型：以丰富的磷酸盐和碳酸盐灰烬为特征。有些堆积单位中灰烬受到成岩作用的影响大，方解石已不存在。第七种类型：以大量砂粒堆积为主，也包含棱角分明的烧骨碎片和炭屑。第八种类型：整块状具有压实结构的堆积、孔隙极少，堆积中包含棱角分明的骨头、木炭等人类活动成因堆积物。①

派西·拉泽 IV 遗址（Pech de l'Azé IV）各个层位中的大多数地质作用的粗物质，由毫米到厘米粒级的石灰岩基岩碎屑、松散的粉砂至粗砂粒级的石英颗粒组成。薄片中观察到的石灰岩碎块通常具有磨圆特征，颗粒之间的边界从鲜明到逐渐模糊。此外，还存在少量白云母、碳酸盐砂粒、泉华碎块、铁和锰的氧化物团块等。细物质包含黏土和次生微晶方解石。在第 8 层、第 7 层、第 6 层的粗物质和细物质中人类活动成因的物质占有很高比例，包括骨骼和牙齿碎片、木炭、燧石碎片或碎屑、灰烬（仅存在于第 8 层）。这些物质有些棱角分明，有些具有一定磨圆度，尺寸范围在 2.5mm 至 20mm 之间。骨骼遗存中包括新鲜骨骼和烧骨，颜色从黄色到深棕色都有。在第 8 层至第 6 层的堆积中，几乎每个微形态样品中都发现有烧骨，并且与没有烧过的骨骼混合在一起，呈现层状堆积结构。很多骨骼受到铁的部分或全部浸染，或者具有富铁黏土包膜，但骨骼的保存没有受到成岩作用的影响。第 6 层、第 5B 层、第 4 层和第 3 层的一个重要特征是存在厘米级的磨圆石灰岩碎块。大多数碎块呈现比较新鲜的状态，但有些受到腐蚀，表面不光滑。此外，很多碎块都具有褐色的富铁黏土包膜。第 6 层以上层位中的人类活动成因堆积物主要为砂粒级大小的骨骼碎屑，从次棱角到磨圆的都有。烧骨数量减少，主要是毫米级到厘米级的碎屑，棱角比较鲜明，烧骨分布很分散。这些层位中没发现木炭、灰烬，也没有发现富含有机质的堆积，并且基本不见生物活动堆积物。与第 8 层相比，这些层位在堆积物颜色、人类活动成因堆积物的构成、粗物质所占比例、石灰岩碎块的丰富程度等方面存在明显区别②，反映了不同层位的不同堆积

① Goldberg, P., Miller, C. E., Schiegl, S., et al., "Bedding, hearths, and site maintenance in the Middle Stone Age of Sibudu Cave, KwaZulu-Natal, South Africa", *Archaeological and Anthropological Sciences* Vol. 1. 2 (2009)：pp. 95–122.

② Goldberg, P., McPherron, S., Dibble, H., et al., "Stratigraphy, deposits, and site formation", In：Dibble, H., McPherron, S., Goldberg, P., et al., (eds.), *The Middle Paleolithic Site of Pech de l'Azé IV*, Cham：Springer, 2018, pp. 21–74.

环境和堆积过程。

迄今为止，微形态方法在很多不同时期、不同类型的考古遗址研究中发挥了重要作用。① 这一研究方法帮助我们发现遗址堆积中肉眼无法看到和识别的物质以及它们的结构特点，比如非常细碎的骨头、人工制品、鸵鸟蛋壳、蜗牛壳、灰烬颗粒、植硅石，以及这些物质的磨圆程度和空间结构（例如疏松或压实、片状或层理结构）等。在以色列纳哈尔·安·莫（Nahal Ein Mor）旧石器时代中期遗址中，厚75cm的粉砂堆积中肉眼几乎没有发现骨骼遗存，然而在微形态薄片中，骨骼碎片却清晰可见。经研究，骨骼在宏观视野中的"缺失"应当与遗址被占用期间捕食者、占用者的行为或风化作用有关。② 对于那些以人类活动堆积物为主体的遗址或堆积单位，微形态方法在评判原始堆积物的整体性以及提取人类生活行为的高分辨率信息方面非常有效，能够使我们对遗址形成过程中的人类活动事件进行更为详细和全面的解读。

另一方面，我们对肉眼观察到的现象的判断不一定准确，甚至可能是错误的。例如，遗址中的红色黏土状堆积看上去与古土壤非常相似，但通过微形态观察可能发现并不存在任何古土壤特征③；洞穴遗址中的红色堆积物或灰黑色堆积物经常被直观地与燃烧遗迹或人类用火行为联系起来，但在微观视野下却发现这些堆积物有可能

① Goldberg, P., Berna, F., "Micromorphology and context", *Quaternary International* Vol. 214. 1-2 (2010): pp. 56-62; Goldberg, P., "Micromorphology in Archaeology and Prehistory", *Paléorient* Vol. 6. 1 (1980): pp. 159-164; Courty, M., Goldberg, P., Macphail, R., *Soils and Micromorphology in Archaeology* (Cambridge manuals in archaeology). Cambridge; New York: Cambridge University Press, 1989.

② Macphail, R. I., Goldberg, P., "Recent advances in micromorphological interpretations of soils and sediments from archaeological sites", In: Barham, A. J., Macphail, R. I., (eds.), *Archaeological Sediments and Soils: Analysis, Interpretation and Management*, London: Institute of Archaeology, 1995, pp. 1-24.

③ Goldberg, P., "Micromorphology in Archaeology and Prehistory", *Paléorient* Vol. 6. 1 (1980): pp. 159-164；靳桂云、郭正堂：《北京王府井东方广场旧石器文化遗址——沉积物的土壤微形态学研究》，《东方考古》，2011年，第349—352页。

与火并无关系，而与特定埋藏环境下的矿物成分有关。因此，微形态方法可以帮助我们准确判断堆积单位中各种现象的成因、各类堆积物的形成与人类活动的关系，以及堆积后过程中因埋藏环境的改变而发生的变化，使建立可靠的年代序列、复原不同尺度上的环境背景和遗址占用事件成为可能，为探讨人类适应生存行为的发展变化奠定坚实基础。当然，微形态方法不能孤立地应用，因为其视野、取样位置和代表性具有局限性，而且薄片的识读与研究者的实践经验密切相关。因此，我们还需结合地质地貌学、实验考古、民族考古等多个视角进行综合分析。下面结合案例重点介绍微形态方法在旧石器时代考古遗址研究中的应用。

二、应　用

1. 堆积的形成与变化

微形态方法的一个主要应用方面是揭示堆积物形成的环境，发现和区分堆积形成过程中的人类行为与自然动力，在此基础上解读遗址与人类活动的关系。

英国博克斯格罗夫（Boxgrove）遗址是一处旧石器时代早期露天遗址。其中，4b 层发现有石制品、打制石器的活动面，以及人类屠宰的一匹马的遗存。4c 层包含大型动物和小型动物的骨骼、鸟类吐出的小动物骨骼、大量石制品。石制品在 10cm 的纵向范围里存在拼合关系。5a 层发现有鱼类、两栖类动物骨骼，但未发现文化遗存（4b 层早于 4c 层，4c 层早于 5a 层）。微形态观察揭示了 4b 层、4c 层、5a 层的形成过程：4b 层粗糙和细腻层理结构的交替反映了水流的强弱变化。出土人工制品的区域通常被较平缓动力下堆积的细颗粒物质掩埋，并且几乎没有受到生物扰动。4c 层的人工制品、小型动物的骨骼和牙齿则受到了生物活动的改造。随着遗址环境变湿，骨骼的集中分布区被含有有机物的淤泥掩埋。5a 层没有文化遗存，整个遗址的湿度进一步增加，大面积区域被水淹没，随着流水作用的增加以及粉砂堆积的增加，遗址中形成了泥炭堆积。[①]

摩洛哥坎特班迪尔斯（Contrebandiers）洞穴遗址距离今天海岸线 300m。微形态分析显示：洞穴最早的堆积由细砂组成，此后重力作用和基岩的风化在洞内形成了堆积，与此同时出现了人类活动的堆积物，以燃烧遗迹、少量碎骨和石制品为代表。人类在洞穴的主要活动发生在 D 层所代表的时期，人类活动遗存类型更加丰富，包括燃烧木材形成的灰烬和微小炭屑。炭屑数量很多且散布在这一层之中，以至于堆积物的颜色非常深。人类活动堆积物普遍呈混杂、混乱的分布状态。遗址中的大多数层位都发现了没有经过打制加工的砾石、洞顶风化掉落的石块，反映了自然堆积作用。文化遗存的密度总体比较低——每立方米有 109 件石制品，有些堆积单位中遗物密度更低，说明人类只是偶尔来洞里活动。当然，如此低的密度也与较高的沉积速率有一定关系。[②]

我国老奶奶庙遗址是一处旧石器时代中期的露天遗址，包含多层人类活动堆积。对 3F 层、3E 层和 3D 层堆积的微形态观察发现（图 5-8）：下层到上层均显示河漫滩相的堆积，自然堆积物主要由黏质粉砂粒级—极细砂粒级的石英颗粒构成，堆积显示出层理结构。物质颗粒的分选不好，石英颗粒呈现次棱角和棱角状（图 5-9）。微观特征与遗址所在区域的宏观地貌调查显示了遗址形成的河漫滩环境，且水流动力不强。堆积物构成和结构、堆积物来源或形成环境没有明显变化，反映了较为稳定的河漫滩环境，有利于人类在这个

---

① Macphail, R. I., Goldberg, P., "Recent advances in micromorphological interpretations of soils and sediments from archaeological sites", In Barham, A. J., Macphail, R. I., (eds.), *Archaeological Sediments and Soils: Analysis, Interpretation and Management*, London: Institute of Archaeology, 1995, pp. 1-24.

② Aldeias, V., Goldberg, P., Dibble, H. L., et al., "Deciphering site formation processes through soil micromorphology at Contrebandiers Cave, Morocco", *Journal of Human Evolution* Vol. 69. 1 (2014): pp. 8-30.

区域的长期栖居，这可能也是遗址中包含多层人类反复活动堆积的重要原因。堆积物中包含螺壳、木炭、碎骨等（图5-10）。3F层发现的木炭和碎骨最多，有的区域木炭发生了漂移，但程度较弱，总体为原地埋藏。碎骨相对较多地分布在木炭集中的区域。结合出土遗物密度、前面章节介绍的遗存类型以及遗存空间分布的宏观特征来看，3F层的形成是人类较高强度和相对较长时间占用活动的结果。

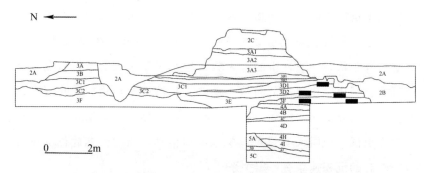

图5-8　老奶奶庙遗址微形态样品取样位置示意图

图5-9　老奶奶庙遗址的细颗粒物质（XPL）

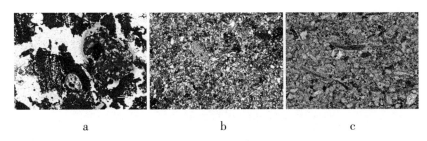

图 5-10　老奶奶庙遗址

3F 层中的木炭（a. PPL）和碎骨（b. PPL）；3E 层中的蜗牛壳（c. PPL）

　　微形态在分析和识别堆积后过程中遗址环境变化、自然因素与人为因素对遗址造成的改变方面具有突出的作用。在堆积后过程中，改造遗址的动力作用常见生物活动的扰动和破坏、水文环境变化、成岩作用、人类活动等。生物扰动很常见，对堆积物的破坏也通常比较显著。蚯蚓的活动、植物根系的活动很容易形成孔道结构。在中性或碱性环境中，原始堆积物可以被蚯蚓的活动改造成球状堆积。① 此外，蜗牛可以造成小规模的扰动，比如几毫米或几厘米大小的孔洞，其特点通过肉眼或微形态观察能够被识别。坎特班迪尔斯（Contrebandiers）洞穴遗址的微形态观察发现：疏松的团聚体结构堆积很常见，并且孔道和孔洞型孔隙比较多，说明生物扰动作用比较显著。生物扰动使得一些层理结构消失了，并且使一些堆积中原本的物质组成变得破碎和分散，有些堆积物发生了一定程度的位移。②

　　水文环境变化可以导致堆积形成以后发生变化。例如，老奶奶庙遗址的微形态观察发现了较为普遍的铁、锰质包膜现象，在下部堆积中相对更多见，反映了堆积后过程中地下水位的变化，或者地表水流作用使得堆积处于潮湿的水环境中。这种埋藏环境促使动物

---

① Goldberg, P., Macphail, R., *Practical and Theoretical Geoarchaeology*, Oxford：Blackwell Publishing, 2006.

② Aldeias, V., Goldberg, P., Dibble, H. L., et al., "Deciphering site formation processes through soil micromorphology at Contrebandiers Cave, Morocco", *Journal of Human Evolution* Vol. 69. 1（2014）：pp. 8-30.

骨骼发生一定程度的化学风化。

　　成岩作用能够在很大程度上影响堆积物的保存。这种作用只有在矿物学和微形态等微观方法中才能得到更好的认识。以色列科巴拉（Kebara）和哈约尼姆（Hayonim）洞穴的成岩作用导致堆积中的方解石溶解，形成碳酸羟基磷灰石，碳酸羟基磷灰石溶解后又形成了更稳定的磷酸盐，最终堆积物中保存下来的是磷铝镁钙石、淡磷钾铁矿、磷铝石以及硅聚集。[①] 类似地，摩洛哥坎特班迪尔斯（Contrebandiers）洞穴遗址的很多微形态样品中发现有次生碳酸盐，表现为微晶胶结、包膜和填充结构，遗址中还发生了碳酸钙的溶解。薄片显示动物骨骼几乎很少受到成岩作用的改造，因此，堆积中的磷酸盐很可能来自鸟粪而不是骨骼的溶解。[②]

　　人类行为对堆积物原貌的影响中最常见的一个方面是踩踏（可以对人类踩踏还是动物踩踏进行区分，主要的依据是：遗址是否为洞穴遗址，出土动物遗存所代表的动物种类有哪些，遗址被占用的强度和反复程度等）。踩踏行为及其影响不容易通过肉眼发现和判断，但是在微形态薄片中却可以得到比较清楚的呈现。在派西·拉泽Ⅳ（Pech de l'Azé Ⅳ）遗址的第 8 层中，一些骨骼碎片呈现出原地形成的剪刀形破裂，有些是可以拼接的，这种特征形成于踩踏作用[③]，同时第 8 层石制品的破损也是最多的。踩踏还可以造成灰烬层

① Weiner, S., Goldberg, P., Bar-Yosef, O., "Bone preservation in Kebara Cave, Israel using On-Site Fourier Transform Infrared Spectrometry", *Journal of Archaeological Science* Vol. 20. 6. (1993): pp. 613-627; Schiegl, S., Goldberg, P., Bar-Yosef, O., et al., "Ash deposits in Hayonim and Kebara Caves, Israel: macroscopic, microscopic and mineralogical observations, and their archaeological implications", *Journal of Archaeological Science* Vol. 23. 5 (1996): pp. 763-781.

② Aldeias, V., Goldberg, P., Dibble, H. L., et al., "Deciphering site formation processes through soil micromorphology at Contrebandiers Cave, Morocco", *Journal of Human Evolution* Vol. 69. 1 (2014): pp. 8-30.

③ Miller, C. E., Conard, N. J., Goldberg, P., et al., "Dumping, sweeping and trampling: experimental micromorphological analysis of anthropogenically modified combustion features", In: Théry-Parisot, I., Chabal, L., Costamagno, S. (eds.), *The Taphonomy of Burned Organic Residues and Combustion Features in Archaeological Contexts*. Valbonne: Proceedings of the round table (May 27-29, 2008) Vol. 2 (2009): pp. 25-37.

或堆积物压实的结构，造成烧骨与没有烧过的骨头混合在一起（当然，这种混合也可能由清理火塘的行为造成）。在踩踏作用下，原来火塘中的遗存可能会向两侧分散开来，并成为下一次用火事件的基底层。

2. 对堆积单位的识别与分析

考古学中对地层的划分和研究在传统上是以发掘现场的直接观察和描述为基本依据的，主要是通过肉眼观察土质、土色及包含物特征。不同地层经常被认为代表了不同时期或阶段的人类活动或堆积事件。事实上，在宏观视野下我们很难对地层进行高分辨率的识别与划分，特别是当一个地层单位中自然堆积物没有明显变化、遗物（例如石制品和骨骼）堆积比较厚的时候。尽管在发掘过程中我们会详细记录遗物的出土位置，但还是很难将其准确地归入精细的层位或堆积单位，或者将其与具体的人类活动事件关联起来。有时我们很难判断地层单位的关系，因为在胶结、生物扰动、人类活动等作用下堆积结构可能变得混乱，地层之间的接触或者分界线在局部变得模糊。此外，同一时期人类在遗址内部不同地点的活动可以形成堆积差异，遗址内相互分离的地方的人类活动不容易被关联起来[1]；堆积后过程中微环境的变化也可以导致遗址内不同区域堆积结构出现差异或改变堆积单位的关系。面对这些情况，微形态方法能够对传统的地层研究作出一定的补充，能够帮助我们识别肉眼无法发现的地层堆积的变化、地层关系或堆积单位的关系，从细微尺度上复原遗址的形成过程。

"活动面"是考古遗址研究中的常见概念。旧石器时代遗址所记录的人类占用事件或人类行为研究经常以"活动面"为基本单位。狭义上的活动面是指人类生活空间中踩踏的地面。然而，遗址中的

---

[1] Courty, M-A., "Microfacies analysis assisting archaeological stratigraphy", In: Goldberg, P., Holliday, V. T., Ferring, C. R (eds.), *Earth Sciences and Archaeology*, New York: Plenum-Kluwer, 2001, pp. 205–239.

"地面"是很难通过肉眼发现的。传统的研究中经常把文化遗存集中分布的层位，尤其是含有用火遗迹的文化层视为活动面，即广义的活动面。在含有火塘、与人类行为有关的大石块、重型工具或落地工具的情况下，活动面的底部被推断为地面。对活动面的这种划分和在这种堆积框架中的人类行为研究往往比较宽泛，很多活动细节或行为过程由于"精细"（相对而言）堆积单位划分的缺乏只能被忽略。然而，这些问题在微形态研究中有可能得到不同程度的解决。一般来说，人类在生活—活动空间的踩踏作用可以造成沉积物结构的改变。地面经过反复踩踏会出现压实的微薄片状结构，有时具有面状孔隙。地面或踩踏面即使经过了钻洞生物的扰动，但由于被压实，仍然有可能得到较好的保存。靠近踩踏面表面的位置往往集中分布着细颗粒物质。人类生活期间，地面上的粗颗粒物质或较大型物质很可能会被定期清理走，堆在一个单独的区域里，而细小颗粒物质容易被留在原地，并且在经过反复踩踏后融入地面中。通过微形态方法，我们有可能发现这些堆积特征，为识别出地面或较准确地划分活动面提供依据。在此基础上，我们可以进一步分析地面或活动面的厚度，细分地面内部堆积（比如顶部经常接受作用力的部分以及下部未经踩踏和改造的部分）、地面或活动面出现的频率，判断活动面受到人类活动或其他作用力改造而发生的改变①，从而细化我们对遗址占用过程和占用模式的认识。

德国西南部的盖森克罗斯特勒（Geißenklösterle）是一处旧石器时代洞穴遗址，为探讨欧洲旧石器时代中晚期过渡以及现代人出现的问题提供了重要材料。遗物和测年样品详细、准确的出土背景是解答这些问题的基础。在发掘中可以发现下部堆积中包含典型旧石器时代中期器物，上部堆积包含旧石器时代晚期文化遗存，然而，这两部分堆积之间的变化关系并不清楚。研究者运用微形态方法识

---

① Matthews, W., French, C. A. I., Lawrence, T., et al., "Microstratigraphic traces of site formation processes and human activities", *World Archaeology* Vol. 29. 2 (1997): pp. 281-308.

别出地层的清晰变化，发现中期和晚期的堆积之间存在鲜明的分界线（图5-11）。从这一堆积现象看，晚期的考古材料不太可能经过踩踏进入早期的堆积之中。[①]

南非斯卜杜（Sibudu）洞穴遗址以人类活动堆积物为绝对主体，主要包含烧骨碎块、大量灰烬、富含木炭的火塘以及其他燃烧遗存。地质作用堆积物主要是砂粒级的石英和长石，以及崩塌岩块。遗址堆积保存状况很好。用火遗存非常多，以至于很难和自然作用堆积物区分开。火塘堆积在某种作用力下，可能经过了踩踏而散开分布。因此，根据火塘区分地层和人类占据事件变得非常困难。然而，经过微形态和红外光谱相结合的分析方法，研究人员发现了不同类型的堆积环境，识别出高精度的人类活动堆积单位。遗址中用火、踩踏、灰烬清理的活动在细微的堆积单位中被关联起来，揭示出同一占据事件中的不同活动。[②]

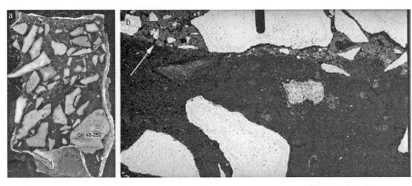

图5-11　盖森克罗斯特勒遗址（Geiβenklösterle）微形态观察[③]

①　Goldberg, P., Berna, F., "Micromorphology and context", *Quaternary International* Vol. 214. 1–2 (2010): pp. 56–62.

②　Miller, C. E., "High-resolution geoarchaeology and settlement dynamics at the Middle Stone Age sites of Diepkloof and Sibudu, South Africa", In: Conard, N., Delagnes, A. (eds.), *Settlement Dynamics of the Middle Paleolithic and Middle Stone Age (Vol. IV)*, Tübingen: Kerns Verlag, 2015, pp. 31–50.

③　Goldberg, P., Berna, F., "Micromorphology and context", *Quaternary International* Vol. 214. 1–2 (2010): pp. 56–62.

3. 人类活动细节与行为特点

由于很多更新世时期的遗址很难保存下来高分辨率的堆积，以及前文中提到的对地层、活动面的传统划分与研究方法的局限，我们对细微尺度上的遗址形成过程和人类行为的识别与解读在宏观视野中较难实现。诸多旧石器时代洞穴遗址的研究案例表明，微形态观察是帮助我们在不同或相同堆积环境中发现人类活动细节（例如打制石器、用火、消费食物、铺草垫、踩踏、清扫和倾倒垃圾等）和空间利用特点，更全面和充分地认识史前人类生活与栖居变化的有效方法。对人类行为细节的揭示同时也为复原遗址形成过程提供更多依据。[①] 下面将重点介绍微形态方法在人类用火、铺草垫与踩踏以及空间清理行为研究中的应用。

（1）用火遗存的微形态分析

火在史前人类日常生活中发挥了至关重要的作用，对人类身体结构的演化、文化行为的发展变化以及人群的繁衍生息具有重大意义。前面章节已对用火遗存的形成与用火遗存的种类和特征进行了专门讨论，此处将主要梳理和讨论如何通过微形态方法判断燃烧事件或用火行为的存在，分析燃烧遗存在埋藏过程中的变化。尽管遗址中经常见到燃烧过的物质遗存，但是我们很难通过在人类行为与燃烧物质遗存之间建立起清晰、直接的关联而找到早期人类用火的可靠证据。非洲（万德威尔克遗址、斯卜杜遗址等）、西亚（凯泽姆遗址、科巴拉遗址和哈约尼姆遗址等）、欧洲（薛宁根遗址、派西·拉泽 IV 遗址等）和东亚（周口店遗址）的诸多遗址研究已经表明，微形态是判断遗址上是否发生过原地用火事件，揭示用火过程

---

① Miller, C. E., "High-resolution geoarchaeology and settlement dynamics at the Middle Stone Age sites of Diepkloof and Sibudu, South Africa", In: Conard, N., Delagnes, A. (eds.), *Settlement Dynamics of the Middle Paleolithic and Middle Stone Age* (*Vol. IV*), Tübingen: Kerns Verlag, 2015, pp. 31-50.

中的行为细节例如燃料的种类、火塘的反复使用、火塘的清理维护，识别与区分不同用火目的——为了取暖、加热食物形成的火塘或者用火燃烧"草垫"形成的不同类型用火遗迹的有力工具。[1]

有些堆积物的颜色与灰烬或烧土非常相似，加之周围可能存在木炭、烧骨，在野外发掘时容易被当成人类用火的结果。然而，这种简单、直观的判断很可能存在偏误。灰白色的堆积物有可能是沉积物胶结所形成，红色的堆积物有可能源于铁的氧化物，黑色的堆积物有可能是锰的氧化物的集中堆积而不是大量细碎炭屑密集分布的结果。遗址形成过程中堆积物的来源、矿物组成以及成岩作用都影响着堆积物的颜色。对此，微形态及相关方法（如红外光谱检测、热释光方法等）的应用可以帮助我们检验堆积中包含的物质及堆积结构。例如，薛宁根遗址（Schöningen13-II）曾经被认为是欧亚大陆少数几处旧石器时代早期人类用火的证据之一。然而，近期的微观研究否定了该遗址存在燃烧形成的物质遗存。早期研究者肉眼观察发现4b层和4b/c层中都存在一部分颜色很红的堆积，将其判断为烧土。微形态观察却发现：4b层由深褐色黏质粉砂构成，并且具有片状层理结构，其中包含轻微腐殖化的微小植物碎屑，还包含少量磨圆度较高的细颗粒石英和云母（从砂到粉砂粒级）、黄铁矿、硅藻等。薄片中4b/c层的堆积构成与4b层相似。堆积物之所以为红色，与其中所含的铁的氧化物、植物组织的腐殖质以及广泛存在的

---

① Goldberg, P., Weiner, S., Bar-Yosef, O., et al., "Site formation processes at Zhoukoudian, China", *Journal of Human Evolution* Vol. 41. 5（2001）: pp. 483-530; Goldberg, P., Miller, C. E., Schiegl, S., et al., "Bedding, hearths, and site maintenance in the Middle Stone Age of Sibudu Cave, KwaZulu-Natal, South Africa", *Archaeological and Anthropological Sciences* Vol. 1. 2（2009）: pp. 95-122; Goldberg, P., Bar-Yosef, O., "Site formation processes in Kebara and Hayonim caves and their significance in Levantine prehistoric caves", In: Akazawa, T., Aoki, K., Bar-Yosef, O., （eds.）, *Neandertals and Modern Humans in Western Asia*, Boston: Springer, 1998, pp. 107-125; Stahlschmidt, M. C., Miller, C. E., Ligouis, B., et al., "On the evidence for human use and control of fire at Schöningen", *Journal of Human Evolution* Vol. 89（2015）: pp. 181-201; Goldberg, P., Berna, F., "Micromorphology and context", *Quaternary International* Vol. 214. 1-2（2010）: pp. 56-62.

黄铁矿有关。疑似"火塘"区域的物质组成和空间分布与"火塘"以外的区域没有区别。此外，尽管遗址中存在炭屑，但它们应当是在自然的泥炭火中形成的，后来被埋藏于湖泊之中。[①]

一般来说，保存较好的用火遗迹在微形态薄片中可以呈现出有机物含量低、植硅石含量高或方解石含量高（取决于燃烧的物质）、孔隙相对发达等特征。火塘在埋藏过程中很可能受到自然作用力和人类活动的扰动与破坏：水流可以把灰烬冲散；钻洞生物的活动、风化作用、人类对火塘的反复利用和清理都可以使灰烬分散，或形成颗粒聚集；成岩作用可以在很大程度上改变灰烬和火塘的保存状况。[②] 微观视野下通过对火塘堆积的矿物组成、灰烬堆积的结构以及与之共存的烧骨、木炭的数量和特征进行观察，我们可以综合分析判断火塘的形成、保存状况和改变过程。

以色列科巴拉遗址的莫斯特文化层中存在大量火塘和富含燃烧遗存的堆积单位。微形态和矿物分析发现：洞穴中不同层位和不同平面空间中存在烧草和烧木头形成的灰烬，揭示出不同时空背景下不同类型的用火行为[③]，以及不同火塘所经历的堆积后过程。有些火塘保存非常好，包含以方解石为主要成分的灰烬，其中还含有骨头碎片、烧过的植物遗存、烧裂的石块和硅聚集。有些火塘受到成岩作用的影响，灰烬中的方解石溶解，钙与磷酸盐和碳酸盐发生反应，

---

① Stahlschmidt, M. C., Miller, C. E., Ligouis, B., et al., "On the evidence for human use and control of fire at Schöningen", *Journal of Human Evolution* Vol. 89 (2015): pp. 181–201.

② Mallol, C., Henry, A., "Ethnoarchaeology of Paleolithic fire: methodological considerations", *Current Anthropology* Vol. 58. S16 (2017): pp. S217–S229; Karkanas, P., Shahack-gross, R., Ayalon, A. et al., "Evidence for habitual use of fire at the end of the Lower Paleolithic: Site-formation processes at Qesem Cave, Israel", *Journal of Human Evolution* Vol. 53. 2 (2007): pp. 197–212.

③ Macphail, R. I., Goldberg, P., "Recent advances in micromorphological interpretations of soils and sediments from archaeological sites", In: Barham, A. J., Macphail, R. I. (eds.), *Archaeological Sediments and Soils: Analysis, Interpretation and Management*, London: Institute of Archaeology, 1995, pp. 1–24.

灰烬的主要成分变为碳酸羟基磷灰石。有些火塘受成岩作用的影响很严重，发生显著变化，只保留有硅聚集以及不同数量的植硅石。以色列凯泽姆洞穴的微形态薄片中发现有大量碳酸盐成分的灰烬。灰烬厚约 2cm，位于不连续的堆积单位中，与之共存的还有微小的烧骨碎片以及发红的可能被加热过的沉积物。洞内自燃可以被排除，因为遗址堆积中缺少自燃所需的物质。另一方面自燃的温度较低，无法形成完全燃烧的物质，而遗址中却存在大量灰烬，是木材完全燃烧形成的，同时还存在高温燃烧下才能形成的黑色、白色烧骨，并且烧骨出自于多个灰烬"透镜体"堆积。[①]

派西·拉泽 IV 遗址的微形态薄片观察发现了丰富的人类活动堆积物，包括动物骨骼碎片、烧骨、木炭、燧石碎屑和灰烬。有的灰烬保存良好，形成了 5mm 厚的以方解石为主要成分的灰烬层，比较致密且具有层状结构。有些灰烬虽保存较好，但其中混入了黏土粒级的颗粒物质和炭屑，灰烬结构比较松散。有的灰烬发生了胶结，并可能在踩踏或自然作用下成了若干分离的碎块。薄片中还发现有碾碎状的松质骨，也是踩踏对用火遗存有所改造的反映。此外，人类对活动区域的清理导致灰烬、烧骨、木炭发生位移，离开火塘的原始位置而靠边分布，木炭破碎成非常小的颗粒。[②] 上述特征记录了堆积后过程中用火遗存在不同作用下发生的改变。

与洞穴遗址的情况不同，旧石器时代露天遗址中的用火遗存，尤其是灰烬很容易受到水流作用的改造，可以表现为：灰烬、炭屑散开、混杂分布，不见压实的、片状薄层的堆积结构。遗存漂散的

---

① Karkanas, P., Shahackgross, R., Ayalon, A. et al., "Evidence for habitual use of fire at the end of the Lower Paleolithic: Site-formation processes at Qesem Cave, Israel", *Journal of Human Evolution* Vol. 53. 2 (2007): pp. 197-212.

② Goldberg, P., Berna, F., "Micromorphology and context", *Quaternary International* Vol. 214. 1-2 (2010): pp. 56-62; Goldberg, P., McPherron, S., Dibble, H., et al., "Stratigraphy, deposits, and site formation", In: Dibble, H., McPherron, S., Goldberg, P., et al., (eds.), *The Middle Paleolithic Site of Pech de l'Azé IV*, Cham: Springer, 2018, pp. 21-74.

距离和混杂程度与水流强弱、遗存是否被一次性快速掩埋有关。如果人类定期回到之前的露天地点，反复使用同一处火塘，他们很可能会在离开前对火塘进行维护处理，火塘或许可以得到较好的保存。

总之，越来越多的研究表明，微观分析方法对于判定物质是否经过燃烧、识别燃烧遗存的特征、判断燃烧遗存在埋藏过程中的变化以及解读人类的用火行为而言是非常必要的，甚至是最佳方法，但同时燃烧遗存之间及其与没有烧过的物质遗存之间的宏观空间关系也为解读人类用火行为和遗址占用特点提供了重要线索。因此，在用火遗存及其与人类活动关系的研究中，必须将微形态方法与考古材料的宏观分析，特别是空间分析结合起来。

（2）草垫的铺设和维护

在狩猎采集人群的营地中，人们有时会在地上做一些铺设，比如把草或芦苇铺垫在地上。实验和微形态分析表明：草垫经过踩踏和使用会形成微层面，其中包含纤维状有机物质并具有压实的层理，堆积结构中具有面状孔隙，细颗粒物有可能受到铁和磷的浸染。[①] 在同一次占据事件中人们可能会把草垫烧掉，然后再铺新的草垫，经过多次这样的反复之后最终形成多个不同的微堆积层面。燃烧草垫可以形成以植硅石为绝对主体（草在充分燃烧的情况下不会形成典型的碳酸钙灰烬物质，其充分燃烧的遗留物只有植硅石）的薄层状堆积以及薄层炭屑（图5-12B）。厚度大、结构紧密的草垫在燃烧时氧气不容易接触到垫子底部，因而草垫底部很少见到完全燃烧形成的灰烬。如果我们在洞穴遗址中发现了具有上述特征的堆积，则要考虑到人们采集大量草本植物用来铺垫地面以及烧掉草垫的可能。这是人们对生活空间进行改善和维护的一种行为。非洲、欧洲、西亚旧石器时代中、晚期的遗址中都发现有这方面的考古证据。目前

① Miller, C. E., Sievers, C., "An experimental micromorphological investigation of bedding construction in the Middle Stone Age of Sibudu, South Africa", *Journal of Archaeological Science* Vol. 39. 10 (2012): pp. 3039-3051.

最早的证据来自南非斯卜杜（Sibudu）遗址。植物考古和微形态分析显示：人们可能有意把莎草带入洞穴中，然后铺在地上当垫子。后来燃烧草垫形成了多个薄层堆积（图5-12A）：最下部为草本植物炭屑薄层，中间部分为炭屑薄层与植硅石薄层的混合，上部为植硅石薄层。这些微堆积单位在一起可达十多厘米厚，有的呈不连续的透镜体状，有的为展开分布的层状堆积。由于最下层的炭屑薄层到最上层植硅石薄层是逐渐变化的，这三个薄层堆积可能源自同一次原地燃烧草垫的活动。[1]

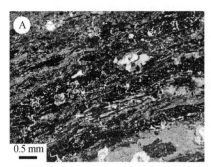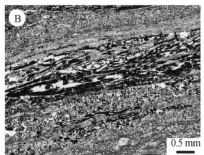

图5-12　A.斯卜杜遗址中发现的烧草垫的微观证据；
B.实验烧草垫形成的堆积结构

（3）空间清理

人类生活和活动的场所总会产生各种垃圾，包括无机物和有机物；除了食物垃圾、生产垃圾，还包括粪便垃圾，后者是遗址中含磷物质和有机物的重要来源。[2] 生活垃圾分布在多种类型的空间中，比如营地中的某个区域、房屋外或者灰坑中等。就旧石器时代

　　① Miller, C. E., Sievers, C., "An experimental micromorphological investigation of bedding construction in the Middle Stone Age of Sibudu, South Africa", *Journal of Archaeological Science* Vol. 39. 10（2012）：pp. 3039-3051.

　　② Horwitz, L. K., Goldberg, P., "A study of Pleistocene and Holocene hyaena coprolites", *Journal of Archaeological Science* Vol. 16. 1（1989）：pp. 71-94；Courty, M., Goldberg, P., Macphail, R., *Soils and Micromorphology in Archaeology*（Cambridge manuals in archaeology）. Cambridge；New York：Cambridge University Press, 1989.

人类生活而言，生活垃圾很可能集中分布在营地周围①、火塘或其他日常活动中心区的外围。如果是洞穴遗址的话，垃圾有可能分布在活动中心区以外靠近洞壁的地方或靠近洞穴内部的地方。这种分布格局往往与较长时期的遗址占用或者遗址的反复占用有关，是人类清理、倾倒垃圾，对生活空间进行维护管理的结果。

我们可以通过微形态分析，从灰烬、碎骨等遗物的形态特征、堆积结构特点等方面对空间清理行为进行判断，同时要特别关注堆积物的空间关系。在倾倒垃圾的区域，人类活动遗存往往密集分布，并且可能形成很厚的堆积，多种类型的遗物混杂交织在一起。以常见的用火遗存为例，原地用火形成并保存的遗迹中木炭通常集中分布在灰烬的下部，但是经过清理重新分布的灰烬堆积中，木炭散布，木炭与灰烬构成的原始结构被破坏，或者木炭非常少见。土耳其南部地中海沿岸地区的余撒吉兹尔（Üçağızlı）洞穴遗址包含旧石器时代晚期以及更晚时期的堆积。洞穴后部的某个区域灰烬非常多，并且与骨骼、富含黏土的堆积混杂在一起，其中缺少木炭。这些特征说明，这些灰烬堆积并不是原地燃烧事件的遗存，而应是人类清理倾倒灰烬的结果。② 以色列科巴拉旧石器时代中期堆积中，在洞穴北部靠近洞壁的地方分布着大量的、较厚的动物骨骼堆积。微形态薄片中发现了这一区域的边缘广泛分布着经过踩踏的骨骼，旁边集中分布有灰烬，存在于由很少量炭屑、黏土和黏土聚集体组成的堆积

① Macphail, R., Goldberg, P., "Archaeological materials", In: Stoops, G., Marcelino, V., Mees, F., (eds.), *Interpretation of Micromorphological Features of Soils and Regoliths*, Saint Louis: Elsevier, 2018; Matthews, W., French, C. A. I., Lawrence, T., et al., "Microstratigraphic traces of site formation processes and human activities", *World Archaeology* Vol. 29. 2 (1997): pp. 281–308.

② Goldberg, P., "Some observations on Middle and Upper Palaeolithic ashy cave and rock-shelter deposits in the Near East", In: Goring-Morris, A., Belfer-Cohen, A., (eds.), *More Than Meets the Eye: Studies on Upper Palaeolithic Diversity in the Near East*, Oxford: Oxbow, 2003, pp. 19–32.

之中，灰烬具有薄层结构，可能受到了靠近洞壁的低能水流作用的改造。[①] 这些堆积特征应当也形成于清理空间、倾倒垃圾的行为。

三、小　结

微观分析是遗址形成过程研究的必要组成。微形态方法能够帮助我们发现肉眼不易或不能发现的考古材料，为区分堆积物形成过程中的人类行为特征和自然作用提供关键证据，是我们认识遗址环境变化，准确判断与人类活动有关的空间结构的形成过程，以及遗址所经历的各种形式的改变的重要方法。这种方法增加了我们对遗址堆积与人类活动关系解读的可靠性，并在很大程度上细化了我们对遗址上发生过的人类活动与人类行为过程的认识，为旧石器时代特定时空和环境背景下人类适应生存行为和栖居模式发展变化的探讨提供更多可能。

推荐阅读

Aldeias, V., Goldberg, P., Dibble, H. L., et al., "Deciphering site formation processes through soil micromorphology at Contrebandiers Cave, Morocco", *Journal of Human Evolution* Vol. 69. 1 (2014): pp. 8-30.

Bullock, P., *Handbook for Soil Thin Section Description*, Wolverhampton: Waine Research, 1985.

Courty, M., Goldberg, P., *Macphail, R., Soils and Micromorphology in Archaeology* (Cambridge manuals in archaeology). Cambridge: Cambridge University Press, 1989.

Goldberg, P., "Micromorphology in Archaeology and Prehistory", *Paleéorient* Vol. 6.

---

① Goldberg, P., Laville, H., Meignen, L., "Stratigraphy and geoarchaeological history of Kebara Cave, Mount Carmel", In: Bar-Yosef, O., Meignen, L. (eds), *Kebara Cave*, *vol Part* 1, Cambridge: Peabody Museum of Archaeology and Ethnology Harvard University, 2007, pp. 49-89.

1 (1980): pp. 159-164.

Goldberg, P., Berna, F., "Micromorphology and context", *Quaternary International* Vol. 214. 1-2 (2010): pp. 56-62.

Goldberg, P., Miller, C. E., Schiegl, S., et al., "Bedding, hearths, and site maintenance in the Middle Stone Age of Sibudu Cave, KwaZulu-Natal, South Africa", *Archaeological and Anthropological Sciences* Vol. 1. 2 (2009): pp. 95-122.

Goldberg, P., "Some observations on Middle and Upper Palaeolithic ashy cave and rockshelter deposits in the Near East", In: Goring-Morris, A., Belfer-Cohen, A., (eds.), *More Than Meets the Eye: Studies on Upper Palaeolithic Diversity in the Near East*, Oxford: Oxbow, 2003, pp. 19-32.

Stahlschmidt, M. C., Miller, C. E., Ligouis, B., et al., "On the evidence for human use and control of fire at Schöningen", *Journal of Human Evolution* Vol. 89 (2015): pp. 181-201.

黄瑞采编著:《土壤微形态学:发展及应用》,北京:高等教育出版社,1991年。

帕尔费诺娃、亚里洛娃著,方明、熊德祥译,黄瑞采、潘中力校:《土壤学中的矿物学研究》,北京:科学出版社,第76-78页。

结　语

　　遗址是在复杂的过程中形成的，可以概括为两个形成阶段：堆积形成的过程和堆积形成后发生变化的过程。堆积形成过程包括一处地点被占用、废弃和掩埋的过程，在这一过程中人类活动与自然因素共同发生作用，形成多种类型的堆积物，包括人类活动堆积物、地质作用堆积物、生物活动堆积物等。地点被人类占用期间主要形成人类活动堆积物，被废弃后自然作用成为主要堆积动力，形成非文化作用堆积物，这些堆积物将人类活动成因的堆积物掩埋，与其混合在一起，或者造成已形成的堆积物消失或被带出。堆积后过程中自然因素往往扮演主要角色，特别常见的是生物活动与成岩作用，有时也会存在人类因素的影响。我们发现的古代堆积的构成及其空间结构不全是人类活动的结果，也往往不能反映人类在该地点的全部活动。因此，如果没有准确理解遗址的形成过程，我们对遗址文化内涵的解读就会出现偏差甚至发生错误，并且遗失遗址所包含的很多信息，从而无法复原人类过去的本来面目。

　　以前的考古研究经常忽略或没有考虑到遗址形成过程的复杂性，倾向于把遗物或堆积结构视为原地埋藏的结果，进而把考古材料与人类行为和遗址功能进行直接关联。旧石器时代遗址中经常包含大量石制品或动物骨骼，有时这两类遗存集中分布在一个层位中。这种堆积特征被当成"活动面"的标志。然而，对遗物在一个层位中的堆积过程或者不同类型遗物共存的原因罕有研究与讨论。一个堆积单位中的堆积物不一定全部源于人类行为，也可能与地质作用、生物活动相关。遗物最终呈现的空间分布特征可能是在经历了若干动力过程后形成的，也可能是多个人类占据事件的结果。因此，认识遗址形成过程对于解读遗址性质与内涵而言至关重要，这在国内外很多考古工作中已经有所体现，在我国也将会对更多考古发掘与研究产生重要影响。

埋藏学研究的核心是复原遗址形成过程。我们可以通过地质考古（包括古地貌与环境调查、矿物学分析、微形态分析）、实验考古、民族考古、动物考古、器物（例如石制品）特征与组合分析、微痕观察、拼合、空间分析等方法对遗址中的各类堆积物进行综合研究，判断遗址堆积形成的动力因素，遗址环境以及堆积物在哪些作用下发生了怎样的、何种程度的改变。本书重点探讨旧石器时代遗址的形成过程以及与之相关的埋藏研究。旧石器时代遗址的常见类型包括洞穴遗址和露天遗址。很多洞穴可以为史前人类生活提供理想空间，能够保存丰富的人类活动遗存。然而，在对人类活动遗存进行分析和解读时，需要注意洞穴遗址的形成过程往往很复杂，洞内环境和堆积特征受气候变化而发生改变，动物也喜欢在洞穴中活动，洞内生化作用频繁发生。洞穴遗址中常见的堆积物可以分为外源性和内源性两类。外源性堆积常见水流沉积物、风力沉积物、人类活动堆积物；内源性堆积主要为洞顶滴水形成的堆积、崩塌作用下形成的大石块和碎石堆积以及化学作用下形成的堆积物。在发掘和研究洞穴遗址时，我们需要对洞内不同区域堆积物进行详细的观察和记录，判断堆积物构成、特征和结构，确认不同堆积单位之间的相互关系，复原洞穴整体环境或局部环境及其变化，关注环境变化对人类活动和遗物保存的影响。

河漫滩、湖滨视野开阔，靠近水源，便于资源的获取与及时处理加工，是旧石器时代人类露天活动的主要地貌部位。与洞穴遗址相似，露天遗址也通常由地质作用堆积物（来自流水、风力搬运、滑坡等作用）、化学作用堆积物、人类活动堆积物、生物活动堆积物构成。与洞穴遗址不同，人类在露天地点活动的空间更大，由此形成的堆积可能更为分散，范围更广。此外，露天遗址更易受地质作用影响，遭受扰动。遗存的空间分散程度因而变得更高，地质作用、动物活动等也会使不同成因的堆积物堆积在一起，或者使遗址遭到完全破坏。如果露天活动场所短时间内在低能作用力下被掩埋，那么文化遗存和遗址结构有可能得到相对较好的原地保存。对露天遗址的形成研究而言，同样需要注意自然堆积物的组成、颗粒大小、结构等特征，尤其要特别关注遗物的尺寸分布、拼合以及空间分布的特点。

人类行为特点与行为过程也是遗址形成过程研究的重要内容。人类占用行为在广义上包括对活动地点的选择、活动的内容、空间利用方式、占用时长、占用频率、占用强度、废弃与反复占用等。以往的研究中我们常常致力于对遗址原地埋藏性质的判断，并根据遗物类型组合与大致的空间分布特征解读遗址功能与人类行为特点。然而，这种研究模式会导致很多人类行为的细节信息被忽略，或者得不到准确的提取。在当前的埋藏学理念下，我们需要细化对堆积单位的识别，根据遗物和遗迹的多方面综合特征，特别是分布密度和空间关系，细化对空间结构的认识，从而尽可能全面、客观地复原人类的栖居行为。

动物骨骼是遗址中很常见的物质遗存，能够提供关于古代环境、人类生计、人群流动与栖居、社会组织的丰富信息。动物骨骼堆积的形成与人类的行为方式、文化选择以及古代社会环境密切相关，也可能与地质作用、动物活动有关，并且在堆积后过程中常常受到地质作用、成岩作用和动物活动的影响而发生变化。旧石器时代的动物骨骼堆积在经历复杂过程之后形成的可能性很大。动物骨骼的埋藏学研究方法和视角包括动物群组合、骨骼部位构成、动物死亡年龄结构、骨骼的改造与保存状况，以及与其他类型遗存的空间关系等。我们所发现的动物骨骼的最终面貌甚至还会受到考古工作人员发掘与考古材料收集策略和方法的影响，因此，我们应当尽可能全面地收集出土动物遗存，尤其不要忽视微小的、非常破碎的骨骼。

石制品一般是旧石器时代遗址中最为常见的遗物，有时候甚至是遗址中唯一可发现的遗物类型，因此受到研究者的格外关注。在判断遗址性质、解读遗址形成过程方面，石制品显然是不可或缺的关键材料。石制品的埋藏学研究方法和视角包括石制品的原料种类构成和来源，石制品类型组合，石制品的产状、磨损特征、尺寸分布特征、拼合关系与空间分布。这些分析可以揭示石制品堆积的形成及其在埋藏过程中发生的变化，同时有助于解读石器生产过程、空间利用行为、人群流动与栖居模式等。此外，上述动物骨骼与石制品的埋藏分析都还需要考虑地质作用堆积物特征和埋藏环境。

人类最早的用火行为在何时、怎样的背景之下出现是旧石器时代考古研究中的重要问题。在各种不同时空背景下，用火存在哪些方式，细节如何，对火的使用程度又如何？人类有哪些与用火活动相关的空间利用、维护行为？对诸如此类问题的解答，直接关系到我们对人类演化历程的认识，也关系到我们对旧石器时代人类文化与社会发展的认识。

人类用火行为研究的前提是准确识别燃烧遗存并认识其形成过程。首先，我们需要识别遗址中是否存在烧过的物质。在研究中须谨慎使用"颜色"作为判别标准，因为物质材料颜色的变化有可能在非燃烧环境中产生。其次，即使遗址中存在燃烧或加热过的遗存，甚至存在多种燃烧遗存的组合，它们也不一定是人类原地用火行为的结果。我们需要考虑到自然燃烧事件可达到的温度范围，自然燃烧事件对骨骼、石制品、沉积物的改造与人工火的区别，分析燃烧遗存是否存在规律性的空间结构，从而判断它们的成因。如果自然燃烧事件被排除，我们需要判断燃烧遗存是否为原地埋藏，是否经过自然作用力的搬运与改造。

对于燃烧遗存与人类活动关系的解读，要特别注意观察燃烧遗存是否存在一定的分布模式，它们相互之间及其与其他非燃烧遗存之间的空间分布关系。火塘的形状和尺寸，火塘内部和外围堆积物的构成、堆积厚度与分布特点是人类用火行为研究中最直接，也通常是相对可靠的考古学证据，可以帮助我们复原用火过程中各个阶段的人类行为，包括燃料的使用情况——燃料种类和特性、燃料数量，用火地点或位置的选择与设定，火塘的维护，人类对火塘的清理或者再次利用。火塘在遗址中的分布位置、火塘与不同类型遗物的空间关系以及不同火塘之间的空间关系，可以提供人类如何利用居住空间的线索，也能为识别人类的占用过程提供重要依据。在通过火塘讨论特定时空背景下的人口规模与人群适应生存策略时，我们应当充分考虑到火塘在堆积后过程中可能发生过的变化。例如，水流、风力、滑坡等作用，埋藏环境的 PH 值变化，动物活动以及人类再次活动可能会导致火塘中的堆积物增加或者减少，也可能使堆积物结构、火塘的形态和尺寸发生变化。

上述考古材料的埋藏学分析与讨论很多是在宏观视野下开展的。然而，结合微观视角对考古材料进行整合分析已经成为当今遗址形成过程研究的重要方法体系。本书重点介绍了微形态方法在埋藏学中的应用，该方法能够帮助我们发现肉眼不易或不能发现的考古材料，帮助我们高分辨率地识别堆积单位、堆积环境，为解读人类活动的细节和人类行为特点提供证据。在此基础上，我们才有可能更具体并深入地认识遗址环境变化和堆积形成过程，特别是与人类活动有关的空间结构的形成，以及遗址所经历的多种形式的改变。这种方法的应用增加了我们对遗址功能和被占用过程进行复原的可靠性，并为探讨旧石器时代人类适应生存行为的发展变化提供更多可能。

综上，对不同类型遗址形成过程的综合研究，需要结合微观和宏观视角分析遗址中自然堆积物的来源和特征，判断堆积形成的古地貌部位。其次，对遗址所包含的不同类型遗存特征进行研究，包括石制品的原料种类、石制品类型构成，不同类型石制品与天然石块的产状和磨损程度，动物遗存的保存状况、改造特征以及骨骼部位构成等。特别需要注意遗物之间存在的比例关系和一系列的空间关系：例如，尺寸较大的遗物与微小遗物之间的数量比例以及空间关系，不同类型遗物的分布密度与空间关系，可拼合遗物在水平方向与垂直方向上的空间关系，人类活动堆积物在细微堆积单位和堆积环境中的结构与空间分布。在这些分析的基础上，复原遗址形成环境、解读遗址功能、复原人类行为过程和行为特点。

正如前文所述，如果不开展埋藏学研究，我们可能会把自然作用下形成的物质堆积错误地认为是人类行为的结果，或者把经过改造的遗存的面貌特征与空间结构视为人类原地活动的原貌。既然我们发现的考古材料不是未经改变的，那么导致考古材料呈现最后特征的一切潜在过程都应当得到审慎评判以及细化研究。只有这样，我们才能对考古材料做出尽可能客观、准确的解读，使我们最大限度地接近人类真实的历史。埋藏学的意义就在于揭示堆积形成过程中的人类行为因素与自然作用因素，识别遗址所经历的来自不同作用力的不同形式的改造，准确判断遗址堆积与人类活动的关系。埋藏学研究的另一方面意义在于对文化行为过程的研究，它使我们对人类占用或利用一个地点的行为模式中活动的内容和细节，对不同空间的不同利用方式、栖居活动的时长、强度和反复性等方面的认识更加全面和深入，也为遗址间的比较和遗址关系的讨论奠定重要基础，从而有助于开展区域性人群栖居系统方面的研究。

埋藏学对于新石器时代及历史时期的遗址研究来说，同样具有重要性和必要性。有些遗址或堆积形成的过程相对简单，比如一次性利用的房屋；有些形成过程则相对复杂，例如经过了多次利用和反复维修、功能发生过改变的房屋[①]，或者在废弃房屋基础上再次建造和利用的房屋与建筑，还有二次葬的墓葬[②]以及那些长时间多次堆积形成的灰坑或其他堆积结构等。对于这些遗迹，我们需要把诸如

---

① Cameron, C. M., "Structure abandonment in villages", *Archaeological Method and Theory* Vol. 3 (1991): pp. 155–194.

② 钱耀鹏、毛瑞林：《考古埋藏学的田野实践与思考》，《南方文物》，2016 年第 2 期，第 57—71 页。

自然沉积物、白灰面、柱洞、植硅石、磷酸盐、人骨、陶片、动物骨骼等各种类型堆积物的特征和堆积结构结合起来进行分析，以此来识别不同的活动或堆积形成事件，判断事件发生的原因与过程，为深入认识古代人类与环境的关系、文化传统、人口与社会的变化提供尽可能可靠且全面的证据。

参 考 文 献

中文参考文献

北京大学考古文博学院、郑州市文物考古研究院编著：《登封方家沟遗址发掘
报告》，北京：科学出版社，2020 年。

陈宥成：《嵩山东麓 MIS3 阶段人群石器技术与行为模式——郑州老奶奶庙遗址
研究》，北京大学博士论文，2015 年。

陈宥成、曲彤丽、汪松枝等：《郑州老奶奶庙遗址空间结构初步研究》，《中原
文物》，2020 年第 3 期，第 41—50 页。

房迎三、黄蕴平、梁任又等：《安徽宁国毛竹山发现的旧石器早期遗存》，《人类
学学报》，2001 年第 2 期，第 115—124 页。

福建省文物局、福建博物院、三明市文物管理委员会编著：《福建三明万寿岩旧
石器时代遗址：1999—2000、2004 年考古发掘报告》，北京：文物出版社，
2006 年。

盖培、卫奇：《虎头梁旧石器时代晚期遗址的发现》，《古脊椎动物与古人类》，
1977 年第 4 期，第 287—300 页。

高霄旭：《西施旧石器遗址石制品研究》，北京大学硕士学位论文，2011 年。

高星、张双权、张乐等：《关于北京猿人用火的证据：研究历史、争议与新进
展》，《人类学学报》，2016 年第 4 期，第 481—492 页。

关莹、高星、王惠民等：《水洞沟旧石器时代晚期遗址结构的空间利用分析》，
《科学通报》，2011 年第 33 期，第 2797—2803 页。

黑龙江省文物管理委员会、哈尔滨市文化局、中国科学院古脊椎动物与古人类
研究所东北考察队编：《阎家岗：旧石器时代晚期古营地遗址》，北京：文
物出版社，1987 年，第 76—78 页。

黄可佳：《哈尔滨阎家岗遗址动物骨骼圈状堆积的初步研究》，《考古学报》，2008 年第 1 期，第 1—14 页。

黄瑞采编著：《土壤微形态学：发展及应用》，北京：高等教育出版社，1991 年。

靳桂云、郭正堂：《北京王府井东方广场旧石器文化遗址——沉积物的土壤微形态学研究》，《东方考古》，2011 年，第 349—352 页。

克里斯·斯特林格、彼得·安德鲁著，王传超、李大伟译，王重阳校：《人类通史》，北京：北京大学出版社，2016 年，第 84 页。

李浩、张玉柱、李意愿等：《沉积物特征与旧石器遗址的形成过程》，《人类学学报》，2021 年网络版，第 1—16 页。

林圣龙：《周口店第一地点的大型哺乳动物化石和北京猿人的狩猎行为》，见吴汝康、任美锷、朱显谟等主编：《北京猿人遗址综合研究》，北京：科学出版社，1985 年，第 95—101 页。

林彦文：《埋藏过程对考古出土动物遗存量化的影响》，见河南省文物考古研究所编：《动物考古（第一辑）》，北京：文物出版社，第 212—217 页。

林壹：《方家沟遗址的石器生产和遗址形成过程研究》，北京大学博士学位论文，2016 年。

林壹：《河南登封方家沟遗址的埋藏学观察》，《中原文物》，2018 年第 6 期，第 62—68 页。

刘德银、王幼平：《鸡公山遗址发掘初步报告》，《人类学学报》，2001 年第 2 期，第 102—114 页。

刘扬、侯亚梅、杨泽蒙等：《鄂尔多斯乌兰木伦旧石器时代遗址埋藏学研究》，《考古》，2018 年第 1 期，第 79—87 页。

路易斯·宾福德著，陈胜前译：《追寻人类的过去：解释考古材料》，上海：上海三联书店，2013 年。

米歇尔·余莲著，孙建民、何竟译：《旧石器时代社会的民族学研究试探——以潘色旺遗址的营地为例》，《华夏考古》，2002 年第 3 期。

帕尔费诺娃、亚里洛娃著，方明、熊德祥译，黄瑞采、潘中力校：《土壤学中的矿物学研究》，北京：科学出版社，1966 年。

潘树荣、伍光和、陈传康等编：《自然地理学》，北京：高等教育出版社，1985 年，第 250—251 页。

裴树文：《旧石器时代旷野遗址形成过程研究综述》，《人类学学报》，2019 年第 1 期，第 1—18 页。

裴树文、牛东伟、高星等：《宁夏水洞沟遗址第 7 地点发掘报告》，《人类学学报》，2014 年第 1 期，第 1—16 页。

钱耀鹏、毛瑞林：《考古埋藏学的田野实践与思考》，《南方文物》，2016 年第 2 期，第 57—71 页。

曲彤丽、陈宥成：《骨质修理器——石器修理的新视角》，《南方文物》，2014 年第 2 期，第 97—100 页。

曲彤丽，Conard，N.：《德国旧石器时代晚期骨角器研究及启示》，《人类学学报》，2013 年第 2 期，第 169—181 页。

任美锷、刘泽纯、金瑾乐等：《北京周口店洞穴发育及其与古人类生活的关系》，《中国科学》，1981 年第 3 期，第 330—336 页。

陕西省考古研究院、洛南县博物馆编著：《花石浪（II）——洛南花石浪龙牙洞遗址发掘报告》，北京：科学出版社，2008 年。

陕西省考古研究院、商洛地区文管会、洛南县博物馆编著：《花石浪（I）——洛南盆地旷野类型旧石器地点群研究》，北京，科学出版社，2007 年。

宋艳花、石金鸣：《山西吉县柿子滩遗址 S29 地点发掘简报》，《考古》，2017 年第 2 期，第 35—51 页。

王志浩、侯亚梅、杨泽蒙等：《内蒙古鄂尔多斯市乌兰木伦旧石器时代中期遗址》，《考古》，2012 年第 7 期，第 3—13 页。

魏屹、陈胜前、高星：《试论阎家岗遗址动物骨骼圈状堆积的性质》，《人类学学报》，2012 年第 3 期，第 238—249 页。

吴汝康、任美锷、朱显谟等：《北京猿人遗址综合研究》，北京：科学出版社，1985 年。

吴泰然、何国琦等编著：《普通地质学》，北京：北京大学出版社，2003 年。

夏正楷：《大同—阳原盆地古泥河湾湖的岸线变化》，《地理研究》，1992 年第 2 期，第 52—59 页。

夏正楷编著：《环境考古学：理论与实践》，北京：北京大学出版社，2012 年。

夏正楷、杨晓燕：《我国北方 4kaB. P. 前后异常洪水事件的初步研究》，《第四纪研究》，2003 年第 6 期，第 667—674 页。

谢飞、李珺、刘连强：《泥河湾旧石器文化》，石家庄：花山文艺出版社，2006 年。

杨景春、李有利编著：《地貌学原理》，北京：北京大学出版社，2012 年，第 106 页。

杨霞、陈虹：《石制品后埋藏微痕的实验研究述评》，《东南文化》，2017 年第 3

期，第 20—26 页。

尤玉柱：《史前考古埋藏学概论》，北京：文物出版社，1989 年。

于汇历：《哈尔滨阎家岗遗址动物骨骼圈状结构的再研究》，《考古》，2011 年第
　　7 期，第 52—60 页。

张乐、Norton, C. J.、张双权等：《量化单元在马鞍山遗址动物骨骼研究中的运
　　用》，《人类学学报》，2008 年第 1 期，第 79—90 页。

张双权：《河南许昌灵井动物群的埋藏学研究》，中国科学院研究生院博士学位
　　论文，2009 年。

张双权、高星、张乐等：《灵井动物群的埋藏学分析及中国北方旧石器时代中期
　　狩猎—屠宰遗址的首次记录》，《科学通报》，2011 年 35 期，第 2988—
　　2995 页。

赵静芳：《嵩山东麓 MIS3 阶段人类象征性行为的出现——新郑赵庄遗址综合研
　　究》，北京大学博士学位论文，2015 年。

英文参考文献

Agogino, G., Boldurian, A., "The Colby Mammoth Site", *Plains Anthropologist* Vol.
　　32. 115 (1987): pp. 105-107.

Aiello, L. C., Wheeler, P., "The expensive-tissue hypothesis: the brain and the di-
　　gestive system in human and primate evolution", *Current Anthropology* Vol. 36. 2
　　(1995): pp. 199-221.

Albert, R. M., Bar-Yosef, O., Meignen, L., et al., "Quantitative Phytolith study of
　　hearths from the Natufian and Middle Palaeolithic levels of Hayonim Cave (Gali-
　　lee, Israel)", *Journal of Archaeological Science* Vol. 30. 4 (2003): pp. 461-
　　480.

Albert, R. M., Weiner, S., Bar Yosef, O., et al., "Phytoliths in the Middle Palaeo-
　　lithicdeposits of Kebara Cave, Mt. Carmel, Israel: Study of the plant materials
　　used for fuel and otherpurposes", *Journal of Archaeological Science* Vol. 27. 10
　　(2000): pp. 931-947.

Aldeias, V. 2017, "Experimental approaches to archaeological fire features and their
　　behavioral relevance", *Current Anthropology* Vol. 58. S16 (2017): pp. S191-
　　S205.

Aldeias, V., Dibble, H. L., Sandgathe, D., et al., "How heat alters underlying deposits and implications for archaeological fire features: A controlled experiment", *Journal of Archaeological Science* Vol. 67. 3 (2016): pp. 64-79.

Aldeias, V., Goldberg, P., Dibble, H. L., et al., "Deciphering site formation processes through soil micromorphology at Contrebandiers Cave, Morocco", *Journal of Human Evolution* Vol. 69. 1 (2014): pp. 8-30.

Alperson-Afil, N., "Continual fire-making by Hominins at Gesher Benot Ya'aqov, Israel", *Quaternary Science Reviews* Vol. 27. 17-18 (2008): pp. 1733-1739.

Alperson-Afil, N., Goren-Inbar, N., *The Acheulian Site of Gesher Benot Ya'agov. Volume II, Ancient Flames and Controlled Use of Fire* (Vertebrate paleobiology and paleoanthropology), New York: Springer, 2010.

Alperson-Afil, N., Richter D., Goren-Inbar N., "Phantom hearths and controlled use of fire at Gesher Benot Ya'aqov, Israel", *Paleo Anthropology* 2007: pp. 1-15.

Andrefsky, W., "Raw-Material availability and the organization of technology", *American Antiquity* Vol. 59. 1 (1994): pp. 21-34.

Andrefsky, W., *Lithics: Macroscopic Approaches to Analysis* (2nd ed., Cambridge manuals in archaeology). Cambridge; New York: Cambridge University Press, 2005.

Bahn, P. G., "Archaeology: New finds at Pincevent", *Nature* Vol. 304. 5928 (1983): pp. 682-683.

Bamforth, D. B., Becker, M., Hudson, J., "Intrasite spatial analysis, ethnoarchaeology, and Paleoindian land-use on the Great Plains: the Allen site", *American Antiquity* Vol. 70. 3 (2005): pp. 561-580.

Barkai, R., Rosell, J., Blasco, R., et al., "Fire for a Reason: Barbecue at Middle Pleistocene Qesem Cave, Israel", *Current Anthropology* Vol. 58. S16 (2017): pp. S314-S328.

Bar-Oz, G., *Epipaleolithic Subsistence Strategies in the Levant: A Zooarchaeological Perspective* (American School of Prehistoric Research monograph series), Boston: Brill Academic, 2004.

Bar-Yosef, O., "Site formation processes from a Levantine viewpoint," In: Goldberg, P., Nash, D., and Petraglia, M., (eds.), *Formation Processes in Archaeological Context* (Monographs in World Archaeology; no. 17), Madison: Prehistory

Press, 1993, pp. 13-32.

Bar-Yosef, O., Arensburg, B., Belfer-Cohen, A., et al., "Hayonim Cave", In: Enzel, Y., Bar-Yosef, O., (eds.), *Quaternary of the Levant: Environments, Climate Change, and Humans*, Cambridge: Cambridge University Press, 2017, pp. 231-240.

Bar-Yosef, O., Goren-Inbar, N., *The Lithic Assemblages of ' Ubeidiya ' : a Lower Palaeolithic Site in the Jordan Valley*, Qedem 34, Monographs of the Institute of Archaeology, Jerusalem: The Hebrew University of Jerusalem, 1993.

Bar-Yosef, O., Van Peer, P., "The Chaîne Opératoire Approach in Middle Paleolithic Archaeology", *Current Anthropology* Vol. 50. 1 (2009): pp. 103-131.

Basilyan, A. E., Anisimov, M. A., Nikolskiy, P. A., et al., "Wooly mammoth mass accumulation next to the Paleolithic Yana RHS site, Arctic Siberia: its geology, age, and relation to past human activity", *Journal of Archaeological Science* Vol. 38. 9 (2011): pp. 2461-2474.

Behrensmeyer, A. K., "Taphonomic and ecologic information from bone weathering", *Paleobiology* Vol. 4. 2 (1978): pp. 150-162.

Behrensmeyer, A. K., "Time resolution in fluvial vertebrate assemblages", *Paleobiology* Vol. 8. 3 (1982): pp. 211-227.

Behrensmeyer, A. K., Boaz, D. D., "The recent bones of Amboseli National Park, Kenya", In: Behrensmeyer, A., Hill, A., Wenner-Gren Foundation for Anthropological Research, (eds.) *Fossils in the Making*, Chicago: University of Chicago Press, 1980, pp. 72-92.

Bentsen, S., "Using Pyrotechnology: Fire-related features and activities with a focus on the African Middle Stone Age", *Journal of Archaeological Research* Vol. 22. 2 (2014): pp. 141-175.

Berna, F., Goldberg, P., "Assessing paleolithic pyrotechnology and associated hominin behavior in Israel", *Israel Journal of Earth Sciences* Vol. 56 (2008): pp. 107-121.

Berna, F., Goldberg, P., Horwitz, L. K., et al., "Microstratigraphic evidence of in situ fire in the Acheulean strata of Wonderwerk Cave, Northern Cape province, South Africa", *Proceedings of the National Academy of Sciences-PNAS* Vol. 109. 20 (2012): pp. E1215-E1220.

Berna, F., Matthews, A., Weiner, S., "Solubilities of bone mineral from archaeological sites: the recrystallization window", *Journal of Archaeological Science* Vol. 31. 7 (2004): pp. 867–882.

Bertran, P., Hetu, B., Texier, J. P., et al., "Fabric characteristics of subaerial slope deposits", *Sedimentology* Vol. 44. 1 (1997): pp. 1–16.

Bertran, P., Texier, J. P., "Fabric analysis: application to Paleolithic sites", *Journal of Archaeological Science* Vol. 22. 4 (1995): pp. 521–535.

Binford, L. R., "Dimensional analysis of behavior and site structure: learning from an Eskimo huntingstand", *American Antiquity* Vol. 43. 3 (1978): pp. 330–361.

Binford, L. R., *Nunamiut Ethnoarchaeology*, New York: Academic Press, 1978.

Binford, L. R., "Organization and formation processes: Looking at curated technologies", *Journal of Anthropological Research* Vol. 35 (1979): pp. 255–273.

Binford, L. R., *Bones: Ancient Men and Modern Myths*, New York: Academic Press, 1981.

Binford, L. R., "The archaeology of place", *Journal of Anthropological Archaeology* Vol. 1. 1 (1982): pp. 5–31.

Binford, L. R., *Working at Archaeology* (Studies in archaeology). New York: Academic Press, 1983.

Binford, L. R., "Butchering, sharing, and the archaeological record," *Journal of Anthropological Archaeology* Vol. 3. 3 (1984): pp. 235–257.

Binford, L. R., *Debating Archaeology* (*Studies in Archaeology*), San Diego: Academic Press, 1989.

Binford, L. R., *In Pursuit of the Past: Decoding the Archaeological Record*, University of California Press, 2002.

Binford, L. R., Ho, C. K., Aigner, J. S., et al., "Taphonomy at a distance: Zhoukoudian, the cave home of Beijing Man?", *Current Anthropology* Vol. 26. 4 (1985): pp. 413–442.

Binford, L. R., Stone, N. M., Aigner, J. S., et al., "Zhoukoudian: a closer look", *Current Anthropology* Vol. 27. 5 (1986): pp. 453–475.

Blumenschine, R. J., "An experimental model of the timing of hominid and carnivore influence on archaeological bone assemblages", *Journal of Archaeological Science* Vol. 15. 5 (1988): pp. 483–502.

Blumenschine, R. J., "Hominid carnivory and foraging strategies, and the socio-economic function of early archaeological sites", *Philosophical Transactions of the Royal Society of London*, *B*, Vol. 334. 1270 (1991): pp. 211-221.

Blumenschine, R. J., "Percussion marks, tooth marks, and experimental determinations of the timing of hominid and carnivore access to long bones at FLK Zinjanthropus, Olduvai Gorge, Tanzania", *Journal of Human Evolution* Vol. 29. 1 (1995): pp. 21-51.

Blumenschine, R. J., Bunn, H. T., Geist, V., et al., "Characteristics of an early hominid scavenging niche", *Current Anthropology* Vol. 28. 4 (1987): pp. 383-407.

Blumenschine, R. J., Madrigal, T. C., "Variability in long bone marrow yields of East African ungulates and its zooarchaeological implications", *Journal of Archaeological Science* Vol. 20. 5 (1993): pp. 555-587.

Böhner, U., Serangeli, J., Richter, P., et al., "The Spear Horizon: First spatial analysis of the Schöningen site 13 II-4", *Journal of Human Evolution* Vol. 89 (2015): pp. 202-213.

Bordes, F., Bourgon, M., "Le complexe moustérien", *L'Anthropologie* Vol. 55 (1951): pp. 1-23.

Brain, C. K., *The Hunters or the Hunted? An Introduction to African Cave Taphonomy*, Chicago: University of Chicago Press, 1981.

Brain, C. K., "Some criteria for the recognition of bone-collecting agencies in African caves", In: Behrensmeyer, A. K., Hill, A. P., (eds.), *Fossils in the Making*, Chicago: University of Chicago Press, 1980, pp. 107-130.

Brewer, R., Sleeman, J. R., "Soil structure and fabric: their definition and description", *Journal of Soil Science* Vol. 11. 1 (1960): pp. 172-185.

Brink, J. W., "Fat Content in Leg Bones of Bison bison, and Applications to Archaeology", *Journal of Archaeological Science* Vol. 24. 3 (1997): pp. 259-274.

Brothwell, D., Higgs, E., *Science in Archaeology: a Survey of Progress and Research*, New York: Praeger, 1970.

Buc, N., "Experimental series and use-wear in bone tools", *Journal of Archaeological Science* Vol. 38. 3 (2011): pp. 546-557.

Bullock, P., *Handbook for Soil Thin Section Description*, Wolverhampton: Waine Research, 1985.

Bunn, H. T., "Archaeological evidence for meat-eating by Plio-Pleistocene hominids from Koobi Fora and Olduvai Gorge", *Nature* Vol. 291. 5816 (1981): pp. 574–577.

Bunn, H. T., Kroll, E. M., "Systematic butchery by Plio/Pleistocene hominids at Olduvai Gorge, Tanzania," *Current Anthropology* Vol. 27. 5 (1986): pp. 431–452.

Burch, E. S., "The Caribou/Wild Reindeer as a Human Resource," *American Antiquity* Vol. 37. 3 (1972): pp. 339–368.

Butzer, K., *Environment and Archeology: An Ecological Approach to Prehistory* (2d ed.), Chicago: Aldine-Atherton, 1971.

Butzer, K. W., *Archaeology as Human Ecology: Method and Theory for a Contextual Approach*, Cambridge University Press, 1982.

Cahen, D., Moeyersons, J., "Subsurface movements of stone artefacts and their implications for the prehistory of Central Africa", *Nature* (London) Vol. 266. 5605 (1977): pp. 812–815.

Cain, C. R., "Using burned animal bone to look at Middle Stone Age occupation and behavior", *Journal of Archaeological Science* Vol. 32. 6 (2005): pp. 873–884.

Camarós, E., Cueto, M., Teira, L., et al., "Bears in the scene: Pleistocene complex interactions with implications concerning the study of Neanderthal behavior", *Quaternary International* Vol. 435 (2017): pp. 237–246.

Camarós, E., Münzel, S. C., Cueto, M., et a., "The evolution of Paleolithic hominin-carnivore interaction written in teeth: Stories from the Swabian Jura (Germany)", *Journal of Archaeological Science: Reports* Vol. 6 (2016): pp. 798–809.

Cameron, C. M., "Structure abandonment in villages", *Archaeological Method and Theory* Vol. 3 (1991): pp. 155–194.

Canti, M. G., Linford, N., "The effects of fire on archaeological soils and sediments: temperature and colour relationships", *Proceedings of the Prehistoric Society* Vol. 66 (2000): pp. 385–395.

Capaldo, S. D., Blumenschine, R. J., "A quantitative diagnosis of notches made by hammerstone percussion and carnivore gnawing on Bovid long bones", *American Antiquity* Vol. 59. 4 (1994): pp. 724–748.

Capaldo, S. D., *Inferring Hominid and Carnivore Behavior from Dual-Patterned Archae-*

ological Assemblages, Unpublished Ph. D. thesis, Rutgers University, New Brunswick, 1995.

Cavallo, J. A., *A Re-examination of Isaac's Central-place Foraging Hypothesis*, Unpublished Ph. D. thesis, Rutgers University, New Brunswick, 1998.

Chazan, M., Horwitz, L. K., "Finding the message in intricacy: the association of lithics and fauna on Lower Paleolithic multiple carcass sites", *Journal of Anthropological Archaeology* Vol. 25. 4 (2006): pp. 436–447.

Clark, A. E., "Time and space in the middle paleolithic: Spatial structure and occupation dynamics of seven open-air sites", *Evolutionary Anthropology: Issues, News, and Reviews* Vol. 25. 3 (2016): pp. 153–163.

Clark, A. E., "From activity areas to occupational histories: new methods to document the formation of spatial structure in hunter-gatherer sites", *Journal of Archaeological Method and Theory* Vol. 24. 4 (2017): pp. 1300–1325.

Clark, A. E., "Using spatial context to identify lithic selection behaviors", *Journal of Archaeological Science: Reports* Vol. 24 (2019): pp. 1014–1022.

Clark, J. D., Harris, J. W. K., "Fire and its roles in early hominid lifeways", *The African Archaeological Review* Vol. 3. 1 (1985): pp. 3–27.

Clark, J. L., Ligouis, B. 2010, "Burned bone in the Howieson's Poort and post-Howieson's Poort Middle Stone Age deposits at Sibudu (South Africa): behavioral and taphonomic implications", *Journal of Archaeological Science* Vol. 37. 10 (2010): pp. 2650–2661.

Coe, M., "The decomposition of elephant carcases in the Tsavo (East) National Park, Kenya", *Journal of Arid Environments* Vol. 1. 1 (1978): pp. 71–86.

Conard, N. J., Kitagawa, K., Krönneck. P., et al., "The Importance of Fish, Fowl and Small Mammals in the Paleolithic Diet of the Swabian Jura, Southwestern Germany", In: Clark, J., Speth, J. (eds.) *Zooarchaeology and Modern Human Origins. Vertebrate Paleobiology and Paleoanthropology*, Dordrecht: Springer, 2013, pp. 173–190.

Conard, N. J., Walker, S. J., Kandel, A. W., "How heating and cooling and wetting and drying can destroy dense faunal elements and lead to differential preservation", *Palaeogeography, Palaeoclimatology, Palaeoecology* Vol. 266. 3–4 (2008): pp. 236–245.

Courty, M., Goldberg, P., and Macphail, R., *Soils and Micromorphology in Archaeology*, Cambridge; New York: Cambridge University Press, 1989.

Courty, M-A., "Microfacies analysis assisting archaeological stratigraphy", In: Goldberg, P., Holliday, V. T., Ferring, C. R (eds.), *Earth Sciences and Archaeology*, New York: Plenum-Kluwer, 2001, pp 205–239.

Crader, D., "Recent single-carcass bone scatters and the problem of 'butchery' sites in the archaeological record", In: Clutton-Brock, J., Grigson, C., (eds.), *Animals and Archaeology* Vol. 1. *Hunters and Their Prey*, Oxford: BAR International Series No. 163, 1983, pp. 107–141.

Cruz-Uribe, K., "Distinguishing hyena from hominid bone accumulations", *Journal of Field Archaeology* Vol. 18. 4 (1991): pp. 467–486.

Dart, R., *The Osteodontokeratic Culture of Australopithecus Prometheus*, Pretoria: Transvaal Museum, 1957.

Davis, S. J. M., *The Archaeology of Animals*, London: Batsford, 1987.

Domínguez-Rodrigo, M., "Meat-eating by early hominids at the FLK 22Zinjanthropussite, Olduvai Gorge (Tanzania): an experimental approach using cut-mark data," *Journal of Human Evolution* Vol. 33. 6 (1997): pp. 669–690.

Domínguez-Rodrigo, M., "Hunting and scavenging by early humans: the state of the debate", *Journal of World Prehistory* Vol. 16. 1 (2002): pp. 1–54.

Domínguez-Rodrigo, M., "Butchery and kill sites", In: Pearsall, D. M., (ed.), *Encyclopedia of Archaeology*, Amsterdam: Elsevier/Academic Press, 2008, pp. 948–953.

Domínguez-Rodrigo, M., "Are all Oldowan Sites Palimpsests? If so, what can they tell us about Hominid Carnivory?", In Delson, E., Macphee, R. D. E., (eds.), *Interdisciplinary Approaches to the Oldowan*, Dordrecht: Spinger, 2009, pp. 129–147.

Domínguez-Rodrigo, M., Barba, R., "New estimates of tooth mark and percussion mark frequencies at the FLK Zinj site: the carnivore-hominid-carnivore hypothesis falsified", *Journal of Human Evolution* Vol. 50. 2 (2006): pp. 170–194.

Domínguez-Rodrigo, M., Barba, R., Egeland, C. P., *Deconstructing Olduvai: a Taphonomic Study of the Bed I sites*, Dordrecht: Springer, 2007.

Domínguez-Rodrigo, M., Bunn, H. T., Yravedra, J., "A critical re-evaluation of bone surface modification models for inferring fossil hominin and carnivore interactions through a multivariate approach: Application to the FLK Zinj archaeofaunal assemblage (Olduvai Gorge, Tanzania)", *Quaternary International* Vol. 322 – 323 (2014): pp. 32–43.

Domínguez-Rodrigo, M., De Juana, S., Galan, A. B., et al., "A new protocol to differentiate trampling marks from butchery cut marks", *Journal of Archaeological Science* Vol. 36. 12 (2009): pp. 2643–2654.

Domínguez-Rodrigo, M., Egeland, C. P., Barba, R., "The 'home-base' debate", In: Domínguez-Rodrigo, M., Barba, R., Egeland, C. P., (eds.), *Deconstructing Olduvai: A Taphonomic Study of the Bed I Sites*, Dordrecht: Springer, 2007, pp. 1–10.

Domínguez-Rodrigo, M., Pickering, T. R., "Early hominid hunting and scavenging: A zooarcheological review", *Evolutionary Anthropology* Vol. 12. 6 (2003): pp. 275–282.

Domínguez-Rodrigo, M., Piqueras, A., "The use of tooth pits to identify carnivore taxa in tooth-marked archaeofaunas and their relevance to reconstruct hominid carcass processing behaviours", *Journal of Archaeological Science* Vol. 30. 11 (2003): pp. 1385–1391.

Domínguez-Rodrigo, M., Yravedra, J., "Why are cut mark frequencies in archaeofaunal assemblages so variable? A multivariate analysis", *Journal of Archaeological Science* Vol. 36. 3 (2009): pp. 884–894.

Domínguez-Rodrigo, M., Yravedra, J., Organista, E., et al., "A new methodological approach to the taphonomic study of paleontological and archaeological faunal assemblages: a preliminary case study from Olduvai Gorge (Tanzania)", *Journal of Archaeological Science* Vol. 59 (2015): pp. 35–53.

Dibble, H. L., Chase, P. G., McPherron, S. P., et al., "Testing the reality of a 'living floor' with archaeological data", *American Antiquity* Vol. 62. 4 (1997): pp. 629–651.

Dibble, H., Holdaway, S., "The Middle Paleolithic of Warwasi rockshelter", In: Olszewski, D., Dibble, H., (eds.) *The Paleolithic Prehistory of the Zagros*, University Museum Press Philadelphia, 1993, pp. 75–99.

Enloe, J. G., "Geological processes and site structure: Assessing integrity at a Late

Paleolithic open-air site in northern France", *Geoarchaeology: An International Journal Vol.* 21. 6 (2006): pp. 523–540.

Enloe, J. G., "Fauna and site structure at Verberie, implications for domesticity and demography", In: Zubrow, E., Audouze, F., Enloe, J. G., (eds.), *The Magdalenain Household: Unraveling Domesticity.* Albany: State University of New York Press, 2010, pp. 22–50.

Enloe, J. G., Audouze, F., "The Magdalenian site of Verberie (Le Buisson Campin). An overview", In: Zubrow, E., Audouze, F., Enloe, J. G., (eds.), *The Magdalenain Household: Unraveling Domesticity.* Albany: State University of New York Press, 2010, pp. 15–21.

Fisher, J. W., Strickland, H. C., "Ethnoarchaeology among the Efe pygmies, Zaire: Spatial organization of campsites", *American Journal of Physical Anthropology Vol.* 78. 4 (1989): pp. 473–484.

Fisher, J. W., "Bone surface modifications in zooarchaeology", *Journal of Archaeological Method and Theory Vol.* 2. 1 (1995): pp. 7–68.

Flenniken, J., *Replicative systems analysis: A model applied to the vein quartz artifacts from the Hoko River Site* (Reports of investigations (Washington State University. Laboratory of Anthropology); no. 59). Pullman, Wash.: Washington State University, 1981.

Flenniken, J. J., Haggarty, J. C., "Trampling as an agency in the formation of edge damage: an experiment in lithic technology", *Northwest Anthropological Research Notes Vol.* 13. 2 (1979): pp. 208–214.

Freeman, L. G., "Acheulean sites and stratigraphy in Iberia and the Maghreb", In: Butzer, K. W., Isaac, G. Ll. (eds.), *After the Australopithecines*, Mouton: The Hague, 1975, pp. 661–743.

Frison, G. C., Todd, L. C., *The Colby Mammoth Site*, Albuquerque: University of New Mexico Press, 1986.

Galanidou, N., "Regional settlement and intra-site spatial patterns in Upper Palaeolithic Epirus", *British School at Athens Studies*, 1999, pp. 148–158.

Gamble, C., "An introduction to the living spaces of mobile peoples", In: Gamble, C. S., Boismier, W. A. (eds.), *Ethnoarchaeological Approaches to Mobile Campsites*, International Monographs in Prehistory, Ethnoarchaeological Series Vol. 1

(1991): pp. 1–24.

Garrod, D. A. E., Bate, D. M. A., Joint Expedition of the British School of Archaeology in Jerusalem and the American School of Prehistoric Research (1929–1934), *The Stone Age of Mount Carmel*, Oxford: The Clarendon Press, 1937.

Gifford-Gonzalez, D., "Ethnographic analogues for interpreting modified bones: some-cases from East Africa", *Bone Modification* (1989): pp. 179–246.

Gifford-Gonzalez, D. P., Damrosch, D. B., Damrosch, D. R., et al., "The third dimension in site structure: an experiment in trampling and vertical dispersal", *American Antiquity* Vol. 50. 4 (1985): pp. 803–818.

Goldberg, P., "Micromorphology in Archaeology and Prehistory", *Paléorient* Vol. 6. 1 (1980): pp. 159–164.

Goldberg, P., "Some observations on Middle and Upper Palaeolithic ashy cave and rockshelter deposits in the Near East", In: Goring-Morris, A., Belfer-Cohen, A., (eds.), *More Than Meets the Eye: Studies on Upper Palaeolithic Diversity in the Near East*, Oxford: Oxbow, 2003, pp. 19–32.

Goldberg, P., Bar-Yosef, O., "Site formation processes in Kebara and Hayonim caves and their significance in Levantine prehistoric caves", In: Akazawa, T., Aoki, K., Bar-Yosef, O., (eds.), *Neandertals and Modern Humans in Western Asia*, Boston: Springer, 1998, pp. 107–125.

Goldberg, P., Berna, F., "Micromorphology and context", *Quaternary International* Vol. 214. (1–2) (2010): pp. 56–62.

Goldberg, P., Dibble, H., Berna, F., et al., "New evidence on Neandertal use of fire: Examples from Roc de Marsal and Pech de l'Azé IV", *Quaternary International* Vol. 247. 1 (2012): pp. 325–340.

Goldberg, P., Laville, H., Meignen, L., "Stratigraphy and geoarchaeological history of Kebara Cave, Mount Carmel", In: Bar-Yosef, O., Meignen, L., (eds), *Kebara Cave, vol Part 1*, Cambridge: Peabody Museum of Archaeology and Ethnology Harvard University, 2007, pp. 49–89.

Goldberg, Paul, Macphail, R., "Short contribution: Strategies and techniques in collecting micromorphology samples", *Geoarchaeology* Vol. 18. 5 (2003): pp. 571–578.

Goldberg, P., Macphail, R., *Practical and Theoretical Geoarchaeology*, Malden, MA:

Blackwell Publishing, 2006.

Goldberg, P., McPherron, S., Dibble, H., et al., "Strategraphy, deposits, and site formation", In: Dibble, H., McPherron, S., Goldberg, P., et al., (eds.), *The Middle Paleolithic Site of Pech de l'Azé IV*, Cham: Springer, 2018, pp. 21-74.

Goldberg, P., Miller, C. E., Mentzer, S. M., 2017, "Recognizing fire in the Paleolithic archaeological record", *Current Anthropology* Vol. 58. S16 (2017): pp. S175-S190.

Goldberg, P., Miller, C. E., Schiegl, S., et al., "Bedding, hearths, and site maintenance in the Middle Stone age of Sibudu cave, KwaZulu-Natal, South Africa", *Archaeological and Anthropological Sciences* Vol. 1. 2 (2009): pp. 95-122.

Goldberg, P., Weiner, S., Bar-Yosef, O., et al., "Site formation processes at Zhoukoudian, China", *Journal of Human Evolution* Vol. 41. 5 (2001): pp. 483-530.

Gowlett, J. A. J., "The early settlement of northern Europe: Fire history in the context of climate change and the social brain", *Comptes Rendus*, Palevol Vol. 5. 1 - 2 (2006): pp. 299-310.

Gowlett, J. A. J., "The discovery of fire by humans: a long and convoluted process", *Philosophical Transactions*, *Biological Sciences* Vol. 371. 1696 (2016): pp. 20150164.

Gowlett, J. A. J., Wrangham, R. W., "Earliest fire in Africa: towards the convergence of archaeological evidence and the cooking hypothesis", *Azania* Vol. 48. 1 (2013): pp. 5-30.

Hahn, J., "Aurignacian and Gravettian settlement patterns in Central Europe", In: Soffer, O. (ed.), *The Pleistocene Old World*, Boston: Springer, 1987, pp. 251-261.

Haynes, G., *Mammoths, Mastodonts and Elephants: Biology, Behavior, and the Fossil Record*, Cambridge: Cambridge University Press, 1991.

Haynes, G., "Evidence of carnivore gnawing on Pleistocene Recent mammalian bones", *Paleobiology* Vol. 6 (1980): pp. 341-351.

Haynes, G., "Longitudinal studies of African elephant death and bone deposits", *Journal of Archaeological Science* Vol. 15 (1988): pp. 131-157.

Haynes, G., Klimowicz, J., "Recent elephant-carcass utilization as a basis for interpreting mammoth exploitation", *Quaternary International* Vol. 359 (2015): pp.

19-37.

Henshilwood, C., Lombard, M., "Becoming Human: Archaeology of the Sub-Saharan Middle Stone Age", In: Renfrew, C., Bahn, P., (eds.), *The Cambridge World Prehistory*, Cambridge: Cambridge University Press, 2014, pp. 106-130.

Henry, D., "The palimpsest problem, hearth pattern analysis, and Middle Paleolithic site structure", *Quaternary International* Vol. 247. 1 (2012): pp. 246-266.

Hlubik, S., Cutts, R., Braun, D. R., et al., "Hominin fire use in the Okote member at Koobi Fora, Kenya: New evidence for the old debate", *Journal of Human Evolution* Vol. 133 (2019): pp. 214-229.

Hlubik, S., Berna, F., Feibel, C., et al., "Researching the nature of fire at 1.5 mya on the site of FxJj20 AB, Koobi Fora, Kenya, using high-resolution spatial analysis and FTIR spectrometry", *Current Anthropology* Vol. 58. S16 (2017): S243-S257.

Hofman, J. L., "The refitting of chipped-stone artifacts as an analytical and interpretive tool", *Current Anthropology* Vol. 22. 6 (1981): pp. 691-693.

Hofman, J. L., Enloe, J. G., "Piecing together the past: applications of refitting studies in archaeology", Oxford: British Archaeological Reports International Series 578, 1992.

Holen, S. R., "Taphonomy of two last glacial maximum mammoth sites in the central Great Plains of North America: A preliminary report on La Sena and Lovewell", *Quaternary International* Vol. 142 (2006): pp. 30-43.

Horwitz, L. K., Goldberg, P., "A study of Pleistocene and Holocene hyaena coprolites", *Journal of Archaeological Science* Vol. 16. 1 (1989): pp. 71-94.

Isaac, G. L., "Towards the interpretation of occupation debris: some experiments and observations", *Kroeber Anthropological Society Papers* Vol. 37 (1967): pp. 31-57.

Isaac, G., "The food-sharing behavior of protohuman hominids", *Scientific American* Vol. 238. 4 (1978): pp. 90-109.

Karkanas, P., Shahackgross, R., Ayalon, A., et al., "Evidence for habitual use of fire at the end of the Lower Paleolithic: Site-formation processes at Qesem Cave, Israel", *Journal of Human Evolution* Vol. 53. 2 (2007): pp. 197-212.

Kimura, Y., "Tool-using strategies by early hominids at Bed II, Olduvai Gorge, Tanzania", *Journal of Human Evolution* Vol. 37. 6 (1999): pp. 807–831.

Kimura, Y., "On the critique of flake recovery rate and behavioral inference for early hominids: a reply to Braun et al. (2005)", *Journal of Human Evolution* Vol. 51. 1 (2006): pp. 102–105.

Klein, R. G., "Reconstructing how early people exploited animals: problems and prospects", In: Nitecki, M. H., Nitecki, D. V., (eds.), *The Evolution of Human Hunting*, New York: Springer, 1987, pp. 11–45.

Klein, R., *The Human Career: Human Biological and Cultural Origins* (3rd ed.), Chicago: The University of Chicago Press, 2009, pp. 157–159.

Klein, R. G., Cruz-Uribe, K., *The Analysis of Animal Bones From Archaeological Sites*, University of Chicago press, 1984.

Kuhn, S., *Mousterian Lithic Technology: An Ecological Perspective*, Princeton, NJ: Princeton University Press, 1995.

Lam, Y. M., Chen, X., Marean, C. W., et al., "Bone density and long bone representation in archaeological faunas: Comparing results from CT and Photon Densitometry", *Journal of Archaeological Science* Vol. 25. 6 (1998): pp. 559–570.

Lam, Y. M., Chen, X., Pearson, O. M., "Intertaxonomic variability in patterns of bone density and the differential representation of Bovid, Cervid, and Equid elements in the archaeological record", *American Antiquity* Vol. 64. 2 (1999): pp. 343–362.

Leakey, M. D., *Olduvai Gorge. Vol. 3, Excavations in Beds I and II, 1960–1963*, Cambridge: Cambridge University Press, 1971.

Leechman, D., "Bone grease", *American Antiquity* Vol. 16. 4 (1951): pp. 355–356.

Levine, M. A., "Eating horses: the evolutionary significance of hippophagy", *Antiquity* Vol. 72. 275 (1998): pp. 90–100.

Li, H., Li, Z., Lotter, M. G. et al., "Formation processes at the early Late Pleistocene archaic human site of Lingjing, China", *Journal of Archaeological Science* Vol. 96 (2018): pp. 73–84.

Lieberman, D., *The Story of the Human Body: Evolution, Health, and Disease*, New York: Pantheon Books, 2013.

Lubinski, P. M., "A comparison of methods for evaluating ungulate mortality distributions", *Archaeozoologia* Vol. XI (2000): pp. 121–134.

Lupo, K., "Butchering marks and carcass acquisition strategies: Distinguishing hunting from scavenging in archaeological contexts", *Journal of Archaeological Science* Vol. 21. 6 (1994): pp. 827–837.

Lupo, K. D., "Experimentally derived extraction rates for marrow: implications for body part exploitation strategies of Plio-Pleistocene hominid scavengers", *Journal of Archaeological Science* Vol. 25. 7 (1998): pp. 657–675.

Lupo, K., "Archaeological skeletal part profifiles and differential transport: Ethnoarchaeological example from Hadza bone assemblages," *Journal of Anthropological Archaeology* Vol. 20 (2001): pp. 361–378.

Lupo, K. D., "What explains the carcass field processing and transport decisions of contemporary hunter-gatherers? Measures of economic anatomy and zooarchaeological skeletal part representation", *Journal of Archaeological Method and Theory* Vol. 13. 1 (2006): pp. 19–66.

Lupo, K. D., O'Connell, J. F., "Cut and tooth mark distributions on large animal bones: ethnoarchaeological data from the Hadza and their implications for current ideas about early human carnivory", *Journal of Archaeological Science* Vol. 29. 1 (2002): pp. 85–109.

Lyman, R. L., *Vertebrate Taphonomy*, Cambridge: Cambridge University Press, 1994.

Lyman, R. L., Fox, G. L., "A critical evaluation of bone weathering as an indication of bone assemblage formation", *Journal of Archaeological Science* Vol. 16. 3 (1989): pp. 293–317.

Lyman, R. L., Houghton, L. E., Chambers, A. L., "The effect of structural density on marmot skeletal part representation in archaeological sites", *Journal of Archaeological Science* Vol. 19. 5 (1992): pp. 557–573.

Macphail, R. I., Goldberg, P., "Recent advances in micromorphological interpretations of soils and sediments from archaeological sites", In: Barham, A. J., Macphail, R. I., (eds.), *Archaeological Sediments and Soils: Analysis, Interpretation and Management*, London: Institute of Archaeology, 1995, pp. 1–24.

Macphail, R., Goldberg, P., "Archaeological materials", In: Stoops, G., Marcelino, V. & Mees, F. (eds.), *Interpretation of Micromorphological Features of Soils and Regoliths*, Elsevier, Saint Louis: Elsevier, 2018.

Mallol, C., Henry, A., "Ethnoarchaeology of Paleolithic fire: methodological considerations", *Current Anthropology* Vol. 58. S16 (2017): pp. S217–S229.

Mallol, C., Marlowe, F. W., Wood, B. M., et al., "Earth, Wind, and Fire: Ethno-archaeological signals of Hadza fires", *Journal of Archaeological Science* Vol. 34. 12 (2007): pp. 2035–2052.

Matthews, W., French, C. A. I., Lawrence, T., et al., "Microstratigraphic traces of site formation processes and human activities", *World Archaeology* Vol. 29. 2 (1997): pp. 281–308.

McBrearty, S., Bishop, L., Plummer, T., et al., "Toolsunderfoot: human trampling as an agent of lithic artifact edge modification", *American Antiquity* Vol. 63. 1 (1998): pp. 108–129.

Meadow, R., "Animal bones-problems for the archaeologist together with some possible solutions", *Paléorient* Vol. 6. 1 (1981): pp. 65–77.

Meignen, L., Bar-Yosef, O., Goldberg, P., Les structures de combustion moustériennes de la grotte de Kébara (Mont Carmel, Israël). *Nature et Fonction des Foyers Préhistoriques*, *Nemours: Mémoires du Musée de Préhistoire d'Ile de France* Vol. 2 (1989): pp. 141–146.

Meignen, L., O. Bar-Yosef, P. Goldberg, et al., "Le feu au Paléolithique moyen: recherches sur les structures de combustion et le statut des foyers: l'exemple du ProcheOrient", *Paléorient* Vol. 26 (2001): pp. 9–22.

Meignen, L., Bar-Yosef, O., Speth, J. D., et al., "Middle Paleolithic settlement patterns in the Levant", In: Hovers, E., Kuhn, S., (eds.), *Transitions before the Transition: Evolution and Stability in the Middle Paleolithic and Middle Stone Age*, Boston: Springer, 2006, pp. 149–169.

Meignen, L., Goldberg, P., Bar-Yosef, O., "Together in the field: interdisciplinary work in Kebara and Hayonim caves (Israel)", *Archaeological and Anthropological Sciences* Vol. 9. 8 (2017): pp. 1603–1612.

Mentzer, S. M., "Microarchaeological approaches to the identification and interpretation of combustion features in prehistoric archaeological sites", *Journal of Archaeological Method and Theory* Vol. 21 (2014): pp. 616–668.

Miller, C. E., "High-resolution geoarchaeology and settlement Dynamics at the Middle Stone Age sites of Diepkloof and Sibudu, South Africa", In: Conard, N., Delagnes, A., (eds.), *Settlement dynamics of the Middle Paleolithic and Middle*

Stone Age (*Vol. IV*), Tübingen: Kerns Verlag, 2015, pp. 31-50.

Miller, C. E., Conard, N. J., Goldberg, P., et al., "Dumping, sweeping and trampling: experimental micromorphological analysis of anthropogenically modified combustion features", In: Théry-Parisot, I., Chabal, L., Costamagno, S. (eds.), *The Taphonomy of Burned Organic Residues and Combustion Features in Archaeological Contexts*. Valbonne: Proceedings of the round table (May 27-29, 2008) Vol. 2 (2009): pp. 25-37

Miller, C. E, Sievers, C., "An experimental micromorphological investigation of bedding construction in the Middle Stone Age of Sibudu, South Africa", *Journal of Archaeological Science* Vol. 39. 10 (2012): pp. 3039-3051.

Montelius, O., *The Civilization of Sweden in Heathen Times*, London: Macmillan, 1888.

Morlan, R. E., "Toward the definition of criteria for the recognition of artificial bone alterations", *Quaternary Research* Vol. 22. 2 (1984): pp. 160-171.

Morton, A. G. T., *Archaeological Site Formation: Understanding Lake Margin Contexts* (Vol. 1211), British Archaeological Reports, 2004.

Munro, N. D., Bar-Oz, G., "Gazelle bone fat processing in the Levantine Epipalaeolithic", *Journal of Archaeological Science* Vol. 32. 2s (2005): pp. 223-239.

Niven, L., *The Palaeolithic Occupation of Vogelherd Cave: Implications for the Subsistence Behavior of Late Neanderthals and Early Modern Humans* (*Tübingen publications in prehistory*), Tübingen: Kerns, 2006.

Niven, L., Martin, H., "Zooarcheological Analysis of the Assemblage from the 2000-2003 Excavations", In: Dibble, H., McPherron, S. J. P., Goldberg, P., (eds.), *The Middle Paleolithic Site of Pech de l'Azé IV*, Cham: Springer, 2018, pp. 95-116.

O'Connell, J. F., "Alyawara site structure and its archaeological implications", *American Antiquity* Vol. 52. 1 (1987): pp. 74-108.

O'Connell, J. F., Hawkes, K., Blurton Jones, N., "Hadza hunting, butchering and bone transport and their archaeological implications", *Journal of Anthropological Research* Vol. 44. 2 (1988): pp. 113-61.

O'Connell, J. F., Hawkes, K., Jones, N. B., "Reanalysis of large mammal body part transport among the Hadza", *Journal of Archaeological Science* Vol. 17. 3

(1990): pp. 301-316.

Olsen, S. L., Shipman, P., "Surface modification on bone: trampling versus butchery", *Journal of Archaeological Science* Vol. 15. 5 (1988): pp. 535-553.

Outram, A. K., "A new approach to identifying bone marrow and grease exploitation: why the 'indeterminate' fragments should not be ignored", *Journal of Archaeological Science* Vol. 28. 4 (2001): pp. 401-410.

Outram, A., Rowley-Conwy, P., "Meat and marrow utility indices for horse (Equus)", *Journal of Archaeological Science* Vol. 25. 9 (1998): pp. 839-849.

Parfitt, S. A., Ashton, N. M., Lewis, S. G., et al., "Early Pleistocene human occupation at the edge of the boreal zone in northwest Europe", *Nature* Vol. 466. 7303 (2010): pp. 229-233.

Patterson, L. W., "Thermal damage of chert", *Lithic Technology* Vol. 20. 1 (1995): pp. 72-80.

Petraglia, M. D., Potts, R., "Water flow and the formation of Early Pleistocene artifact sites in Olduvai Gorge, Tanzania", *Journal of Anthropological Archaeology* Vol. 13. 3 (1994): pp. 228-254.

Potts, R., *Early Hominid Activities at Olduvai*, New York: Aldine de Gruyter, 1988.

Potts, R., Shipman, P., "Cutmarks made by stone tools on bones from Olduvai Gorge, Tanzania", *Nature* Vol. 291. 5816 (1981): pp. 577-580.

Prendergast, M. E., Yuan, J., Bar-Yosef, O., "Resource intensification in the Late Upper Paleolithic: a view from southern China", *Journal of Archaeological Science* Vol. 36. 4 (2009): pp. 1027-1037.

Qu, T. L., Chen, Y. C., Bar-Yosef, O., et al., "Late Middle Palaeolithic Subsistence in the Central Plain of China: A Zooarchaeological View from the Laonainaimiao Site, Henan Province", *Asian Perspectives* Vol. 57. 2 (1998): 210-220.

Rapp, G. R., and Hill, C. L., *Geoarchaeology: The Earth-science Approach to Archaeological Interpretation*, Yale University Press, 2006.

Reiz, E. J., Wing, E. S., *Zooarchaeology (second edition)*, Cambridge: Cambridge University Press, 2008.

Renfrew, C., Bahn, P. G., *Archaeology essentials: Theories, Methods, and Practice*, New York: Thames & Hudson, 2007, pp. 290.

Roebroeks, W., Van Kolfschoten, T., "The earliest occupation of Europe: a short chronology", *Antiquity* Vol. 68. 260 (1994): pp. 489-489.

Roebroeks, W., Villa, P., "On the earliest evidence for habitual use of fire in Europe", *Proceedings of the National Academy of Sciences-PNAS* Vol. 108. 13 (2011): pp. 5209-5214.

Sandgathe, D. M., Dibble, H. L., Goldberg, P., et al., 2011, "Timing of the appearance of habitual fire use", *Proceedings of the National Academy of Sciences-PNAS* Vol. 108. 29 (2011): pp. E298-E298.

Schmidt, C., Symes, S., *The Analysis of Burned Human Remains* (1st ed.), London; Burlington, MA: Academic Press, 2008.

Schick, K. D., Toth, N. P., *Making Silent Stones Speak: Human Evolution and the Dawn of Technology*, New York: Simon and Schuster, 1994.

Schick, K., Toth, N., *The Cutting Edge: New Approaches to the Archaeology of Human origins* (Stone Age Institute publication series 3), Gosport, IN: Stone Age Institute Press, 2009, pp. 151-170.

Schiegl, S., Goldberg, P., Bar-Yosef, O., et al., "Ash deposits in Hayonim and Kebara caves, Israel: macroscopic, microscopic and mineralogical observations, and their archaeological implications", *Journal of Archaeological Science* Vol. 23. 5 (1996): pp. 763-781.

Schiegl, S., Goldberg, P., Pfretzschner, H., et al., "Paleolithic burnt bone horizons from the Swabian Jura: Distinguishing between in situ fireplaces and dumping areas", *Geoarchaeology* Vol. 18. 5 (2003): pp. 541-565.

Schiffer, M., "Archaeological context and systemic context", *American Antiquity* Vol. 37. 2 (1972): pp. 156-165.

Schiffer, M., *Behavioral Archaeology*, New York: Academic Press, 1976.

Schiffer, M. B., "Toward the identification of formation processes," *American Antiquity* Vol. 48. 4 (1983): pp. 675-706.

Schiffer, M., *Formation Processes of the Archaeological Record* (1st ed.), Albuquerque, NM: University of New Mexico Press, 1987, pp. 266.

Sergant, J., Crombé, P., Perdaen, Y., "The 'invisible' hearths: a contribution to the discernment of Mesolithic non-structured surface hearths", *Journal of Archaeological Science* Vol. 33. 7 (2006): pp. 999-1007.

Shimelmitz, R., Kuhn, S. L., Jelinek, A. J., et al., "'Fire at will': The emergence of habitual fire use 350 000 years ago", *Journal of Human Evolution* Vol. 77 (2014): pp. 196-203.

Shipman, P., Foster, G., Schoeninger, M., "Burnt bones and teeth: an experimental study of color, morphology, crystal structure and shrinkage", *Journal of Archaeological Science* Vol. 11. 4 (1984): pp. 307-325.

Shipman, P., Rose, J., "Early hominid hunting, butchering, and carcass-processing behaviors: approaches to the fossil record", *Journal of Anthropological Archaeology* Vol. 2. 1 (1983): pp. 57-98.

Sievers, C., Wadley, L., "Going underground: experimental carbonization of fruiting structures under hearths", *Journal of Archaeological Science* Vol. 35. 11 (2008): pp. 2909-2917.

Sisson, S., Grossman, J. D., *The Anatomy of the Domestic Animal* (4 *Edn.*), Philadelphia: W. B. Saunders Company, 1953.

Speth, J. D., "Early hominid hunting and scavenging: the role of meat as an energy source", *Journal of Human Evolution* Vol. 18. 4 (1989): pp. 329-343.

Speth, J. D., "Seasonality, resource stress, and food sharing in so-called 'egalitarian' foraging societies", *Journal of Anthropological Archaeology* Vol. 9. 2 (1990): pp. 148-188.

Speth, J. D., Clark, J. L., "Hunting and overhunting in the Levantine late Middle Paleolithic", *Before Farming* Vol. 3 (2006): pp. 1-42.

Speth, J. D., Spielmann, K. A., "Energy source, protein metabolism, and hunter-gatherer subsistence strategies", *Journal of Anthropological Archaeology* Vol. 2. 1 (1983): pp. 1-31.

Stahlschmidt, M. C., Miller, C. E., Ligouis, B., et al., "On the evidence for human use and control of fire at Schöningen", *Journal of Human Evolution* Vol. 89 (2015): pp. 181-201.

Starkovich, B. M., Conard, N. J., "Bone taphonomy of the Schöningen 'Spear Horizon South' and its implications for site formation and hominin meat provisioning", *Journal of Human Evolution* Vol. 89 (2015): pp. 154-171.

Stein, J. K., "A review of site formation processes and their relevance to geoarchaeology", In: Goldberg, P., Holliday, V. T., Ferring, R., (eds.) *Earth Sciences and Archaeology*, New York: Kluwer Academic/Plenum Publishers, 2001, pp. 37-51.

Stiner, M. C., "The use of mortality patterns in archaeological studies of hominid predatory adaptations", *Journal of Anthropological Archaeology* Vol. 9. 4 (1990): pp. 305-351.

Stiner, M. C., "On in situ attrition and vertebrate body part profiles", *Journal of Archaeological Science* Vol. 29. 9 (2002): pp. 979-991.

Stiner, M. C., Bar-Yosef, O., Belfer-Cohen, A., *The Faunas of Hayonim Cave, Israel: A 200 000-year Record of Paleolithic Diet, Demography, and Society* (*No.* 48), MA: Harvard University Press, 2005.

Stiner, M. C., Kuhn, S. L., Surovell, T. A., et al., "Bone preservation in Hayonim Cave (Israel): a macroscopic and mineralogical study", *Journal of Archaeological Science* Vol. 28. 6 (2001): pp. 643-659.

Stiner, M. C., Kuhn, S. L., Weiner, S., et al., "Differential burning, recrystallization, and fragmentation of archaeological bone", *Journal of Archaeological Science* Vol. 22. 2 (1995): pp. 223-237.

Sumner, T. A., Kuman, K., "Refitting evidence for the stratigraphic integrity of the Kudu Koppie early to Middle Stone Age site, northern Limpopo Province, South Africa", *Quaternary International* Vol. 343 (2014): pp. 169-178.

Théry-Parisot, I., Costamagno, S., Brugal, J. P., et al., "The use of bone as fuel during the palaeolithic, experimental study of bone combustible properties", In: Mulville, J., Outram, A. (eds.), *The Zooarchaeology of Milk and Fats*, Proceedings of Archaeozoology 9th ICAZ Conference, 2005, pp. 50-59.

Thoms, A. V., "The fire stones carry: Ethnographic records and archaeological expectations for hot-rock cookery in western North America", *Journal of Anthropological Archaeology* Vol. 27. 4 (2008): pp. 443-460.

Urban, B., Bigga, G., "Environmental reconstruction and biostratigraphy of late Middle Pleistocene lakeshore deposits at Schöningen", *Journal of Human Evolution* Vol. 89 (2015): pp. 57-70.

Vallverdú, J., Vaquero, M., Cáceres, I., et al., "Sleeping activity area within the site structure of archaic human groups: Evidence from Abric Romaní Level N combustion activity areas", *Current Anthropology* Vol. 51. 1 (2010): pp. 137-145.

Van Kolfschoten, T., Parfitt, S. A., Serangeli, J., et al., "Lower Paleolithic bone tools from the 'Spear Horizon' at Schöningen (Germany)", *Journal of Human Evolution* Vol. 89 (2015): pp. 226-263.

Vaquero, M., Pastó, I., "The definition of spatial units in Middle Palaeolithic sites: The hearth-related assemblages", *Journal of Archaeological Science* Vol. 28. 11 (2001): pp. 1209-1220.

Vehik, S. C. "Bone fragments and bone grease manufacturing: a review of their archaeological use and potential", *Plains Anthropologist* Vol. 22 (1977): pp. 169-182.

Vermeersch, P., "Middle Paleolithic Settlement Patterns in West European Open-Air Sites: Possbilities and Problems", In: Conard, N. J., (ed), *Settlement Dynamics of the Middle Paleolithc and Middle Stone Age*, Tübingen: Kerns Verlag, 2001, pp. 395-420.

Villa, P., "Conjoinable pieces and site formation processes", *American Antiquity* Vol. 47. 2 (1982): pp. 276-290.

Villa, P., "Torralba and Aridos: elephant exploitation in middle Pleistocene Spain", *Journal of Human Evolution* Vol. 19. 3 (1990): pp. 299-309.

Villa, P., Courtin, J., "The interpretation of stratified sites: a view from underground", *Journal of Archaeological Science* Vol. 10. 3 (1983): pp. 267-281.

Villa, P., Mahieu, E., "Breakage patterns of human long bones", *Journal of Human Evolution* Vol. 21. 1 (1991): pp. 27-48.

Villa, P., Soto, E., Santonja, M., et al., "New data from Ambrona: closing the hunting versus scavenging debate", *Quaternary International* Vol. 126 (2005): pp. 223-250.

Voormolen, B., *Ancient Hunters, Modern Butchers: Schöningen 13 II-4, a Kill-butchery site Dating from the Northwest European Lower Palaeolithic*, Dissertation, 2008.

Wadley, L., "Some combustion features at Sibudu, South Africa, between 65 000 and 58 000 years ago", *Quaternary International* Vol. 247. 1 (2012): pp. 341-349.

Wadley, L., Sievers, C., Bamford, M., et al., "Middle Stone Age bedding construction and settlement patterns at Sibudu, South Africa", *Science* Vol. 334. 6061 (2011): pp. 1388-1391.

Walton, D., Gowlett, J. A. J., Wood, B. A., et al., "Early archaeological sites, hominid remains and traces of fire from Chesowanja, Kenya", *Nature* Vol. 294. 5837 (1981): pp. 125–129.

Wattez, J., "Contribution à la conaissance des foyers préhistoriques par l'étude des cendres", *Bulletin de la Société Prehistorique de France* Vol. 85. 10–12 (1988): pp. 353–366.

Weiner, S., *Microarchaeology: Beyond the Visible Archaeological Record*, New York: Cambridge University Press, 2010.

Weiner, S., Goldberg, P., Bar-Yosef, O., "Bone preservation in Kebara Cave, Israel using on-site Fourier transform infrared spectrometry", *Journal of Archaeological Science* Vol. 20. 6 (1993): pp. 613–627.

Weiner, S., Schiegl, S., Goldberg, P., et al., "Mineral assemblages in Kebara and Hayonim caves, Israel: excavation strategies, bone preservation, and wood ash remnants", *Israel Journal of Chemistry* Vol. 35. 2 (1995): pp. 143–154.

Weiner, S., Xu, Q., Goldberg, P., et al., "Evidence for the use of fire at Zhoukoudian, China", *Science* Vol. 281. 5374: pp. 251–253.

Weissbrod, L., Dayan, T., Kaufman, D., "Micromammal taphonomy of el-Wad Terrace, Mount Carmel, Israel: distinguishing cultural from natural depositional agents in the Late Natufian", *Journal of Archaeological Science* Vol. 32. 1 (2005): pp. 1–17.

White, T., "Observations on the butchering technique of some aboriginal peoples: I", *American Antiquity* Vol. 17. 4 (1952): pp. 337–338.

White, T., "Observations on the butchering technique of some aboriginal peoples: II", *American Antiquity* Vol. 19 (1953): pp. 160.

Wrangham, R. W., *Catching Fire: How Cooking Made Us Human*, Basic Books, New York, 2009.

Wrangham, R., "Control of fire in the Paleolithic: Evaluating the cooking hypothesis", *Current Anthropology* Vol. 58. S16 (2017): pp. S303–S313.

Yellen, J. E., *Archaeological Approaches to the Present: Models for Reconstructing the Past* (Vol. 1), New York: Academic Press, 1977.

Yravedra, J., Álvarez-Alonso, D., Estaca-Gómez, V., et al., "New evidence of bones used as fuel in the Gravettian level at Coímbre cave, northern Iberian Peninsula",

Archaeological and Anthropological Sciences Vol. 9. 6 (2017): pp. 1153-1168.

Yravedra, J., Rubio-Jara, S., Panera, J., et al., "Elephants and subsistence. Evidence of the human exploitation of extremely large mammal bones from the Middle Palaeolithic site of PRERESA (Madrid, Spain)", *Journal of Archaeological Science* Vol. 39. 4 (2012): pp. 1063-1071.

Zhang, S. Q., Gao, X., Zhang, Y., et al., "Taphonomic analysis of the Lingjing fauna and the first report of a Middle Paleolithic kill-butchery site in North China", *Chinese Science Bulletin* Vol. 56. 30 (2011): pp. 3213-3219.